天皇の歴史 6

江戸時代の天皇

藤田　覚

講談社学術文庫

はじめに

天皇の長い歴史のなかで、江戸時代ほど浮沈の激しかった時代はなかった。本巻の最初に登場する後水尾《ごみずのお》天皇は、武家は天皇が何を命じても聞かないし、公家衆すら軽くみる、だから身を慎んで生きるのだ、とわが子後光明《ごこうみょう》天皇を諭している。父後陽成《ごようぜい》と後水尾の親子二代の天皇は、徳川家康と秀忠《ひでただ》父子の二代の徳川将軍に激しく反発し抵抗したものの、徳川将軍家への抵抗はことごとく叩きつぶされ、「身の程」が骨身にしみた。ところが、幕末最後の孝明《こうめい》天皇は、幕府からも反幕府勢力からも担がれ、高い政治的権威を身につけた。そしてその子明治天皇は、明治維新を経て大日本帝国の統治者へ上昇した。

天皇が、政治権力としては権力喪失に近いどん底の状態から、政治権力の頂点に上り詰めた歴史事実はまことに興味深い。ここに江戸時代の天皇を論じる価値がある。これを、日本人の尊王精神の発達とペリー来航に象徴される対外的危機だけで説明するのは誤りに近い。そうではなく、江戸時代の天皇が、江戸時代の政治、社会、文化のなかでどのような位置にいたのか、そしてそれを前提として、政治的に浮上する具体的な契機と政治権力として復活する歴史過程を明らかにすることが重要なのである。

かつて江戸時代の天皇は、官位（栄典）授与・元号制定・改暦の三つの権能だけを維持したといわれた。しかし、いずれも幕府が主導権、あるいは実質的な決定権をもち、天皇に残されたのは形式的、手続き的に認証する「権限」だけだった。そもそも、自らの進退すら幕府の承認を必要とし、出処進退の決定権すら持ち合わせていなかった。江戸時代の天皇は、かくまで日本の歴史上もっとも政治的地位を低下させ、底に沈んだのである。

しかし、天地を創造した神の子孫として神国日本を象徴する神聖な存在であることは万人が認め、中国との比較で、「万世一系」が日本の政治的安定性を象徴し、誇るべき「美点」とすることは当時の朝鮮の学者すら認めていた。江戸幕府も帝王学を学ぶことを義務づけたように、天皇は日本国の君主、王と位置づけられ、天皇自身も君主意識を持ち続けた。さらに、支配者層や文化人が憧憬《あこが》れた王朝文化、すなわち雅《みやび》の文化を体現する存在として文化的権威を失わなかった。

そして何より、天皇は誰もとって代わることのできない不可欠で固有の役割を持っていた。天皇になんの決定権もないのだが、徳川家の当主を征夷大将軍に任命し、将軍以下諸大名らに官位を授与してその地位を正当化し序列化することは、天皇・朝廷にしかできない。あくまでも形式、名分に過ぎないとはいえ、天皇と将軍・大名の関係は官位を媒介にして君臣関係にあり、将軍・大名は王臣と見なされた。元号制定も改暦も、天皇に実質的な権限はないものの、形式的、手続き的には、天皇の存在と役割をぬきにしてはあり得ない。また、徳川将軍家を荘厳化し、権威づける最たる装置である徳川家康を神格化し東照宮《とうしょうぐう》とまつることは、天皇以外に誰もできない。天下の太平のため国家的な祈禱を大社大寺に命じる宗教的な権能も同様である。天皇は、誰にもとって代わることができない機能を果たし、そのための仕組みが形式的ながら残されたことは、幕末の歴史を見通したときに重要なのである。このような江戸時代の国家体制と国家観念のうえで必要な機能を発揮させるため、江戸幕府は天皇・朝廷を維持し保護してきた。

このように、江戸時代の天皇は、あくまでも形式的で名目的なのだが、日本国の君主であり、将軍以下諸大名、公家衆を臣下としていた。また、国家観念、政治体制、宗教、文化など、江戸時代の国家体制、すなわち江戸時代の国のかたちと深い関わりを持つもっとも権威ある存在だった。「宗教的な皇帝」でもあるが、それにとどまらず形式的・名目的ながら「政治的な皇帝」「君主」でもあった。十八世紀末頃から、江戸幕府の圧倒的な力に翳《かげ》りが見え始め、政治的支配権を維持するため天皇の政治的利用を強めていった。すると、それまでのたんなる名分論《めいぶんろん》が実質化を迫るという、歴史のダイナミズムが作動する。深刻な国家的・民族的危機は、有効に対応できない幕府への激しい批判を巻き起こした。新たな政治体制、国家体制の構想とも関わって、幕府権威の低落と反比例するかのように天皇が政治的権威として浮上して行く。そして、それまでの形式的・名目的だった地位から実質的な君主の地位に担ぎ上げられていった。その過程が十八世紀末から幕末の歴史であり、明治維新後の近代天皇制に帰結する歴史である。

江戸時代の天皇は、政治的にはどん底に落ち込んだが、実は形式的・名分的には近世日本の政治と社会の頂点に位置していた。この「奈落の底」に沈んだかのように見える天皇が、江戸時代に具体的にはどのように存在し続け、どのような役割を果たしていたのか、そして、天皇が日本国の君主へと浮上する契機と歴史的経過を明らかにすることが本巻の目的である。

目次

江戸時代の天皇

天皇の歴史 6

江戸時代の天皇

地図・図版作成
さくら工芸社

第一章　江戸時代天皇の成立──後水尾天皇の時代

1　禁中並公家中諸法度と天皇家の伝統世界

禁中並公家中諸法度とは

慶長《けいちょう》五年（一六〇〇）、関ヶ原の戦いに勝利した徳川家康は、徳川家による全国支配の確立を進め、とくにその障害となっていた豊臣家を元和《げんな》元年（一六一五）大坂の陣で滅亡させると、その直後の七月に武家諸法度《ぶけしょはっと》、禁中《きんちゅう》並《ならびに》公家中諸法度《くげちゅうしょはっと》、諸宗本山本寺諸法度《しょしゅうほんざんほんじしょはっと》をやつぎばやに出し、武力によってつくり上げてきた武家、公家、寺社に対する統制を法に定めた。

禁中並公家中諸法度（以下、諸法度）は、朝廷に対する江戸幕府の基本法令であり、天皇・上皇《じょうこう》・公家・親王・諸門跡《しょもんぜき》の役儀、身分・服制・身分序列・朝廷運営の命令系統など全一七ヵ条を定めた。諸法度は、同月に出された武家への武家諸法度が、将軍代替りごと（なお、八代将軍徳川吉宗《よしむね》以降は五代将軍綱吉《つなよし》が出した武家諸法度を踏襲）に、状況に応じて改定され発令されたのと異なり、幕末までまったく改定されることなく効力を持ち続けた。まさに不磨《ふま》の大典であった。

かつてこの諸法度は、江戸幕府が天皇・朝廷を警戒しその抑圧と弱体化を意図した悪法とみなされてきた。現在では、戦国時代末期に解体に瀕《ひん》していた朝廷と公家の秩序を再確立し、幕藩体制という近世国家の支配の一翼を担わせるため、体制に適合的な天皇と朝廷に再編し、その存続と機能の維持を図ったものと考えられている。

天皇・朝廷は、政治的、宗教的、社会的、そして国家観念の上で重要な地位を持ち続けていたとはいえ、江戸幕府がもはや意図的に弱体化させる必要もないほど、政治と経済の両面で弱体化していた。天皇・朝廷は、織田信長、豊臣秀吉のいわゆる織豊《しょくほう》政権、そして徳川政権の政治的な必要から供与された援助により再生してきたのが実態だった。統一政権あっての天皇・朝廷である。

天皇の義務を初めて規定

諸法度第一条は、天皇に第一に学問、ついで和歌の修学を義務づけた。この条文の理解は、徳富蘇峰《とくとみそほう》（一八六三〜一九五七）による「天皇は治国平天下の学問を為《な》さず、唯《た》だ花鳥風月の学問を為し給《たま》うべしとの意にて受取るを、正しき解釈とせねばならぬ」（『近世日本国民史』）が常識であった。つまり、天皇は天下国家にかかわる学問をせず、自然や風流を愛《め》でる学問をせよと規定した、という解釈である。だから、天皇を政治から遠ざけ、和歌の世界に閉じこめた、という理解が流布したのである。果たして正しいのか、その見直しが一九八〇年代以降さかんに議論されるようになった。

古代以来、天皇の地位や義務が成文法で規定されたことはなかったので、第一条は日本の法制史上に画期的な条文といわれている。しかし、法制史上で画期的とはいえ、第一条の条文を子細に読むと、天皇と朝廷にとってそれほど特別な内容のものではなかった。つぎは、第一条の全文である（読み下しに改めた）。

天子諸芸能のこと、第一御学問なり、学ばずんばすなわち古道に明らかならず、しかるに政《まつりごと》をよくし太平を致《いた》すはいまだあらざるなり、貞観政要《じょうがんせいよう》明文なり、寛平遺誡《かんぴょうゆいかい》に、経史《けいし》を窮《きわ》めずといえども、群書治要《ぐんしょちよう》を誦習《しょうしゅう》すべしとうんぬん、和歌は光孝《こうこう》天皇よりいまだ絶えず、綺語《きご》たるといえども、わが国習俗なり、棄《す》ておくべからずとうんぬん、禁秘抄《きんぴしょう》に載するところ、御習学専要に候《そうろう》こと、

すこし意訳しながら現代語にすると、つぎのようになる。

天子が身に付けなければならない事はさまざまあるが、その第一は御学問である。学ばなければ昔からの道理にくらくなる。それで政治をよくし、太平をもたらした事は、いまだかつてない。そのことは貞観政要に明らかに書いてある。寛平の遺誡に、中国古典の経書や史書をきわめなくとも、群書治要を学習すべきだといっている。和歌は、光孝天皇からいまだ絶えていない。巧みな飾りことばにすぎないとはいえ、わが国の習俗である。捨て置いてはいけないと書いてある。禁秘抄に書き載せられていることを学ぶのが大事であ

る。

天皇は、『禁秘抄』に書いてあることを学ぶのが大事だということである。『禁秘抄』は、順徳《じゅんとく》天皇（在位一二一〇～二一）が承久《じょうきゅう》三年（一二二一）頃に書いた有職故実書《ゆうそくこじつしょ》で、宮中行事・儀式・政務全般にわたる天皇として心得ておくべき故実を記したものである。重要なことは、天皇と朝廷が中世を通じて守るべき準則《じゅんそく》として大事にされてきたことにある。言ってみれば、『禁秘抄』は天皇家の家訓の位置にあった。

『禁秘抄』と諸法度の関係

『禁秘抄』には「諸芸能事」という項があり、「第一御学問也」から始まる文章が記されている。全体の五分の一くらいに省略されているものの、諸法度第一条はまったく同じ文章である。すなわち諸法度第一条は、『禁秘抄』からの抜粋だった。天皇や公家にとって、とくに違和感のある条文ではなかったと思われる。

天皇が学問をする目的は、学問により治世の古道を明らかにし、よりよい政治を行って太平をもたらすためである。その理屈は、『貞観政要』と『寛平御遺誡』により基礎づけられている。『貞観政要』は、中国の理想的徳治政治と讃えられた唐代の皇帝、太宗《たいそう》（五九八～六四九）の政治（貞観の治）に関する言行録である。『群書治要』は、中国の先秦《せんしん》から晋《しん》までの六七種の書物から政治の参考になる文章を抜粋したもので、太宗の命により六三一年に成立した。なお、『寛平御遺誡』は、宇多《うだ》天皇（在位八八七〜八九七）が皇太子（後の醍醐《だいご》天皇）に書きおくった、天皇の心得や作法、および年中行事の書であり、後の歴代天皇が尊重した。池田温氏の研究によると、『貞観政要』は、わが国に平安時代から舶載《はくさい》されて公家、武家を問わず為政者に学ばれ、徳川家康も慶長《けいちょう》五年（一六〇〇）、木活字本を出版させたほど注目していた。東アジア世界に共通の政治・道徳教本となり、帝王学の教科書だったという。

天皇は日本国の王

江戸時代の天皇は、日本国の帝王としてよき政治を行い、天下を太平に維持するための学問をすることを求められたのである。『禁秘抄』が書かれた鎌倉時代初期は、いまだ天皇・朝廷が、鎌倉幕府と対峙《たいじ》しながら国家権力の核心部分を握っており、為政者として現実政治に深く関与していた。それゆえ、天皇が帝王としての政治学書を学ぶことに現実的な意義があった。しかし、もはや現実政治に直接関与することがないにもかかわらず、江戸時代の天皇は、相変わらず帝王としての学問を学ぶことを求められていたのである。このことは、江戸幕府が、もはや統治権の掌握者ではなくなったものの、天皇を帝王、日本国の王と見なしていたことを示す。江戸幕府が天皇に求めたのは、帝王、日本国の主としての学問であり、政治から遠ざけるための条文ではなかった。

当時の人びとも、天皇を王とみていた。寛永《かんえい》六年（一六二九）十一月に後水尾天皇が突然譲位し、江戸時代最初の女帝である明正《めいしょう》天皇が即位することになると聞いた前豊前《ぶぜん》小倉藩主細川忠興《ほそかわただおき》（三斎《さんさい》）は、「定めて姫宮様（興子《おきこ》内親王。後の明正天皇）王にならせられ候《そうろう》や、珍しき儀とも存じたてまつり候」（『細川家史料』）と書いている。天皇になることは、すなわち王になることなのである。

国王意識を持つ天皇

天皇と朝廷も、天皇は日本の王、帝王であるとの意識を持ち続けていた。天皇の即位礼のさい宣命《せんみょう》（天皇の言葉を口頭で伝えるもの。現代の「お言葉」）が読み上げられる。江戸時代天皇の即位宣命の文言は、なんと桓武《かんむ》天皇が天応《てんおう》元年（七八一）に即位したときの宣命とほぼ同じである。驚くべきことに、一〇〇〇年も同じものを使ってきた。「現神《あきつかみ》と大八州国《おおやしまこく》所知天皇《しろしめすすめらみこと》」で始まる宣命は、日本国を統治する天皇としての即位宣言だった。桓武天皇の当時と異なり、国土と人民を統治する実態を失った江戸時代にも、天皇は日本国の王、国王として即位を宣言していたのである。

皇位継承にあたり、陰陽道《おんみょうどう》の家である土御門《つちみかど》家、倉橋《くらはし》家が、天皇の安穏と天下太平、災厄除去を祈る「天曹地府祭《てんそうちふさい》」を執行する。その祭文《さいもん》（「都状《とじょう》」）には、「大日本国大王慶仁《やすひと》（中御門《なかみかど》天皇）」「大日本国大王兼仁《ともひと》（光格《こうかく》天皇）」と署名されている。ここでは、天皇号が成立する以前の大王が用いられているものの、大日本国の王、国王を表現している。

また、天皇は写本や写経の奥書《おくがき》に自署を書き残している。たとえば、後陽成《ごようぜい》天皇（一五七一〜一六一七）は、「仮名文字遣《づかい》」の写本奥書に「慶長《けいちょう》二稔孟春下澣　従神武《じんむより》百数代末孫和《かず》仁《ひと》（後陽成天皇）廿七歳」、光格天皇（一七七一〜一八四〇）は、寛政《かんせい》七年（一七九五）の「阿弥陀経《あみだきょう》」奥書に、「神武《じんむ》第百二十代兼仁（光格天皇）合掌三礼」と自署している。これは、初代天皇とされる神武天皇から皇統連綿として百数代、一二〇代の子孫という皇統意識の表現である。さらに、桜町《さくらまち》天皇（一七二〇〜五〇）は、寛保《かんぽう》三年（一七四三）の「般若心《はんにゃしん》経《ぎょう》」跋文《ばつぶん》に「大日本国天子昭仁《てるひと》（桜町天皇）敬書」、光格天皇は、文化《ぶんか》十年（一八一三）の「真言百八遍」奥書に「大日本国天皇兼仁合掌敬白」と書いている（『宸翰英華《しんかんえいか》』）。天皇は、大日本国の天子、天皇という自意識を持っていた。

天皇は、伊勢神宮に勅使を送り祈願させることを繰り返した。なかでも、公卿《くぎょう》を勅使《ちょくし》とするのを伊勢公卿勅使とよび、重たい願い事を天皇自身が書いた宣命を神前で読み上げさせた。それを宸筆《しんぴつ》宣命とよんでいる。霊元《れいげん》天皇（一六五四〜一七三二）が、天和《てんな》二年（一六八二）に持たせた宸筆宣命には、天和元年から続く飢饉状態をふまえ、万民が飢饉で飢えているにもかかわらず「脱衣の善政」を施せないことを伊勢の神に詫《わ》びている。光格天皇も、享《きょう》和《わ》元年（一八〇一）に持たせた宸筆宣命で、「脱衣の善政」を施せないことを詫びている。これらは、常套句《じょうとうく》であり飾り言葉にすぎない、といえる。だから意味がない、と言ってしまうのではなく、天皇は、日本国の王、国王であり、万民に善政を施すべき為政者、という自意識を持ち続けたという事実が重要だろう。天下の太平、民衆の安穏、政道の正しさを願う歴代天皇の和歌がたくさん残されているのは、その自意識の表白である。

『禁秘抄』の世界に住む天皇

天皇と朝廷は、諸法度第一条をほとんど違和感なく、当然のことと受容しただろう。江戸時代の天皇は、法度より中世以来の『禁秘抄』の世界に住んでいたのではなかったか。『禁秘抄』は、天皇が身に付けるべきものとして、第一が学問、第二は管弦《かんげん》である。和歌は管弦の次、しかもわが国の習俗だから捨てておいてはいけないという程度で、あまり積極的なものではなかった。この他に、雑芸、詩、能書などがあげられている。

管弦について、必ず一曲に通じるべきであると、積極的な習得を求めている。具体的な楽器にはまず笛をあげ、「代々の御能なり」と推奨し、ついで和琴と箏《そう》、さらに琵琶と笙《しょう》をあげ、篳篥《ひちりき》は天皇に不相応な楽器という。この他、音曲《おんぎょく》、催馬楽《さいばら》、今様《いまよう》などもあげ、気に入ったものを撰べばよいという。たとえば東山《ひがしやま》天皇（一六七五～一七〇九）は、まず箏を音楽が家職の四辻公韶《よつつじきんあき》、ついで笛を地下《じげ》楽人《がくにん》の名手辻高秀《つじたかひで》を師範として学んだ。天皇は、「御楽《がく》始め」や「七夕の御遊び」などの場で、公卿、楽人らの合奏とともに、みずから箏や笛を披露している（「御所作《しょさ》」）。だから歴代の天皇は、笛や箏、琵琶などのうち一つ、あるいは複数の楽器に通じていた。現在の天皇がチェロ、皇太子がビオラと管楽器を嗜《たしな》まれ、ときに演奏を披露されているのは、長い皇室の伝統と関係があるのだろうか。

なお、「雑芸」を好んでも好まなくともよい、といっているが、具体的に何かはっきりしない。能のみならず十七世紀前半に流行した人形（操《あやつ》り人形）浄瑠璃、さらには歌舞伎踊りなどが宮中で催されているのは、それにあたるのかもしれない。

このように、諸法度第一条では学問と和歌を義務づけたと解釈できるが、江戸時代の天皇は、楽器をみずから演奏して音楽に通じ、さらに雑芸を楽しんでいた。江戸時代の天皇は、理想の政治のあり方を学び、管弦に通じて楽器を嗜み、和歌を詠み、その他の雑芸などにも親しんだのである。このことは、中世の天皇と同様に、『禁秘抄』の世界に暮らしたことを示している。ただ、江戸時代にとくに和歌が重視されたのは、中世以来の傾向であるとともに、諸法度の条文が大きかった。

まず神事——神事の重視

諸法度のどこにも規定はないが、天皇がもっとも重視したのは神事だった。現代の皇室でも神事が重視されているという。天皇がどのような宮中神事を行っているのか、私たち一般国民にはほとんどみえない。天皇一代に一回の大嘗祭《だいじょうさい》は大きな話題になったのでよく知られているが、それ以外では十一月の新嘗祭《にいなめさい》くらいか。しかし、天皇が主宰者となる神事はかなりの数にのぼるらしい。日頃テレビ報道などで穏やかでにこやかな天皇の表情を見ることはできるが、神事を主宰する天皇の表情はうかがい知れない。みえる天皇が半面、みえない天皇が半面、その両方が合わさって天皇の本質がある。

『禁秘抄』は、冒頭に「およそ禁中作法、まず神事、後に他事」とある。つまり、なにより神事を優先し他の事はその後にせよ、という趣旨である。神事こそ、天皇が行うべき第一のことだった。天皇は、朝起きて身支度を終えると、まず「毎朝御拝《ごはい》」を行う。清涼殿《せいりょうでん》の石《いし》灰壇《ばいのだん》に入り、伊勢神宮や内侍所《ないしどころ》などを遥拝し、天下太平、海内静謐《かいだいせいひつ》、朝廷再興などを祈った。病気のときなどは、関白か神祇伯《じんぎはく》（白川家）が代拝したが、それ以外は天皇がみずから勤めた。天皇の一日の最初の勤めが、「毎朝御拝」という神事だった。また、一年最初の神事に、元旦の寅刻（午前四時ころ）から始まる「四方拝《しほうはい》」がある。清涼殿の東庭に立てられた八帖の屏風《びょうぶ》の中に入り、北を向いてその年の天皇の運を支配する星の名を唱え、ついで伊

毎朝御拝を行った清涼殿の石灰壇　左手前。京都御所

四方拝出御之図　「公事録附図」より。宮内庁書陵部蔵

勢神宮を始めとする天神地祇《てんじんちぎ》・天地四方、さらに父母の山陵の方角を拝し、天皇と国家の安泰を祈る神事といわれる。この「四方拝」は、天皇が勤める神事で、代理が行うことはできない。なお、現在も形を変えつつ天皇が午前五時半から勤めているという。

一日の最初が「毎朝御拝」、一年の最初が「四方拝」、まさに「まず神事」である。『禁秘抄』の世界を生き続ける天皇の姿をみることができる。これは、天皇という存在の本質に関わる事柄である。

神事再興が第一の務め

朝廷の朝儀（朝廷儀式）は、戦国時代に多くが廃絶した。大嘗祭や新嘗祭などの重要な神事も、中絶を免れることはできなかった。江戸時代の歴代天皇は、神事再興に執念を燃やした。廃絶した神事の再興こそ、天皇の第一の務めだった。

たとえば、霊元天皇が天和二年（一六八二）に書いた宸筆宣命《しんぴつせんみょう》には、「もとより神事の久しく絶えたるを継ぎぬる功もなく、かつまた朝政《ちょうせい》のすでに廃《すた》れたるを興《おこ》せる務めもなきを、いつも恐れいつも愁《うれ》ふる事になむ」と、また、光格天皇が享和元年（一八〇一）に書いた宸筆宣命にも、「神事の久しく絶えたるを継ぎぬる功もなく、朝政のすでに廃れたるを興せる務めもなく」と、神事と朝政がいまだ再興していないことを伊勢の神に詫びている。光格天皇が、寛政十二年（一八〇〇）八月に、議奏に石清水八幡宮《いわしみずはちまんぐう》と賀茂社《かもしゃ》の臨時祭の再興を所司《しょし》代《だい》と交渉するよう命じた宸筆の「御趣意書」（『宸翰英華』）には、「ひとえに神事を再興するをもって先務となす、しこうして神明の恵恩の万分の一に報いたてまつらんと欲す」と、神事の再興こそが何よりも優先すべき天皇の務めであり、皇位に就けてくれ庇護してくれる神々への報謝であるという。だから「ただ恐るるは、神事の大事いまだ一箇《こ》として再興あらざることとなり、神慮いかが、恐怖すべきの甚《はなは》だしきにあらずや」と、重要な神事の再興をいまだ実現していない事を神に対し恐れおののいている。

江戸時代の天皇は、朝廷の儀礼よりも、また人民に善政を施すことよりも、神事の執行と再興を第一とし優先していた。朝廷政務に取り組み和歌を詠む天皇とは異なる、『禁秘抄』以来の神事を優先する「神々《こうごう》しい」天皇の姿を見ることができる。

天皇は仏教徒

このように述べてくると、天皇は神事、神道にどっぷりと浸り、その再興、復古だけを願っていたかのように見えてしまう。それは、近代の国家神道からする天皇イメージに適合的である。しかし、実は天皇と仏教は切っても切れない関係にあった。江戸時代にも、後水尾、霊元のように出家して法皇《ほうおう》になった天皇もいる。天皇の葬儀は、応安《おうあん》七年（一三七四）の後光厳《ごこうごん》天皇以来、幕末の孝明《こうめい》天皇（一八三一～六六）の前まで、京都市東山区にある真言宗泉涌寺《せんにゅうじ》で営まれた。年忌《ねんき》などの法要も仏式で行われ、泉涌寺は、天皇家の菩提寺となった。昭和天皇の葬儀が神式で執行されたのは、近代以降の新しい天皇の葬儀の形なのである。そもそも御所には、位牌をまつった持仏堂の黒戸《くろど》（仏壇）もあった。

　天皇の即位礼にも仏教が重要な役割を果たしていた。現在の天皇は、一九八九年一月に践《せん》祚《そ》し、翌一九九〇年十一月に即位礼、ついで大嘗祭を挙行したことは記憶に新しい。古代以来、天皇の即位儀礼のひとつであった大嘗祭は、南北朝時代の頃から中絶し、それと入れ替わるように、即位礼に即位灌頂《かんじょう》という儀礼が行われた。灌頂とは、密教において師匠の僧が弟子の悟《さと》りを承認、証明する儀礼のことである。即位礼において、紫宸殿《ししんでん》の高御座《たかみくら》にのぼる天皇は、その場で密教の真言を唱え、手に智拳印《ちけんいん》（「両親指を掌中に入れて握り、左人差指を立てて右拳で握る」『広辞苑』）を結ぶ。智拳印とは、金剛界大日如来《こんごうかいだいにちにょらい》の印契《いんげい》（「両手の指をさまざまに組み合せて宗教的理念を象徴的に表現すること」『広辞苑』）であり、これにより天皇は大日如来になぞらえられる、とされている。天台宗や真言宗など密教では、大日如来はこの世の過去・現在・未来にわたる支配者であり、天皇が即位灌頂により大日如来と合体することにより、この世を支配する存在になるという。

紫宸殿の高御座　即位礼において天皇はこの中で密教の真言を唱えた。京都御所

　これは、王法仏法相依論など、中世天皇制の思想的な基盤が仏教にあったことによる。だから、神道式の大嘗祭が中絶し、一部に「半天皇」などと問題視する向きがあったものの、天皇の正統性が揺らぐことは

なかった。それでは、中世に神道は排除されたのかというと、『禁秘抄』冒頭にいうように、「まず神事」だったのである。それは、古代から本地垂迹説《ほんじすいじやく》、つまり神仏習合（混淆《こんこう》）の宗教観に支えられ、神も仏も入り交じりして信仰されていたからだ。神も仏も矛盾なく、対立することなく共存していた。神道は原始宗教の色彩が濃く、その宗教理論や教説、すなわち神道論は仏教の力を借りていた。明治元年（一八六八）三月の神仏判然《はんぜん》（分離）令、それを引き金とした廃仏毀釈《はいぶつきしやく》運動により、仏教と神道、寺院と神社の分離、神道の仏教からの独立が進められた。しかし、いまでもお寺に鳥居が立っていたり、祠《ほこら》があったりするのはありふれている。

天皇の正月年中行事にも、それが色濃く表れている。元旦は早朝の四方拝神事から始まり、元日節会《がんじつのせちえ》、白馬節会《あおうまのせちえ》などの年中行事が続く。八日になるとそれらがすべて片づけられ、紫宸殿を仏壇に直し、「後七日御修法《ごしちにちのみしほ》」が十四日まで続く。後七日御修法は、元和《げんな》九年（一六二三）に再興され、玉体安穏・国家隆昌・五穀豊穣・万民豊楽を祈願する真言宗の祈禱が行われた。天皇は、その七日のあいだに三回拝礼した。また、八日になると宮門跡《もんぜき》以下の僧侶が御所に参内《さんだい》し、天皇に対面した。このように、元旦から七日までが神道、八日から十四日までが仏教と御所の年中行事も神仏習合だった。

ただ、神道色の濃い元旦から七日には、僧侶は参内できない。また、新嘗祭などの神事が御所内で行われるようになると、一定期間は僧侶と尼の立ち入りが禁止される。このように、神と仏を分ける意識は働いている。この神仏分離、あるいは神道独立の動きは、庶民レベルはさておき、神道家、神職らのあいだで江戸時代を通じて強まっていく。神道論においても、仏教による解釈を排除しようとする動きは強まり、後述する宝暦《ほうれき》事件はそのような流れのなかで起こった事件である。

天皇の即位と譲位は幕府次第

近代以降、誰が皇位を継ぐのかは、皇位継承順位が皇室典範《こうしつてんぱん》で定められ議論の余地はない。また、いつ皇位を継承するのかも、天皇の死とともに皇太子が践祚すると法に定められている。しかし、平成二十九年六月に成立した「天皇の退位等に関する皇室典範特例法」付則第一条により、現天皇一代に限り退位が可能になった。

江戸時代は、皇位継承について法的な規定はなく、おおむね前天皇の意向により、その子女の誰かが、初めは儲君《ちよくん》、ついで皇太子となり皇位継承予定者となる。天皇の気が変わったりすると、別の子女が後継者になることもあった。また、中世以来の慣例であるが、江戸時代も生前譲位が通例だった。だから、いつ譲位するのかは、天皇の意向や周囲の思惑によるところが大きかった。なお、在位中の天皇の死により皇位継承する場合は践祚、生前譲位の場合は受禅《じゆぜん》と言い分けている。

重要な点は、天皇の譲位と継承者を、天皇家と朝廷が自由に決められなかったことである。そのため、朝廷と幕府、あるいは天皇のさまざまな思惑が絡みあってしばしば紛議が生じた。天皇が在位中に亡くなると、幕府との交渉に時間がかかり、皇位に空白が生じる場合すらあった。天皇は、王、国王と位置づけられたとはいえ、その譲位や即位の決定権を幕府が握っていたのである。

天皇の現実

天皇がおかれた政治的な現実は、惨憺《さんたん》たるものがあった。後水尾は、寛永二十年（一六四三）に即位した後光明天皇へ三通の「御教訓書」を書いた（『宸翰英華』）。後水尾は、自らの体験に基づく現状認識と天皇・公家・朝廷の生き方を説諭している。第一通の第一条に、つぎのように書いている。

むかしこそ何事も勅定《ちょくじょう》をばそむかれぬ事のやうに候《そうら》へ、今は仰出《おおせいだ》し候《そうろう》事さらにそのかひなく候、武家は権威ほしきままなる時節の事に候へば、仰にしたがひ候はぬも、ことはりと申べく候歟《か》、重代の臣下共すら、動《ややもすれ》ば勅命とてもかろしめ候事のみに候、澆季《ぎょうき》の世あさましく候へども、是非なき事に候、さ候へば、御慊心など今の世に別して不相応の御事に候まま、ふかく御つつしみあるべき事に候、

かつては天皇の命令、勅定（命）に逆らう者はいなかったが、今はその効果はない、幕府の権力が圧倒的に強く、何ごとも武家の自由になる世の中だから、武家が天皇の命令に従わないのは当然のことといえる、しかも、累代《るいだい》の臣下である公家すら天皇の命令を軽視してば

かりいる、と語る。武家も公家も、天皇の言うことなどきかない世の中、これが後水尾の現状認識の根幹である。第三通にもつぎのように書いている。

別《べつし》テ今程万端《ばんたん》武家ノハカラヒ候《そうろう》時節ニ候ヘバ、禁中トテモ万事旧例ニ任《まかせ》テ御沙汰《ごさた》アルべキ様モナキ体《てい》ニ候、万事御《み》心《こころ》ヲ付《つけ》ラレ、御《お》慎《つつしみ》専用ニ候歟、路上行人《こうじん》口是碑ト申候ヘドモ、当時ハ横目《よこめ》トヤランアマタ打散《うちさんじ》候テ、何事モ行人ノ口ニノリ候ハヌ已前《いぜん》ニ、其儘《そのまま》江戸ノ取沙汰《とりざた》ニ及候《およびそうろう》由候、左様ニ候ヘバ、何カト御為ヨカラヌ沙汰ナド武家ノ評定《ひょうじょう》ニナリ候ヘバ、御身一分《いちぶん》ノ事ニテハ候ハデ、御為ヲ存候者ハ、愚老《ぐろう》ヲハジメ、男女数多《あまた》難義、折《せっ》角《かく》迷惑浮沈候事候、（中略）今程ハ諸家ノ所存事外《ことのほか》アシク成行《なりゆき》候テ、何ノ道ニモ正路ナル者ハ大形コレ無キ様ナル為体《ていたらく》ニ候トノ取沙汰候、下ノ放埒《ほうらつ》ハ即《すなわち》上ノ御恥辱《ちじょく》ニナリ候事ニテ候ヘバ、正道《しょうどう》ニ引《ひき》カヘサマホシキ事ニ候、其本乱《もとみだれ》テ末治《すえおさま》ルト云《いう》コトハアラジニテ候ヘバ、本正ク、御身《おんみ》ヲ治《おさめ》ラレ候ハン事、第一ノ御事候歟、

すべて武家が取り仕切る世の中だから、天皇が何ごとも昔のように命令できることはない、幕府からたくさんの横目（目付《めつけ》）が京都に入り込んで情報を集めているので、天皇に関する噂が京都市中にのぼる前に江戸に伝わり、天皇の悪い噂が幕府の評定の場に出れば、天皇だけではなく多くの人びとが迷惑を蒙ることになるので、身を慎むことが重要である、また、近年の公家たちは考えが悪くなり、家々に伝わる家職（家業）を真剣にやろうとする者

朝廷を統制する基本法

後水尾天皇像　宮内庁書陵部蔵

がほとんどいないと噂されている、臣下の素行が悪いのは天皇の恥辱だから、公家たちを正道に引き戻したい、そのためにはまず天皇が身を慎み、範を示すべきだという趣旨である。

後水尾上皇の「御教訓書」は、江戸幕府の圧倒的な力のもとにひれ伏す天皇の現実をリアルに語っている。天皇は、かつてと異なり抗《あらが》いがたい幕府の圧倒的な力が支配している時代に生きていることと、臣下であるはずの公家すら勅命を軽視するほどの状況であることをよく認識し、天皇は身を慎んで（あるいは身の程を知って）幕府との軋轢《あつれき》を避けることを第一とする、諦念《ていねん》にも似た思いで生きるべきだという。ここに、歴史上もっとも権力を失い底に沈んだ天皇の姿をみることができる。なお、臣下であるはずの公家に家々の家職（家業）を励ますことにより正道に引き戻すことが天皇の役割ともいう。朝廷における天皇の権威を確立し、天皇―公家の君臣関係の再確立をめざす、という方針を読みとることができる。それは、学問、とくに和歌を通じて行われてゆくことになる。

諸法度の性格は、朝廷・公家社会を統制する基本法である。第二条では、公家社会の家格序列を、〔現任《げんにん》摂政《せっしょう》・関白《かんぱく》―現任大臣《だいじん》―親王―非現任摂関家・前官大臣―諸親王（世襲《せしゅう》親王家の三世以下の親王）―前官清華家《せいがけ》大臣〕と定めた。現職の摂政・関白と太政大臣《だいじょうだいじん》・左大臣・右大臣（三公とよぶ）は世襲親王家より上位と規定し、ただし、清華家の大臣は現任でも親王の下位、摂関家でも非現任の場合は親王の下位とされた。皇族、五摂家、清華家とそれ以下の公家諸家という家格の序列と、摂政・関白を頂点とし、ついで大臣が続くという官職の秩序とが複雑に絡み合った皇族・公家の序列が法によって規定された。家の序列化により、公家社会の秩序の確立をはかったのである。現職の摂政・関白および大臣は世襲親王より上位とする規定が、のちに尊号一件《そんごういっけん》が起こる遠因となった。

幕末に五摂家のひとつ一条《いちじょう》家に仕えた下橋敬長《しもはしゆきおさ》が、「朝廷で御法事が行われる場合に、摂家の焼香が済んでから親王方が御焼香になる。往来で摂家の乗物と親王家の乗物と出会えば、親王家の方で避けられる。今日から見れば甚だ順序を失した次第ですが」（『幕末の宮廷』）と語っているのは、五摂家と世襲親王家の上下関係をリアルに伝えている。

朝廷の秩序を維持する強制力についての規定が、第一一条「関白・伝奏《てんそう》並びに奉行職事《ぶぎょうしきじ》ら申渡しの儀、堂上《とうしょう》・地下《じげ》の輩《ともがら》あい背くにおいては、流罪《るざい》たるべきこと」である。関白と武家伝奏、および奉行職事らが申し渡したことに違犯した堂上の公家や地下官人《じげかんにん》は流罪にする、という内容である。関白は、公家の頂点にいる五摂家が就任する朝廷官職のトップ、武家伝奏は、幕府と朝廷の交渉・連絡役の公家で、関白とともに朝廷政務（朝議）を取り仕切った重職、奉行職事は、さまざまな朝儀を執行した蔵人《くろうど》役の公家である。朝廷は、〔関白―武家伝奏―奉行職事〕という指揮命令系統で運営され、それに背いた公家たちは流罪に処されることになった。関白と武家伝奏に強い権限が与えられ、朝廷政務を処理し統制する機構として機能することになる。

江戸時代の禁裏御所は、表・奥・口向《くちむき》の三つから構成されていた。表は、公的空間で紫宸《ししん》殿《でん》、清涼殿《せいりょうでん》などのある空間で、朝廷政務や儀式が行われる。奥とは、天皇が日常生活をおくる常御殿《つねごてん》のある空間で、多くの女官が詰め大典侍《おおてんじ》と長橋 局《ながはしのつぼね》が取り仕切った。口向は、長橋局の指揮のもとで、天皇らの食事の調理や建物の営繕、そして諸事務などを行っていた。禁裏御所を統制する、管理するというのは、この三つを統制・管理することで、表の空間を統制するだけでは禁裏御所を統制・管理したことにはならなかった。

朝廷政務の執行部

朝廷における最終的な決定は、天皇が行う仕組みだった。これは、江戸幕府において将軍、藩において藩主が最終決定権を持っていたのと同じといえる。天皇は帝王学の修学と和歌を義務づけられたため、現実政治から遊離させられたと理解されてきたが、幕末期を除いて国政レベルの現実政治に関与することはないものの、幼少年期を除いて朝廷あるいは公家集団のトップとして朝廷政務を最終的に処理したのである。

さまざまな案件が、天皇の裁可を求めてあげられてくる。だから、天皇は政務を処理する能力を備えていなければならなかった。天皇ならばその権威は高い、という単純なものではなく、政務処理の妥当性や判断能力の高さが生身《なまみ》の天皇の権威を決める。

将軍や大名の政治を補佐し決定を執行するための職制、すなわち執行機関ができる。幕府では老中《ろうじゅう》制で、老中が奉行ら諸役人を指揮して将軍政治を補佐し、実質的に幕政を運営した。藩でも、家老を中心として大名の藩政を補佐した。朝廷も、天皇の政務処理を補佐し決定を執行する職制が作られた。初めは関白と武家伝奏により構成されていたが、寛文《かんぶん》三年（一六六三）に創設され、貞享《じょうきょう》三年（一六八六）に職名の定まる議奏《ぎそう》がそれに加わった（武家伝奏と議奏をあわせて「両役《りょうやく》」と称された）。この結果、十七世紀後半以降は、関白─武家伝奏・議奏が朝廷執行部となり、奉行職事が決定事項を執行する体制となった。江戸幕府の老中制になぞらえれば、関白両役制である。この執行部の指揮命令に背けば、流罪の刑罰をうけるので、公家や地下《じげ》官人《かんにん》へ強い強制力をもつ執行権力と

紫宸殿（上）と紫宸殿から望む清涼殿（下）
宮内庁京都事務所提供

なった。江戸幕府は、この関白両役制により朝廷・公家社会の運営と統制にあたらせた。朝廷には、流罪などの刑罰を執行する能力も組織もなかったので、実際に執行するのは幕府だった。つまり、関白両役制のもつ強制力、執行権力を背後で支えたのは幕府の軍事・警察力だった。

関白と両役は、天皇の行動を規制する役割も求められた。とくに、日常的に天皇と接する議奏は、その役割が大きかった。寛保《かんぽう》二年（一七四二）に出された「禁裏《きんり》・仙洞《せんとう》・諸公家条《しょくげじょう》目《もく》」第一条は「禁裏・仙洞たりとも、御政正しからざれば、すなわち厳しく諌言《かんげん》したてまつる事」とある（『徳川禁令考』）。天皇や上皇に誤った政務処理や言動があれば、関白や両役はきびしく諌《いさ》めなければならないのである。後述する尊号一件のさい、幕府から尋問をうけた武家伝奏と議奏は、諌言の役割を果たしたのかどうかを厳しく追及された。このように、関白と両役は天皇の言動を監視し、時に諌言する役目も負わされた。

なかでも関白（摂政）がとくに重要だった。五摂家は他の諸公家を「家礼《けらい》」とし主従に近い関係をもち、公家の階層秩序のなかで飛び抜けて高い位置にいた。その五摂家が関白職を独占したので、職制のトップと家格秩序のトップが合わさって、強い権威と権力を握っていた。そのうえ、その地位は幕府という後ろ盾《だて》を持っていたのでなおさらだった。なお、関白両役制とは別に、天皇の政務を助ける勅問衆《ちょくもんしゅう》がおかれた。勅問衆は五摂家のみで、当初は現任の関白と五摂家の大臣、元文《げんぶん》三年（一七三八）以降は、権大納言《ごんだいなごん》以上の五摂家の当主、十九世紀初めからは、権大納言以上の五摂家の構成員に拡大された。五摂家の排他的で特権的な地位を象徴し、天皇の諮問（勅問）に回答（勅答）し天皇の政務を補佐した。ただし、勅問の多くは官位叙任《じょにん》に関する案件で、天皇は勅答にもとづいて決定するというより、手続きの一環という意味合いが強かったという。

幕府による執行部統制

幕府は、朝廷執行部を幕府の意向に忠実なものにするため、その人事権を握り役料《やくりょう》も支給した。朝廷職制の最重要職である関白の任免は、天皇の自由にならなかった。関白について、諸法度第四条が「摂家たるといえども、その器用なくば、三公・摂関に任ぜらるべからず」と規定し、政務に能力のある人物を撰ぶことを命じ、関白の進退は、すべて幕府との協議と承認を必要とした。幕府は、関白職に役料五〇〇石と氏長者《うじのちょうじゃ》（藤原氏で摂政・関白に就任した者）として五〇〇石、合わせて一〇〇〇石を支給した。

武家伝奏（定員二名）は、幕府は当初、朝廷側の事情にあまり配慮せず、武家昵近衆《じっきんしゅう》という幕府に近い公家の中から指名していたが、十七世紀末頃までには朝廷が候補者数名を推薦し、幕府がその中から選任する仕組みになった。とくに武家伝奏は、就任にあたって幕府（京都所司代）に対して誓詞《せいし》血判《けつぱん》を提出し、幕府と朝廷に忠誠を誓わされたほど幕府は重視した。この武家伝奏には、役料として五〇〇俵（二〇〇石）が支給された。議奏（定員五名）は、役料が当初は禁裏の財政から支給されていたが、延宝《えんぽう》七年（一六七九）に幕府から四〇石が支給されるようになった。それとともに議奏人事は、朝廷が人選し幕府の同意を得ることになった。

なお、上皇のもとにも、仙洞御所《せんとうごしょ》の庶務を処理する職制として院伝奏《いんのてんそう》と評定《ひょうじょう》が置かれ、院の両役とよばれた。職務は、仙洞御所内部の事柄に限定され、上皇の意向を伝えたり、院使として江戸に行ったりした。しかも、禁裏御所の関白両役制の統制下にあった。院伝奏には幕府から三〇石、評定には仙洞御所の財政から二〇石の役料が支給された。禁裏の同種の役料と比べて少ないのは、幕府の位置づけが低かったためで、人事も幕府の規制は弱かった。なお、皇太子（儲君）にも、皇嗣付三卿《こうしつきさんきょう》とよばれた公家三人がついていた。天皇が、後継者である皇太子の養育・監護のためにつけた公家である。このような職制が、禁裏や仙洞、女院御所、そして皇太子にも確立したのは十七世紀末であり、それはとりもなおさず江戸時代の朝廷の制度的確立ということができる。

幕府は、朝廷政務の処理、執行、公家統制のための職制として関白両役制を確立させ、その関白と武家伝奏の人事権を握り、議奏の人事にも介入することにより朝廷統制を実現したのである。役料という手当により買収した、と見るのはやや単純だが、幕府の意向に沿う、あるいは忠実な職務の履行を期待し、幕府への「奉公」の対価という意味はあった。

幕府による朝廷監督組織

いままで説明したのは、幕府が主導して作らせた公家による朝廷統制の仕組みであった。幕府は、より直接に朝廷を統制、監視する機構も構築した。大きな権限をもったのが京都所司代である。京都所司代は、徳川家康が京都の警衛と上洛のさいの宿所として創建した二条城のすぐ北側に役宅を構え、江戸幕府の西日本支配、とくに畿内近国や京都市中の支配を担い、朝廷との交渉や監視にあたった。とくに十七世紀前半の五〇年、約半世紀にわたって板《いた》倉《くら》勝重《かつしげ》・重宗《しげむね》父子が京都所司代の職につき、江戸時代の幕府と朝廷との関係を作り上げるうえで大きな役割を果たした。京都町奉行は、所司代の指揮のもとで京都市中や畿内近国の司法と行政にあたるとともに、御所や天皇・皇族の警備と公家や地下官人の監視にあたった。京都郡代《ぐんだい》、その後身である京都代官は、所司代の指揮のもと、畿内近国の幕領支配にあたるとともに禁裏御料《きんりごりょう》の管理を担い、禁裏御所の経済的な面での御用を果たした。

御所の内側に入り込み、御所内の幕府の橋頭堡《きょうとうほ》になったのが、所司代の指揮下にあった禁《きん》裏《り》付武家《つきぶけ》であった。寛永《かんえい》二十年（一六四三）に設置、旗本から二名選任され、公家町《くげまち》のすぐ北側に役宅があり、与力《よりき》一〇騎・同心《どうしん》四〇名を配下に持ち月交代で毎日参内し職務にあたった。その職務は、御所を警備することと、長橋局と連絡を取り合いながら、禁裏財政の管理や御所内の日常生活全般を切り盛りした役人（口向役人）を指揮・監督することだった。官位は従五位下《じゅごいのげ》・受領《ずりょう》（相模守など）で、取るに足らない地下官人クラスだが、その威勢は大変なものだったらしい。下橋敬長によると、禁裏付武家は、連絡や相談事があって武家伝奏と会う必要があると、「伝奏を呼んで来い」といって詰所である「伺候《しこう》の間」に呼びつけたという（『幕末の宮廷』）。位階は従一位《じゅいちい》か正二位《しょうにい》、官職は大納言《だいなごん》か前大納言という高位高官である武家伝奏を、従五位下の禁裏付武家は呼びつけるのである。無礼千万でたいへん横柄だったと、下橋は伝えている。そのような威勢こそが、幕府による朝廷の監視・管理の最前線を支えた。なお、仙洞御所にも仙洞付武家がおかれていた。

2　朝廷を構成する人びとの暮らしと仕事

天皇家と皇族

江戸時代の朝廷は、どのような人びとで構成されていたのか。変遷があるので、十七世紀末から十八世紀初め頃をみてみよう。まず天皇。江戸時代、天皇をさして天皇と表記することは稀で、禁裏《きんり》、主上《しゅじょう》、禁中《きんちゅう》と表現される。譲位すると上皇となり、仙洞、院とよばれ、上皇が二人いると先に上皇になった方が本院、後の方が新院と表現され、出家すると法皇になる。天皇の配偶者は、女御《にょうご》、中宮《ちゅうぐう》、皇后だが、江戸時代は女御、ついで中宮が一般的であった。上皇の配偶者と天皇の生母が女院《にょいん》、大女院である。天皇の男子である皇子のうち一人が皇太子となり、はじめは儲君《ちょくん》、東宮《とうぐう》とよばれる。その他の男子は、近代以降のように誕生とともに親王となり宮家をおこすことはなく、摂家や宮家の養子になる場合もあるが、多くは宮門跡《もんぜき》寺院（輪王寺《りんのうじ》・仁和《にんな》寺《じ》・大覚寺《だいかくじ》・聖護院《しょうごいん》など一三ヵ寺）に入寺し、法親王《ほっしんのう》、入道《にゅうどう》親王とよばれた。女子である皇女も、近代以降のように誕生とともに内親王になることもなく、中宮や世襲親王家の妻となる場合もあるが、多くは比丘尼御所《びくにごしょ》（尼門跡寺《あまもんぜきじ》院《いん》。大聖寺《だいしょうじ》・宝鏡《ほうきょう》寺《じ》・曇華《どんげ》院《いん》・光照院《こうしょういん》など）に入寺した。皇子女の多くは、門跡寺院に入寺し僧侶として一生を送る。だが、皇子女が入寺する門跡寺院は寺格が高く、摂家の子弟らが入寺する摂家《せっけ》門跡寺院とともに、江戸時代の仏教勢力の頂点を構成した。

世襲親王家いわゆる宮家が、伏見宮《ふしみのみや》、桂　宮《かつらのみや》、有栖川宮《ありすがわのみや》、閑院宮《かんいんのみや》の四家あった。伏見宮家は、成立が十四世紀半ばにさかのぼる。桂宮家は、正親町《おおぎまち》天皇の孫智仁《としひと》親王を祖とし、当初は八条《はちじょう》宮、ついで常磐井《ときわい》宮、京極宮と改称し、十九世紀はじめに桂宮となった。有栖川宮家は、後陽成天皇の皇子好仁《よしひと》親王を祖とし、はじめ高松宮、ついで花町宮を経て寛文《かんぶん》十二年（一六七二）に有栖川宮となった。閑院宮は、東山《ひがしやま》天皇の皇子直仁《なおひと》親王を祖とし、宝永《ほうえい》七年（一七一〇）に成立したもっとも新しい宮家だった。この世襲親王家が、天皇家の親類というべき存在で、徳川将軍家でいえば、御三家などの親藩大名や御三卿《ごさんきょう》、大名家なら御一門などにあたる。

公家衆と家格の秩序

堂上《とうしょう》家とよばれた公家は、十八世紀初頭に一三四家ある。公家の中でも、位階が三位以上、官職が参議《さんぎ》以上を公卿《くぎょう》といい、それ以下を平《ひら》堂上とよんで区別した。一口に公家といっても大きな家格差があった。その家格により、十七世紀の末には官位昇進コースと上限（「極官《ごっかん》」という）が慣例で定まった。家格には、摂家《せっけ》、清華家《せいがけ》、大臣家《だいじんけ》、羽林家《うりんけ》、名家《めいか》、新《しん》家《け》の順があり、とくに、摂家と清華家以下との間に大きな格差があった。摂家は、近衛《このえ》・九《く》条《じょう》・二《に》条《じょう》・一条《いちじょう》・鷹司《たかつかさ》家の五家で、摂政・関白職を独占し、その前職として三公《さんこう》（太政大臣、左大臣、右大臣）に就任する最上級公家であった。つぎの清華家は、久我《こが》・西園寺《さいおんじ》・徳《とく》大寺《だいじ》家など九家で、三公に就任できた。大臣家は、中院《なかのいん》・正親町三条《おおぎまちさんじょう》・三条西《さんじょうにし》家の三家で、内大臣が極官、羽林家は、正親町・久世《くぜ》家など三七家で、近衛少将・中将を経て中納言・大納言になるのが極官の家、名家は、日野・勧修寺《かじゅうじ》家など二五家で、弁官《べんかん》・蔵人頭《くろうどのとう》を経て中納言・大納言が極官の家である。

新家とは、江戸時代の天皇が、堂上公家の二、三男を新規に取り立てた家である。とくに、後水尾《ごみずのお》天皇と明正《めいしょう》天皇の時期、すなわち元和《げんな》・寛永《かんえい》期（一六一五～四四）にもっとも多く、二五家が取り立てられた。その後は、後水尾、明正、後西《ごさい》と三人の上皇が同時にいた寛《かん》文《ぶん》・延宝《えんぽう》期（一六六一～八一）が一三家であった。幕府は、新家へ知行や俸禄を給付し、その家の成立と存続を認めた。とくに、中宮和子《まさこ》（一六〇七～七八）、明正天皇という将軍家の娘や孫の時代に手厚く、三上皇が併存した時期に、仙洞御所に奉仕する公家が不足したため増加させた。なお、江戸時代前期に新家が増加する現象は、公家に特殊ではなく、幕府の旗本も分家による増加が著しかった。

厳密な家格秩序・階層が確立し、家格に応じて昇進できる官職の上限が決まっていた。武家の社会は、譜代門閥《ふだいもんばつ》と新参《しんざん》、上士《じょうし》と下士《かし》（軽輩）などの階層差、あるいは家格差が強調される。福沢諭吉をして、「私の為めに門閥制度は親の敵《かたき》で御座る」（『福翁自伝《ふくおうじでん》』）と言わしめた、豊前《ぶぜん》中津藩の家臣団秩序の強固さがよく引き合いに出される。公家社会も、同様に強固な階層秩序、門閥制度で成り立っていた。その強固さは、武家のそれどころでなかった。なぜなら、摂家五家と他の公家との間に家礼《けらい》関係が存在し、それは主従関係に近いものだった。近衛家に四八家、九条家に二〇家、二条家に四家、一条家に三七家、鷹司家に八家が、家礼関係を結んでいた。公家は、厳格な家格秩序のもとに編成され、家礼関係を通じて五摂家による統制を受けていた。このため、摂関家は他の公家諸家を、一般の人びと、庶民をさしていう語である「凡下《ぼんげ》」と見下《みくだ》していたほどである。

開放的な公家町

現在の京都御苑（京都市上京区）が、江戸時代の公家町の跡である。天皇と中宮の住む禁裏御所と、上皇、女院らが住む仙洞御所を中心に、それを取り囲むように二〇〇もの公家と親王家、門跡の里坊《さとぼう》の屋敷が密集し集住していた。その面積は、東西約七〇〇メートル、南北約一三〇〇メートル、約六三ヘクタールある。江戸時代の内裏は、南北朝時代の北朝光厳《こうごん》天皇（在位一三三一～三三）が、元弘《げんこう》元年（一三三一）に即位した里内裏《さとだいり》（一時的な御所）である土御門東洞院《つちみかどひがしのとういん》内裏のあったところである。これが焼失と再建を繰り返しながら、江戸時代の御所につながった。平安時代の内裏の所在地からは、東に約二キロメートル離れた場所にある。築地塀《ついじべい》で囲まれた禁裏御所の面積は、一一万平方メートルである。

慶長《けいちょう》十六年（一六一一）から元和《げんな》元年（一六一五）頃と推定されている「中むかし公家町之絵図」をみると、禁裏御所と仙洞御所が隣り合わせになっており、親王家の八条宮、近衛家を始めとする摂家や他の公家たちの屋敷もみえるが、その周囲に町屋《まちや》（町人の住む屋敷地）が隣接し、寺院もある。公家町とはいえ、公家のみではなく町人も混住している空間だった。寛永《かんえい》十四年（一六三七）の「洛中《らくちゅう》絵図」でも、御所と仙洞御所は現在みるような位置関係になっているものの、やはり町屋が混在している。公家町が、天皇と皇族および公家のみに純化するのは、十七世紀後半以降のことであった。

戦国時代末期には、摂関家すら京都を離れて地方で生活する有り様であるから、朝廷の構成員としての公家集団は解体状況にあった。統一政権の成立とともに京都に戻ったが、いまだ京都市中に分散して住居していた。それは、武士が城下町に集住し、大名家の家臣団として統合されていくのに比較して、公家が公家町に集住し、天皇の臣下として統合されていないことも表現している。十七世紀後半以降、公家の公家町集住が進み、一種の職能集団の居住区が成立したことは、江戸時代的な公家集団の確立であり、朝廷の組織的な確立を意味したのである。

現在の京都御苑は、高い築地と今出川《いまでがわ》御門、堺町《さかいまち》御門など九つの大きな門で仕切られ、いかめしく閉鎖的な空間に見える。しかし実は、外郭の築地は近代になって築かれたもので、江戸時代にはなかった。もちろん、禁裏御所は今もみるように高い築地塀に囲まれ、建礼門《けんれいもん》や朔平門《さくへいもん》など六つの門があり、仙洞御所も高い築地塀に囲まれ三つの門があった。禁裏御所と仙洞御所は、いかめしく閉鎖的な空間に見える。しかし、江戸時代の公家町全体は閉鎖的ではなく、人びとは、あちこちの道路から九門を通って公家町に入り、また九門をくぐって通り抜けることができた。それは、現在のありようからはやや想像の難しい開かれた空間であった。禁裏御所・仙洞御所、天皇・上皇と京都町人との空間的な近さは、天皇、朝廷に対する町人たちの意識に大きな影響を与えていたであろう。

天皇の経済

かつて天皇家と公家は広大な荘園の所有者、すなわち荘園領主だった。戦国時代にその多くを失い、経済的に零落《れいらく》した。織豊政権と江戸幕府は、朝廷を維持するため、天皇と公家や地下《じげ》官人たち朝廷を構成する人びとを経済的に支えた。慶長六年（一六〇一）に総額で五万六〇〇〇石、しだいに増加して十七世紀後半には一一万六〇〇〇石に達している。

禁裏御料は、秀吉の時代の一万石を保証し、この他に局方《つぼねかた》・内侍所《ないしどころ》、女院《にょいん》、女御《にょうご》にも別途宛《あてが》われた。元和九年（一六二三）に一万石増やして二万石、さらに宝永二年（一七〇五）一万石を増し、合わせて三万石とし、ここからの年貢収入により禁裏財政を賄っていた。天皇は、三万石の大名ということもできる。譲位し上皇になると、たとえば一六六〇年から七〇年代に、後水尾法皇一万石、本院明正《めいしょう》上皇と新院後西《ごさい》上皇五〇〇〇石、女院東福門院《とうふくもんいん》三〇〇〇石が与えられていた。これら御料の管理、年貢収納は、初期を除いて幕府の京都代官が行っていた。なお、幕府は禁裏（天皇）に御料を与えたり、増加したりするさい、「進上《しんじょう》」という語を用い、領知宛行《あてがい》状も発給しないし、将軍代替りごとの確認もしない。つまり、将軍と天皇との間には、領知を介した主従関係は存在しなかった。

幕府は、安永《あんえい》七年（一七七八）、禁裏財政に定高《さだめだか》制を導入し、禁裏の年間支出の上限を銀七四五貫目（金一両＝銀六〇匁《もんめ》両替で一万二四一六両余）と定め、その他に奥向き八〇〇両と決めた。これにより禁裏御料と関係なく、この金額が禁裏財政を賄う収入となった。この他、御所の造営や修理、譲位・即位礼など臨時の経費は、すべて別途幕府が負担した。なお、将軍や武家の官位叙任《じょにん》などのさいの献上金（官金《かんきん》）や大寺住職の入院《じゅいん》などの際の献上は、すべて禁裏奥向きの臨時収入となった。それでもなお不足すると、幕府は「取替金《とりかえきん》」という名目で立て替えていた。まさに幕府の丸抱えであった。

公家の経済

公家には、幕府から知行《ちぎょう》が与えられ、寛文五年（一六六五）の時点で、堂上公家九二家に合計三万三六六〇石余である。この他、知行を与えられない堂上公家二二の新家があり、三〇石三人扶持《ぶち》が宛われた。知行の最多が九条家の二〇四三石、最少が西大路家の一〇〇石だった。五摂家はみな一〇〇〇石以上であり、五家で公家全体の二二パーセントを占め、特権的な家格は知行高にも表れていた。公家たちは、元和三年（一六一七）に、諸大名とともに将軍徳川秀忠《ひでただ》から知行宛行状を拝領し、寛文五年には、前年の諸大名への一斉発給と同様に知行宛行状の発給をうけた。このように、公家も領知をもつ領主の一員であり、天皇と異なり、将軍と公家との間には、領知を介した主従関係が存在した。

　元禄期に関白職を務めた近衛《このえ》基熙《もとひろ》は、左大臣の時代に「官位・封禄《ほうろく》公武の御恩《ごおん》に候《そう》らえば、朝廷の御為《おんため》の事はもちろん、大樹《たいじゅ》様（将軍）御為」という考え方を披瀝《ひれき》していた（「近衛基熙口上覚書写」）。官位は天皇、封禄（知行地）は将軍からいただくのだから、天皇の為はもちろん、将軍の為にも尽くす、これが公家の生き方だという趣旨である。江戸時代の公家は、官位と知行を介して天皇および将軍と二重の主従・君臣関係にいた。このことは、公家の果たすべき義務や行動に重要な意味をもった。

知行からの収入だけでは不足がちであり、摂政・関白、武家伝奏、議奏などの役職につけば役料、さまざまな朝儀を担えば下行《げぎょう》などの手当が支給された。さらに、姻戚関係のできた大名家からの援助も大きかった。たとえば幕末の一条家では、紀州徳川家から一〇〇〇石、水戸徳川家から五〇〇石、肥後細川家から一〇〇〇石、備前池田家から一〇〇〇石などなど、多額な「お手伝い金」を得ていた。この他、吉田家や白川家なら神職、冷泉《れいぜい》家なら和歌、飛鳥井《あすかい》家なら蹴鞠《けまり》、花山院《かざんいん》家なら書道などの家職を通じた収入が期待できた。公家というと貧乏、とイメージしがちだが、中・下級武士と比較して果たしてどうであったか疑問である。

朝廷の朝儀などを担う地下官人（摂家諸大夫《しょだいぶ》などを含む）らへも、慶長六年で二〇九八石、万治《まんじ》二年（一六五九）で二三六二石の知行が給付されている。最高でも一〇〇石程度の少額ではあるものの、朝儀を担い朝廷運営を支えたことから、幕府は知行を与えたのである。彼らは、臨時、恒例の朝儀を担うことによる手当である下行が大きな収入源だった。

公家の仕事

大名らは、武家《ぶけ》諸法度《しょはっと》第一条「文武弓馬《きゅうば》の道もっぱら嗜《たしな》むべきこと」により、学問と武術の修養がもっとも重要であると規定された。将軍の命令により、合戦のとき軍勢を率いて出陣する軍役《ぐんやく》を果たすことがもっとも大事な仕事だから、武術の修養が大事だったのは当然である。平時には、参勤交代で隔年に江戸へ行き、さまざまな公務を果たし、お手伝い普請に人と金を負担することも重要だった。譜代《ふだい》大名は、老中《ろうじゅう》以下の役職に就いて将軍を補佐し幕政を運営する。将軍家の家臣である旗本《はたもと》・御家人《ごけにん》、大名の家臣である藩士らは、軍役を果たすことが第一であるとともに、さまざまな役職に就いて幕政・藩政に参画するのが仕事である。軍役と幕政・藩政を担うことが義務であり、そのために武術の鍛錬とともに、政治・行政を担うために学問の修養が求められた。将軍や大名から給付された領知・知行は、そのための対価であった。

諸法度には、天皇の義務は書かれているが、公家について明文はない。第一〇条に、「学問、有職《ゆうそく》、歌道」に励んだ公家を、その家々の先例に囚《とら》われず、より上の官位に昇進させるべきである、と書かれている。官位昇進を餌に、学問・有職故実・和歌の修養に励ませようとした。公家の仕事、義務については、慶長十八年（一六一三）に「公家《くげ》衆法度《しゅうはっと》」が出された。その第一条で「公家衆家々の学問、昼夜油断なく仰《おお》せ付《つ》けらるべく候」と、家々の学問に昼夜怠りなく励むことが要求され、第三条で「昼夜の御番《ごばん》、老若とも懈怠《けたい》なくあいつとめ」と規定され、「御番」を務めることが義務とされた。

家職・家業に励む義務

第一の「家々の学問」は、天皇が学問を義務づけられたのと同じである。公家の場合、この学問が「家の道」「家業」「家職」とも表現され、公家は家々に伝わる学問や家業、家職を怠りなく励み維持することが何よりの義務だった。家業・家職、とくに有職故実に通じると、天皇、朝廷から重用されることもあった。

公家の家業・家職は、諸家が代々伝えたさまざまな技芸である。その家業とそれを伝える家については、「諸家家業記《しょけかぎょうき》」「諸家知譜拙記《しょけちふせっき》」などに網羅されている。神祇《じんぎ》の家は白川《しらかわ》家・吉田家・藤波《ふじなみ》家など、和歌の家は二条家・冷泉家・飛鳥井家・三条西家など、蹴鞠《けまり》は飛鳥井家・藤波家などと分類されている。なお家業としてではないものの、豊臣秀吉の時代の文禄《ぶんろく》二年（一五九三）に、摂関家から名家に至る公家へ有職故実の維持が命じられた。公家たちは、家に伝わる家業＝技芸を修練して朝廷に仕えることを幕府から義務づけられ、それを果たすことによって幕府から知行を給付されたのである。公家に家業である諸技芸の修練を命じた措置は、同時に公家文化、王朝文化の維持と保護につながった。また、それにより、たとえば陰陽道《おんみょうどう》（陰陽師《じ》）は土御門《つちみかど》家、香道《こうどう》は三条西家などのように、公家をおのおのの芸能の家元化させ、家元としての収入は公家の経済的基盤ともなった。

禁裏に奉仕する義務――小番

第二の「御番」は小番《こばん》とよばれた。禁裏小番とは、公家が輪番で昼夜にわたり天皇の御所に奉仕することである。これは南北朝時代に始まり、江戸時代には、公家は内々《うちうち》番、外様《とざま》番、さらに寛文三年（一六六三）からは近習《きんじゅう》番の三番に分けられ、おのおの五ないし六の番(組)に編成され、輪番で禁裏小番を務めた。摂関家、清華家の大臣、武家伝奏と議奏の就任者、六〇歳以上は免除されたが、それ以外の公家は怠りなく務めることを要求され、小番奉行がその勤務ぶりを監督し記録していた。

内々衆と外様衆の区分は固定的ではなく、天皇との親疎の差などにより流動的だったが、天皇との関係で待遇に差異があった。たとえば、内々衆は正月三ガ日のうちに新年参賀に参《さん》内《だい》し、天皇に拝謁して天盃《てんぱい》と扇を賜ったのに対して、外様衆は内々衆の後に参内し、天盃も扇の下賜もなかった。宮中での能や舞御覧《まいごらん》に招かれたのは、内々衆だけだった。だからといって、官位の昇進などに差はなかった。なお、寛文三年に新設された近習番は、人物本位で内々衆からも外様衆からも撰ばれ、内々衆より天皇のそば近くに仕えた。禁裏小番の務めは、参内する貴人の出迎えや天皇の代理の御使役、緊急時の天皇御前への伺候《しこう》や不寝番、虫払い・煤《すす》払いなどの労役、さらには書物の書写や校合《きょうごう》などだった。

また、上皇の仙洞御所には院参衆《いんざんしゅう》が組織され、後水尾上皇の所には二〇名前後の公家が院小番を務めた。後水尾上皇の院参衆には新規に取り立てられた新家が多く、上皇と強い関係で結ばれていたという。

旗本らが幕府の役職に就いて政治行政を担い、藩士が藩の役職に就いて藩の政治行政を担ったのと同様に、公家たちは、家格に応じて摂政・関白以下、左大臣・右大臣などの大臣、権大納言・権中納言・参議などの朝廷官職に就いて、朝廷の政務、儀式に参画し、朝廷の運営を担った。伊勢神宮や大寺社と朝廷とを結ぶ寺社伝奏《てんそう》、行事の執行責任者である、上卿《しょうけい》奉行なども務めた。また、院参衆とよばれる仙洞御所の役職、皇嗣付三卿とよばれる皇太子につく役職、さらには女院らにつく役職なども務めた。

地下官人

地下官人《じげかんにん》とは、殿上人《てんじょうびと》に対して清涼殿への昇殿資格のない官人のことで、位階が六位以下の者と四位、五位でも昇殿できない者をさす。もともとは、太政官に統轄された諸司（役所）に属した官人のことである。朝廷儀式を、朝儀への出仕や諸調度品の用意などにより担う者と、堂上公家らの家来（家司）に分けられる。地下官人たちは、外記《げき》方、官《かん》方、蔵人《くろうど》方、その他に分属し、外記方は押小路《おしこうじ》（中原）家、官方は壬生《みぶ》（小槻《おづき》）家、蔵人方は平田（中原）家の三家に統轄されていた。この三家の催《もよおし》官人を三催とよぶ。彼らは、武家伝奏や奉行職事の指揮下で、臨時・恒例の儀式や文書作成を担った。その他では、武家伝奏が管轄する検非違使《けびいし》や内膳司《ないぜんし》、四辻《よつつじ》家支配の楽人などがいた。地下官人の数は、寛延《かんえん》元年（一七四八）が四二九名、慶応《けいおう》元年（一八六五）が一〇九〇名にのぼる。

地下官人には、催官人、並《なみ》官人、下官人の三階層があり、並官人は世襲されたが、とくに下官人は専業者ではなく、商人、医師、百姓身分など身分や職業は雑多で、朝儀の時だけ地下官人として出仕した。お金を払えば誰でもなることができ、帯刀《たいとう》や菊紋《きくもん》付提灯《つきちょうちん》の使用など、社会的な地位や特権を求めてなる者も多かった。

3　幕府と朝廷の軋轢

怒る天皇父子

後水尾天皇は、文禄《ぶんろく》五年（一五九六）六月四日に、後陽成天皇と女御近衛前子《さきこ》との間に生まれ、三宮《さんのみや》と称された。慶長《けいちょう》五年（一六〇〇）十二月二十一日に親王宣下《せんげ》があり、儲君《ちょくん》となり後陽成の後継に予定された。第一皇子良仁《ながひと》親王を強引に仁和寺《にんなじ》に入室させての親王宣下であった。諱《いみな》は政仁《ことひと》。しばしば譲位を表明していた後陽成天皇は、そのたびに徳川家康の反対にあって妨げられていたが、ようやく慶長十六年（一六一一）三月に実現し、後水尾天皇の即位礼は、四月に挙行された。一六歳だった。天皇の生前譲位は、正親町天皇（一五一七〜九三）が譲位し後陽成天皇が即位したときに復活し、後陽成から後水尾への生前譲位により、江戸時代天皇の生前譲位慣行は確立した。家康との激しい対立、朝廷内での孤立などもあって、後陽成上皇は怒りの矛先をわが子後水尾天皇にも向け、天皇と上皇は不和の状態が続いた。周囲の取りなしでときに「和睦《わぼく》」も実現したが、不和の状態は解消されることのないまま、後陽成上皇は元和《げんな》三年（一六一七）八月に死去した。

後陽成天皇は、豊臣政権から徳川政権へという政権交代の激流にもまれ、新たに成立した江戸幕府の最高実力者徳川家康と激しく対立し、その反対により自己の意思の多くを通すことができなかった。後陽成が激しく対立した背景には、まだ江戸時代における朝廷と幕府との関係、そこにおける天皇の位置が定まらない段階であり、後陽成には、天皇の勅命や意向がどのように扱われるのか、その重みなどを計りかねていたという事情があった。おそらく家康や幕府も、朝廷との関係で手探りの面があったと思われる。皇族たちや公家たちからも孤立を深め、「ただなきになき候、なにとなりともにて候」と絶望の淵に沈み、その一生は徳川家康への怒り、家族への怒りの生涯だった。後陽成天皇の一生は、江戸時代天皇・朝廷の創出が、いかに激しい軋轢《あつれき》のもとで行われたのかを物語っている。

後水尾天皇も在位中（一六一一～二九）は、父後陽成と家康の場合と同じように、徳川秀忠《ひでただ》と対立し、何度も譲位の意思を表明して激しく反発した。その背景には、後水尾がまだ若かったという点もあり、また、父後陽成と同じような事情があった。しかし、秀忠に激しく反発し対立した体験と、さらに秀忠の死とその子で三代将軍徳川家光《いえみつ》の登場、江戸時代の政治体制の安定化、さらにその中における

徳川秀忠像　高野山蓮花院蔵

朝幕の関係、天皇の位置などがしだいに明確になってくる動向をふまえ、天皇と朝廷、公家が江戸時代を生き抜く途《みち》を見出していった。おそらくそれは、天皇としての誇りをもちつつも、強大な江戸幕府が設けた枠組みと折り合いをつけながら、天皇家を頂点として公家集団を統合し、朝廷の再建・再興をめざすことだったのではないか。そこから、江戸時代の天皇と公家集団、そして朝廷が生まれてゆく。以下に、その過程をみていこう。

徳川和子入内をめぐる確執

将軍徳川秀忠の娘で、家康の孫である和子《まさこ》は、元和六年（一六二〇）六月に入内《じゅだい》した。徳川将軍家の娘が入内することは、早くから噂されていた。後陽成天皇の女御近衛前子も、豊臣秀吉の養女として入内した経緯があるからである。鎌倉幕府の源頼朝は、娘の大姫《おおひめ》、ついで乙姫《おとひめ》を後鳥羽《ごとば》天皇のもとに入内させようとはかった。佐藤進一氏は、天皇と頼朝の娘との間に生まれる皇子を鎌倉に迎えて将軍にする計画だったとされる（『日本の中世国家』）。徳川家康の場合、よもや頼朝のような意図はないと思われ、天皇家の外戚《がいせき》となり、天皇家を将軍家に取り込むことによって安定をはかる意図だったろう。

和子の入内は、後水尾天皇即位の翌年に具体化し始め、慶長十九年（一六一四）に正式決定された。入内の日程は、大坂の陣、徳川家康そして後陽成上皇の死によりのびのびになったが、元和五年と内定した。和子が住む女御御殿の造営も始まり順調に進むかと思われたが、元和五年六月ころ延期になった。その理由は、後水尾天皇に第一皇子賀茂宮《かものみや》が生まれたことである。生母は、「およつ御寮人《ごりょうにん》」と呼ばれた四辻公遠《よつつじきんとお》の娘だった。後水尾は九月五日に、私の行跡が秀忠の意に添わないのが入内延期の理由ならば、たくさんいる弟の誰かを即位させ、私は落髪し逼塞《ひっそく》すればそれで済む、と怒りを込めた書状を弟の近衛信尋《このえのぶひろ》に出している。二四歳の後水尾天皇が行った、第一回目の譲位の意思表明である。

将軍秀忠は、元和五年五月に上洛したにもかかわらず、武家諸法度に違犯して広島城を修築した広島城主福島正則《ふくしままさのり》の改易《かいえき》問題に忙殺されたこともあり、一ヵ月ちかく参内しなかった。まことに間の悪いことに、また「およつ」が皇女梅宮を出産した。和子入内の準備が進んでいるときに何ごとか、というのが秀忠の怒りであろうか、秀忠は参内したものの、後水尾と秀忠の間には凍りついたような冷たい空気が流れた。

秀忠は、九月に万里小路《までのこうじ》充房《あつふさ》を丹波《たんば》篠山《ささやま》、四辻季継《すえつぐ》と高倉嗣良《つぐよし》を豊後《ぶんご》に配流《はいる》し、他三人を蟄居《ちっきょ》謹慎処分にするという強烈な対応で報いた。後陽成天皇と徳川家康の対立の再現かと思われた。公家の行儀に反したという理由だが、四辻と高倉はともに「およつ」の実兄にあたる。徳川将軍家、秀忠の意に添わない、軽んじるような行為は許さない、という強い警告の意思表示だった。天皇と処罰された公家は、秀忠とその意に従って動いた武家伝奏広橋兼勝《ひろはしかねかつ》（一五五八〜一六二二）に激怒した。

天皇は、元和五年十月十八日に、右大臣近衛信尋へ宸翰《しんかん》を渡し、譲位の意向を表明した。後水尾第二回目の譲位表明だった。「か様《よう》の儀出来《しゅったい》候《そうろう》も、我等不器用故《ゆえ》に候条、必定《ひつじょう》将軍も見かぎられ候はんと恥じ入り候」（「京都御所東山御文庫記録」）とその理由を書いている。どうせ私が不器用（能力がない）だから、と怒りをぶつけた文章である。将軍秀忠と天皇後水尾の間は険悪になり、家康と後陽成との不和が再現された。

和子入内と懐妊

この険悪な状況の打開に動いたのが、伊勢津《つ》藩主藤堂高虎《とうどうたかとら》（一五五六〜一六三〇）だった。高虎は、大坂夏の陣で徳川家康を危地から救ったことから、外様大名ながら秀忠の信任も厚かった。高虎と朝廷側との折衝により、元和六年二月、和子入内の期日は「将軍次第」とする天皇の意向が出され、そして六月入内と決まった。その背後に、天皇が激怒する原因となった四辻季継ら処罰された公家を入内実現とともに赦免《しゃめん》、という裏取引があったらしい。事実、入内とともに全員が赦免された。

和子は、元和六年五月八日に江戸を出立、二十八日に二条城に到着、六月十八日に禁裏御所の女御御殿に入った。和子一四歳であった。ちなみに後水尾天皇は二五歳。入内行列を見物しようと前夜から集まった人びとで埋まった二条城から御所までの沿道を、京都近郊の譜代大名が警備するなか、一六〇棹《さお》におよぶ長櫃《ながびつ》などの道具類の行列が先行した。ついで、和子の乗る牛車《ぎっしゃ》は女房衆の乗る輿《こし》を先頭に、前後に騎馬の公卿《くぎょう》・殿上人《てんじょうびと》、所司代板倉重宗《いたくらしげむね》らの武士、輿にのる関白・大臣らが供をして進んだ。その行粧《ぎょうそう》の見事さ、豪華さは、京の人びとの目を驚かせるに十分だった。それは、「東福門院入内図屛風《とうふくもんいんじゅだいずびょうぶ》」（三井記念美術館蔵）をみれば十二分に偲《しの》ぶことができる。なお、和子から天皇の装束一〇〇領と銀子《ぎんす》一万枚（銀一〇〇〇枚説もある）が進上されたという。

入内後の和子と天皇との関係はよくわからないが、入内後すぐの七夕に、天皇と和子のあいだで和歌五首のやりとりがあり、翌元和七年十二月には、一五歳になった和子の成人儀礼である脇詰《わきつめ》（脇塞《わきふさぎ》。着物の脇を縫って閉じる）の儀式を天皇が見物、翌日は和子が御所に行き、水入らずでお酒の酌をしあっている。元和八年六月には、鬢曾木《びんそぎ》（鬢の先を切る。成人のしるし）の儀礼があり、元和九年には、和子の第一子の妊娠もあり、五月に天皇は公家を従えて女御御殿に行幸《ぎょうこう》している。

将軍の娘の入内は初めてであり、幕府と朝廷の双方に武家と禁裏の作法の違いなど、さまざまな違和感や行き違いもあったらしい。しかし、入内から三年、その関係に落ちつきがみられるようになった。なお、和子には幕臣弓気多《ゆげた》昌吉《まさよし》と大橋親重《ちかしげ》が女御付《にょうごづき》武家として派遣され、女御の世話とともに監督を行った。これは、御所内に幕府役人が常駐する起源となり、幕府が禁裏内に築いた橋頭堡《きょうとうほ》ともいえる。後に設けられる禁裏付武家、仙洞付武家、女院付武家などの役職の先蹤《せんしょう》となった。女御付武家は、将軍家の娘が大名家に輿入《こしい》れすると、幕府役人が派遣されたのと同じ仕組みだったといえる。

元和九年に、秀忠は将軍職を家光に譲った。その将軍

東福門院和子の木像　光雲寺蔵

宣下のため、秀忠は六月に上洛し、四年ぶりに参内した。天皇と和子に対面した秀忠は、上機嫌だったという。家光の将軍宣下の儀式は、八月に二条城で挙行された。将軍は代替わりしたものの、政治の実権は秀忠が握り続けた。八月に禁裏御料として一万石を進上し、禁裏御料は二万石に倍増した。幕府の後水尾融和策であった。

和子は十一月に女児を出産した。女一宮《おんないちのみや》と称され、のちに明正《めいしょう》天皇となる。和子は、寛《かん》永《えい》元年（一六二四）十一月、女御から中宮《ちゅうぐう》になった。これを立后《りっこう》とよぶ。ここに、南北朝時代以来中絶していた天皇の正妻（正配《せいはい》。皇后）の称号である中宮が再興された。そして、翌寛永二年九月には、また女児（女二宮）を出産した。

幕府主導の二条行幸

豊臣秀吉が、天正《てんしょう》十六年（一五八八）四月に、後陽成天皇を聚楽第《じゅらくてい》に迎えた聚楽行幸に倣《なら》うかのように、寛永三年（一六二六）九月六日、後水尾天皇が二条城に行幸した。秀忠が家光に将軍職を譲った元和九年頃にこの行幸の構想が立てられ、寛永三年に実現した。けっして後水尾天皇や朝廷が望んだり、企画したりしたことではない。

秀忠は寛永三年七月に参内し、中宮御殿で天皇と和子に対面した。公家の土御門泰重《つちみかどやすしげ》は、後水尾と秀忠の機嫌のよい様子を「一段君臣天気《てんき》またご機嫌よく珍重なり」と伝える。それなりに和やかなものだったらしい。

行幸当日は、まず和子、女院の近衛前子、そして二人の姫宮が先に二条城に入った。つぎ

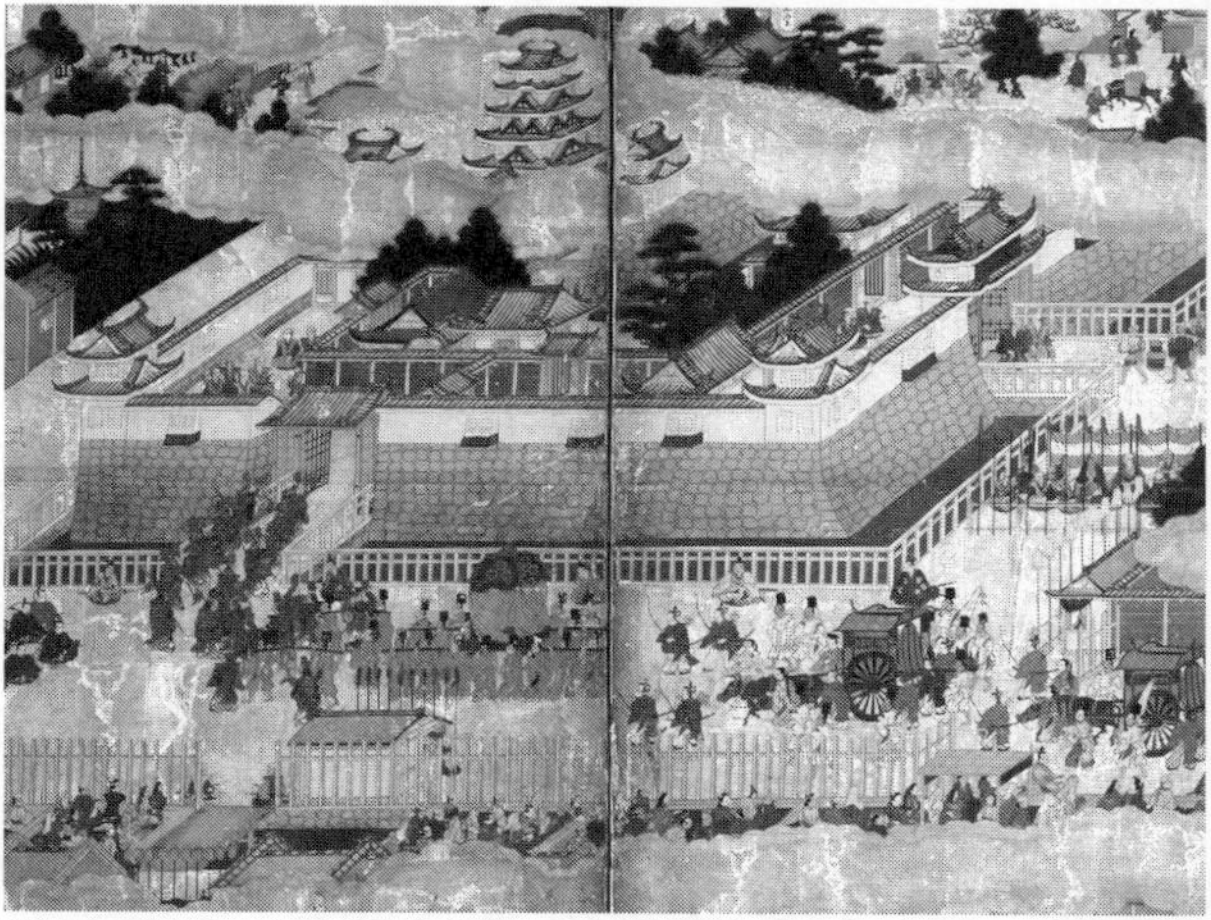

後水尾天皇の二条城行幸　『洛中洛外図屏風』より。正法寺蔵。山城郷土資料館提供

に将軍徳川家光が大行列を従えて、天皇を迎えるため参内した。家光は、行幸のお礼を述べて二条城へ引き返した。天皇は四泊五日の二条行幸のため、鳳輦《ほうれん》に乗り、関白以下の公家らを従え二条城に向かった。二条城では、六日は内々の祝宴、七日は舞御覧《まいごらん》、八日は和歌御会《ごかい》と管弦御《ぎょ》遊《ゆう》、九日は猿楽《さるがく》などがあり、十日に禁裏御所に戻った。

　行幸のさい、家光は天皇へ白銀三万両、中宮と女院へ白銀一万両、女一宮に白銀三〇〇〇両、女二宮へ白銀二〇〇〇両、秀忠は天皇へ黄金二〇〇〇両、中宮と女院へ白銀一万両、女一宮に白銀三〇〇〇両、女二宮へ白銀二〇〇〇両を進上した。また、天皇の座る玉座《ぎょくざ》は金銀で飾られ、宴会に用いる膳具も、天皇は黄金で、中宮・女院・姫宮は金銀で、調度品も金銀で作られたという。「黄金趣味」ともいうべきで、その点で豊臣秀吉の演出とよく似ている。総額はよくわからないものの、幕府がこの二条行幸にかけた費用は莫大な金額にのぼっただろう。

二条行幸の目的

この二条行幸は、幕府と朝廷との円満な関係、幕府の財力と権勢を誇示する演出に目的があっただろう。しかし、この二条行幸が、元和九年、すなわち秀忠が家光に将軍職を譲った年に構想が立てられ、三年後の寛永三年に実現したことが重要である。家光が後水尾天皇を迎えるため、二条城から御所まで向かった行列には、従五位下《じゅごいのげ》諸大夫《しょだいぶ》の大名一六八、御三家と駿河《するが》大納言徳川忠長《ただなが》、伊達《だて》政宗《まさむね》ら参議以上の大大名六、侍従以上の有力大名三二、従四位《じゅしいの》下《げ》の大名一一など、全国の大名をほとんど網羅した。この行列は、新将軍徳川家光が全国の大名と幕府の年寄（老中）や旗本を従える姿をみせつける一大デモンストレーションだった。

家康、秀忠、家光と徳川家が将軍職を世襲していくことは明確になったが、徳川家一族の誰が将軍になるのかは自明のことではない。秀忠が家光へ将軍職を譲るとき、すなわち元和八年から九年にかけて、菊池寛『忠直卿行状記《ただなおきょうぎょうじょうき》』の主人公として知られる越前福井城主松平忠直（家康の長子結城《ゆうき》秀康《ひでやす》の子）が不穏な動きを示し、元和九年に豊後に配流された。また、家光の弟駿河五〇万石の徳川忠長も、後に改易され腹を切らざるを得ない事態に追い込まれた。このように、秀忠の長男だからといって家光が将軍になることは自明ではなく、その可能性を持った松平忠直、弟忠長らの競争相手がいたのである。

また、将軍なら全国の諸大名を従え指揮できる、あるいは大名がひれ伏して従う権威が備わるというものでもなかった。徳川家康は、関ヶ原の戦いののち、豊臣秀吉のように繰り返し戦争に動員して諸大名を従属させ、全国支配の体制を固める方式をとらなかった。家康は、諸大名を江戸城以下の城普請や江戸市街の造成などのお手伝い普請に繰り返し動員した。秀忠も、お手伝い普請や上洛を繰り返して大名を動員し、さらに広島城主福島正則《ふくしままさのり》を武家諸法度違犯で改易処分するなど、苛烈な措置で威圧することにより諸大名を従属させ、徳川家の全国支配を固めてきた。つまり、将軍の指揮のもとに諸大名を動員し命令に従わせることが、大名を統制し従属させるよい方法だった。

家光は、合戦に出て卓越した軍事指揮能力を諸大名に示したことのない、生まれながらの将軍だった。将軍ではあるが将軍の権威を身に付けていない。新将軍家光が、二条城へ行幸する天皇を出迎える行列に全国の諸大名を動員した、という演出に大きな意味があった。つまり、天皇の権威を利用し、将軍家光の命令に諸大名を従わせ、それによって、将軍家光の地位を諸大名に認識させ、将軍権威を身に付けさせることに主なねらいがあった。二条行幸は、天皇を利用した徳川家、江戸幕府側の都合によるイベントだった。

元和元年に諸法度が出され、元和二年に大御所徳川家康、翌三年に後陽成上皇が相次いで亡くなり、元和六年に和子の入内、ついで懐妊・出産があり、二条行幸も実現した。慶長期の家康と後陽成の険悪な朝幕関係が、平穏なものに転換するかに見えた。

譲位を願う後水尾天皇

幕府主導により、朝幕関係の安定、および秀忠と後水尾の良好な関係が演出された。二条行幸のさいすでに懐妊していた和子は、十一月十三日に待望の皇子を出産した。待ちに待った皇子の誕生に、朝廷と幕府、後水尾と秀忠ともに喜びに包まれた。所司代板倉重宗は、単《たん》騎《き》で御所に駆けつけ祝意を表し、御所では常御殿《つねごてん》で宴会があり、関白以下の公家が祝い酒に沈酔《ちんすい》したという。秀忠は、名刀「鬼切《おにきり》」を皇子に贈り、その喜びを表した。皇子は、早くも十一月二十五日に親王宣下があり、高仁《すけひと》と命名された。

後水尾天皇は、高仁親王への譲位の意思を固め、親王が四歳となる寛永六年に譲位する意向を幕府へ伝えた。後水尾の三度目の譲位表明であった。幕府も、将軍家外孫の即位であり、また朝幕融和の象徴としてこれに同意した。幕府は早速、譲位後に後水尾と和子が住む仙洞御所と女院御所の造営に着手した。事は順調に進むかにみえたが、寛永五年六月に高仁親王が三歳（満年齢では一歳半）で亡くなり頓挫してしまった。天皇と秀忠の落胆ぶりは、察するに余りある状態だったらしい。

紫衣事件起こる

沢庵宗彭像　芳徳寺蔵

ちょうど同じ頃、紫衣《しえ》問題が事件化しつつあった。紫衣とは、紫色の袈裟《けさ》と法衣の総称で、もっとも尊貴な服の色とされ、古代以来、法親王（天皇の皇子）や高僧が勅許により着用を許されてきた。江戸幕府は、慶長十八年（一六一三）六月に、臨済宗大徳寺《だいとくじ》と妙心寺《みょうしんじ》、知恩院《ちおんいん》など浄土宗四ヵ寺、真言宗泉涌寺《せんにゅうじ》の八ヵ寺に「勅許紫衣之法度」を出し、紫衣を許される慣行の住職に勅許する以前に幕府へ届け出ることを求めた。また、諸法度では、近年みだりに紫衣が勅許されている事態に対して、紫衣勅許を僧として力量があり、修行年数を積んだ智識の高い僧に限定すべきであると規定した。同時に「大徳寺法度」「妙心寺法度」を定め、出世（紫衣勅許）・入院《じゅいん》（住職となること）に三〇年間の修行と一七〇〇則の公案《こうあん》（禅宗で参禅者に出す課題）など、きわめて厳しい条件を課した。

寛永四年（一六二七）七月、幕府の法度に違犯し、大徳寺、妙心寺などで出世・入院がみだりになっていると咎め、元和元年以降の出世・入院をいったん保留とし、幕府があらためて審査すると通告した。この措置に対して、大徳寺と妙心寺には強硬に反発する僧がいた。とくに大徳寺の沢庵宗彭《たくあんそうほう》・玉室宗珀《ぎょくしつそうはく》・江月宗玩《こうげつそうがん》は、寛永五年の春に、三〇年の修行、一七〇〇則の公案という条件の非現実性を並べ立て、幕府に抗議する意見書を提出した。これは「上様と公事《くじ》を仕り候ようなる体」、つまり将軍を相手取って訴訟を起こしたものといわれ、幕府は、翌寛永六年七月、大徳寺の沢庵を出羽上《でわかみの》山《やま》、玉室を陸奥《むつ》棚倉《たなくら》、妙心寺の単伝士印《たんでんしいん》を出羽由利、東源慧等《とうげんえとう》を陸奥津軽へそれぞれ流罪に処し、元和元年以降幕府の許可なしに勅許された紫衣を剝奪した。これが、紫衣事件の概要である。

この紫衣事件は、幕府が進めてきた宗派・寺院の統制強化策から起こった。幕府は、朝廷が住職を任命し、朝廷との結びつきが強かった天台宗・真言宗・法相宗・浄土宗とその有力寺院への統制を進め、臨済宗でも五山十刹《ござんじっさつ》などの寺院については、幕府が住職を任命する公《く》帖《じょう》の発行権を握っていた。しかし、大徳寺と妙心寺はなお朝廷との結びつきが強く、幕府の統制が十分に及ばなかった。そこで、臨済宗の大徳寺と妙心寺を幕府の統制下に組み込もうとして起こしたのが紫衣事件だった。紫衣勅許の問題は、そのための道具として使われたともいえる。幕府はこの事件を通して、大徳・妙心両寺を幕府の寺社行政へ組み込むことに成功した。仏教界・仏教勢力は、歴史的に天皇・朝廷との結びつきが深く強かった。幕府は、住持職を決める権限、紫衣を勅許する権限と形式などを天皇・朝廷に残しつつも、仏教界・仏教勢力を幕府の寺社行政の枠内に組み込んだのである。

紫衣事件はまた、天皇の綸旨《りんじ》（勅命）による大徳寺や妙心寺の僧への紫衣勅許が、幕府の法度に抵触していた問題を明るみにした。元和元年以降の紫衣勅許は法度違犯で無効とされ、紫衣は剝奪された。つまり、幕府の法度が天皇の綸旨を無効にしたのだから、結果的に幕府法度が天皇の勅許に優越することを見せつけることになった。勅許が無効にされたこの措置は、「主上《しゆじよう》このうえの御恥これあるべきや」（『細川家史料』）と見られ、後水尾天皇に衝撃を与えた。後水尾の譲位の意思を助長する大きな影響を与えただろう。

後水尾、譲位を強行

高仁親王死去後も後水尾の譲位の意思は強く、寛永五年七月に、女一宮への譲位の意向を幕府へ伝えた。四度目の譲位表明であった。秀忠は、時期尚早（「いまたをそからぬ御事とそんし候」）、家光は秀忠の意向通り（「いかやうにも　しやうこく様（相国様＝秀忠）次第」）と回答し、譲位を押しとどめた（藤井譲治「八月二日付徳川秀忠仮名消息をめぐって」）。寛永五年九月にふたたび皇子が誕生したが、わずか一〇日で亡くなった。翌寛永六年五月、腫《は》れ物を患っていた後水尾は、病気養生のため灸治《きゆうじ》をしたいが、在位中はできないので譲位したい（「御灸《おきゆう》などあそばされたく候へども、御位にてはならざるとの事に候あいだ、御譲位ありたくおぼしめし」）、皇子誕生まで女一宮を皇位につけたい（「女一宮に御位あづけられ、若宮御誕生のうえ、御譲位あるべき事」）、という意向を一〇人の公卿へ伝え意見を求めた（『資勝卿記《すけかつきようき》』）。五度目の譲位表明である。

さらに後水尾は、同じ五月に家光の疱瘡平癒《ほうそうへいゆ》を祝う名目で、勅使として武家伝奏二名を江戸へ派遣した。その目的は、女一宮への譲位と沢庵らの赦免だった（『細川家史料』）。天皇の二つの要望に対して秀忠は、すでに述べたように七月に沢庵らを流罪に処し、譲位にも同意しなかった。つまり要望は二つとも秀忠により拒絶された。幕府と秀忠への天皇の怒りと焦燥感は、いかばかりであったか。

後水尾にさらに追い打ちをかけるかのような出来事が、春日局《かすがのつぼね》（一五七九～一六四三）の参内であった。将軍徳川家光の乳母《めのと》ふくが、寛永六年九月に上洛した。ふく上洛の目的は、和子の女三宮出産祝いを理由に天皇の病気の実態を探る、和子から天皇の譲位の真意を探る、などが説かれ明確ではない。将軍乳母とはいえ一介の武家女性に、参内の資格はない。ふくと多少の縁戚関係のあった武家伝奏三条西実条《さんじようにしさねえだ》の兄弟分（猶妹）とし、「春日局」という名称が与えられた。春日局は、十月十日に参内して天皇に拝謁し、天盃《てんぱい》を賜った。公家の土御門泰重は日記に、「帝道《ていどう》、民の塗炭《とたん》に落ち候《そうろう》ことに候」と書いた。このような感慨を抱いた公家が多かったらしい。天皇は、後年執筆した『当時年中行事』に「武家の娘、堂上のものの猶子《ゆうし》などになりて御前にまいる事、ちかきころ迄はかつてなき事なり」と書いているので、この対面はよほど不愉快であり憤慨した出来事だったのだろう。

天皇の女一宮へ譲位する意思はますます固まった。その布石として、寛永六年十月二十九日に内親王宣下を行い、興子《おきこ》と命名した。譲位は、きわめて隠密裡に進められ、もちろん所司代に通告することなく、また、ごくごく一部の公家以外は知ることなく、十一月八日に、興子内親王への譲位を敢行した。譲位を突如知らされた多くの公家は、ただただびっくり仰天（「驚顚《きようてん》の気色」）した。後水尾三四歳、新天皇興子七歳であった。事前に伝えれば、また秀忠に阻止される。だから、秀忠に黙って譲位してしまったのである。

譲位の理由は不詳

譲位した後水尾の真意は、はっきりとはわからない。細川忠興《ただおき》（三斎《さんさい》）が、京都で噂された譲位理由を書き留めている（『細川家史料』）。後水尾は、公家の官位の昇叙《しょうじょ》を自由にできず、また幕府から進上された金銀も自由に使えないこと、さらに、禁裏で使い余った米金を幕府の奉行が民間に利子つきで貸し付けるという、神代から前例のないことを行っているのが「何より口惜《くや》しい」という。そして、「あるいは衣（紫衣）をはがれ、または御流し（流罪）なされ候えば、口宣《くぜん》（紫衣などを勅許した文書）一度に七八十枚もやぶれ申し候、主上この上の御恥これあるべきやとの儀」と、勅許が無効にされた紫衣事件が、天皇に甚大な屈辱を与えたことも理由にあがっている。また、後水尾の子が和子との間にしか生まれないのは、別の女性との間に生まれても、幕府の意向を慮《おもんぱか》って殺しているからで、酷い措置を無念に思っているともいう。これによれば、幕府の制約により何ごとも自由にならないことと、紫衣事件への憤懣《ふんまん》が大きな理由ということになる。なお、譲位の頃の御製《ぎょせい》として「蘆原《あしはら》やしげらばしげれ萩薄《はぎすすき》とても道ある世にすまばこそ」が伝えられるが、御製ではないと細川忠興が書くように怪しい。しかし、天皇の憤懣と鬱屈《うつくつ》した心境をよく表現している。後水尾の譲位は、生前譲位により幼少の天皇が即位する皇位継承の嚆矢《こうし》でもあった。

寛永の末年（一六四三年ころ）にわが子後光明《ごこうみょう》天皇へ贈った「御教訓書」で、

たれしもいかりおこり候時は、常の覚悟の心を取うしなひ、申まじきこと葉をもあらし候物にて候故、いかりしづまり候時、後悔せざるものはなく候事候、か様の事は御としまいり候にしたがひて、覚召しらるべく候、(『宸翰英華』)

と、怒りにまかせて平常心を失うと、言わなくてよいことも言ってしまい、あとで後悔することになる、歳を取るにしたがい理解できるようになる、と書いているのは、自身の体験を書いているとしか読めない。別の「御教訓書」では、「凡《およそ》三十歳ニ及ビ候マデ身ヲモテソコナヒ候ハヌ様」(『宸翰英華』)と、三〇歳までは身を慎むようにと諭している。後水尾は、一六歳で即位し三四歳で譲位したので、抑制できなかった在位中の言動に後悔するところがあったのだろう。つまり、在位中の後水尾は、幕府と徳川秀忠への怒り、さらには公家たちへの怒りに満ち、怒りにまかせた言動、たとえばしばしば口にした譲位もそれだったのだろう。後水尾は、父後陽成とさして変わるところはなかった。家康や秀忠から言わせれば、「身の程を知らない」言動と見られただろう。

突き放す幕府の対応

突然の譲位は、中宮和子から所司代板倉重宗へ伝えられ、重宗は「言語道断」と怒ったが、とりあえず江戸へ通報しその指示を待った。後水尾を含めて朝廷側は、幕府の厳しい対応措置を恐れて首をすくめ、後水尾の復位《ふくい》すら議論になったほどである。幕府は沈黙を守っていたが、細川忠興は、うまい対応策もなく(「何ともなさるべき様《よう》も御座《ござ》なく」)、どうぞ天皇のお好きなように（「とかく勅諚《ちよくじよう》次第とてお構《かま》い無き様にならでは」）と突き放すしかない、とみていた（『細川家史料』）。事実、寛永六年十一月二十六日、譲位と興子内親王の即位を「叡慮《えいりよ》次第」と容認する秀忠の回答が、和子に伝えられた。結局、突然の譲位は朝廷に深刻な事態を生むことはなかった。後水尾は、やっと自分の意思を貫くことができた。

将軍家の外孫、幼少でしかも女帝という特殊な事情もあり、幕府は新たな事態への対応を決めかねたらしい。やっと基本方針が決まり、寛永七年七月十三日、帰京する所司代板倉重宗に一五ヵ条に及ぶ指示を与えた。興子内親王の即位については後水尾のときと同じ、後水尾の仙洞御所は後陽成のときと同じ、と前例の踏襲を指示した。注目すべきは第六条。摂家衆に対し、「御幼主と申し、女帝の御事に候あいだ、いよいよもってあり来たるごとくに、御まつりごとただしく御沙汰あるべき旨」（「教令類纂《きようれいるいさん》」）を命じさせた。上皇後水尾ではなく、また摂政だけでもなく、摂家衆全体に興子内親王が幼主であり女帝であるので朝政を正しく行うよう求めた。

九月十二日、明正《めいしよう》天皇の即位礼が行われた。幕府からは、年寄（のちの老中）の土井《どい》利《とし》勝《かつ》、酒井《さかい》忠世《ただよ》らが秀忠、家光の名代として上洛し、即位礼の手配などを行った。即位礼が滞りなく挙行された二日後、土井利勝らは武家伝奏中院通村《なかのいんみちむら》の更迭を要求し、日野《ひの》資勝《すけかつ》に交代させた。中院は「武家への御相口《あいくち》に御座なく」、つまり幕府と話の合わない人物、という理由で解任、日野は「唯心《ゆいしん》（輝資《てるすけ》）以来べっして奉公の筋目《すじめ》」、つまり父親以来幕府に尽くしてきた人物、という理由で就任する。幕府と朝廷のあいだに立って連絡調整にあたる武家伝奏を、幕府に忠実な公家に交代させたのである。関白—武家伝奏を朝廷統制の基軸に据えたが、後水尾天皇の突然の譲位を阻止できなかったことにより、その統制力が「天皇の意思」にまで及ばないことが明らかになった。そこで、幕府により忠実に行動するだろう公家を武家伝奏に据えたのである。以後も、「天皇の意思」をいかに制御するかが、幕府の朝廷統制の課題となった。幕府は、明正天皇のもとでの朝廷運営を摂家衆の合議と武家伝奏、すなわち五摂家・武家伝奏協議体制により進める構想だった。

4　江戸時代の天皇と朝廷の成立

秀忠の死と家光の上洛

後水尾《ごみずのお》天皇の突然の譲位による後水尾と秀忠のとげとげしい関係は、明正《めいしょう》天皇の即位、後水尾上皇の仙洞御所《せんとうごしょ》と女院和子《まさこ》の女院御所の完成、ついで高松宮《たかまつのみや》（後水尾の弟）と秀忠養女亀姫の結婚により、表面上は沈静化していった。寛永《かんえい》八年（一六三一）に入ると秀忠は病気がちになり、禁裏の内侍所《ないしどころ》で病気平癒《へいゆ》を祈願する臨時神楽《かぐら》を催すなどしたが、その甲斐もなく翌寛永九年一月二十四日に五四歳で死去した。幕府は、秀忠の院号の選定を朝廷に奏請し、二条康道《にじょうやすみち》が勘申《かんじん》した台徳院《たいとくいん》に定まった。また、江戸の増上寺に建立される秀忠の御影堂に掲げる額の揮毫《きごう》を後水尾上皇へ奏請し、宸筆の「台徳院」の額が掛けられた。秀忠を、そして将軍家を荘厳化するため、朝廷と後水尾が動員された。

大御所秀忠の死により、将軍家光の文字通りの治世が始まった。実質的な「御代替」「御代始め」とみられた。家光は、寛永十年二月、将軍と諸大名・旗本との主従関係の根幹である軍役人数割（合戦のさい諸武家が求められる軍勢と武器の数・種類を定めた規則）を改定した。ついで、将軍家光の指揮・命令のもと、あらたな軍役体制を現実に作動させるため、寛永十一年七月に三〇万をこえる諸大名らの大軍勢を率いて上洛した。おもな目的は、将軍家光の権威と権力を高めるための大デモンストレーションだった。家光は参内し、御所では姪にあたる明正天皇に拝謁、仙洞御所では後水尾上皇、そして女院御所では妹の東福門院《とうふくもんいん》（和子の女院名）と対面した。二条城に摂家衆や親王家、諸門跡と公家、さらには供奉《ぐぶ》した諸大名らを招いて饗応し、京都市民に銀五〇〇〇貫（金一両＝銀五〇匁《もんめ》とすると金一〇万両）を配った。将軍家光の力を誇示し、朝廷との融和も演出した。

家光は、閏《うるう》七月三日に、後水尾上皇に院御料として七〇〇〇石（それまでの三〇〇〇石と合わせて一万石）を進上した。家光は、父秀忠と折り合いの悪かった後水尾との融和を図った。さらに一歩進め、それまで朝廷運営から排除していた後水尾の力を借りる方向に転換した。後水尾の「院政」が始まる。

後水尾「院政」をしく

家光は、年寄土井《どい》利勝《としかつ》らを上皇のもとに送り、「官位昇進以下の朝政、何ごとも　院の御はからいたるべきよし仰《おお》せ進めらる」（『徳川実紀《とくがわじっき》』）と、後水尾上皇に公家の官位昇進以下の朝政全般、朝廷運営にあたるよう申し入れた。これ以降、後水尾上皇―摂政・摂家衆―武家伝奏による朝廷運営、後水尾院政が始まる。

幕府が後水尾上皇に「院政」を認めた背景は、ふたつある。ひとつは、天皇が幼少であり女帝であるため、朝廷運営を行えないことである。いまひとつは、後水尾の在位中から問題になっていた公家の官位昇進がいっそう停滞し、その解決を迫られていたことである。後水尾の譲位理由のひとつに、公家官位の昇叙を自由にできない不満があげられていた。秀忠の存命中、「(公家の)大官・大臣ならびに医者法印《ほういん》・法眼《ほうげん》」など高位の官位の叙任は、朝廷から幕府への問い合わせが必要だった。だから、後水尾は自由にならないと嘆いたのである。問い合わせと幕府の審議に時間がかかり、加えて幼主・女帝であるため、公家官位を中心に朝政全般が滞り、公家たちの不満は高まった。幕府も、外孫で幼主・女帝という条件のもとで、公家高官の官位昇叙をどうすればよいのかほとほと困ったらしい。これを打開する策として、天皇家の家長《かちょう》である後水尾上皇の「院政」を認める政策に転換したのである。

院政とは、上皇のもとに院庁《いんのちょう》がおかれて職員が配置され、そこでの決定が朝廷の決定となる仕組みとすれば、後水尾の「院政」は院政ではない。たしかに仙洞御所に院司《いんのつかさ》がおかれ、寛永八年の『公卿補任《くぎょうぶにん》』をみると院執事《しつじ》別当、院執権《しっけん》が任命されている。しかし、上皇と院司により朝廷の意思決定がされたわけではなく、院司は形式的な職制にすぎない。後水尾の「院政」とは、天皇家の家長として天皇に代わり、摂政・摂家衆―武家伝奏を指揮して意思決定する仕組みのことである。公家官位を例にすると、摂政と摂家および武家伝奏が議論し、ある程度の件数がまとまると奏聞《そうもん》し、後水尾がそれを裁可する方式だった。公家官位の停滞状態は、後水尾の努力もあり、寛永十六年（一六三九）頃には解消されたといわれる。後水尾は、しっかりと朝政の頂点に座っていた。

幕府による公家の統制

後水尾の天皇在位中の特徴は、公家への「学問」奨励である。まだ豊臣秀吉の時代、文禄《ぶんろく》二年（一五九三）二月に、儒学《じゆがく》、有職《ゆうそく》学、歌道、楽《がく》など八種の公家諸家の家業が示され、「身の労屈《ろうくつ》を言わず、学文然《がくもんしか》るべく候」と家業への精励が求められ、おのおの毎月五回「御《ご》会《かい》」を御所で催すことになった（「文禄年中諸家々業以下御沙汰事《ぶんろくねんちゆうしよかかぎよういかごさたのこと》」）。文禄四年八月の「御《お》掟追加《おきてついか》」（「浅野家文書」）では、「諸公家・諸門跡家々の道を嗜《たしな》まれ、公儀御奉公《こうぎごほうこう》を専《もつぱ》らにせらるべき事」と規定され、公家と門跡は、家々の家業（家職）に精を出して公儀に奉公することを要求された。江戸幕府の時代には、すでに述べたように、天皇・公家の第一の義務として、古くから伝えてきた家々の学問（家業・家職）の精励が要求された。

その背景に、戦国時代に公家たちが零落《れいらく》してしまい、長らく持ち伝えたさまざまな学問や技芸などが危機に瀕していた、という深刻な事情がある。それと、公家の「かぶき者」的行動を排除し、江戸時代にふさわしい公家社会の秩序を建設する必要があった。慶長八年九月の「壁書《かべがき》」（「為私定置条々之事」）には、「大なるわきざし停止《ちようじ》の事、ただし所によりさすべき事、惣別異類異形の出たち共、各々分別《おのおのふんべつ》あるべきこと」「夜に入り、町ありきなどあるまじき事」とある。大脇差しをさし、異類異形の出立ちの公家、夜になると洛中を徘徊《はいかい》する公家、まさに「かぶき者」である。公家にあるまじき姿である。

このような公家の「かぶき者」は、寛永期に入っても収まらなかった。寛永八年（一六三一）二月に出された「若公家之御法度《わかくげのごはっと》」（『資勝卿記』）には、一二ヵ条の禁止項目があげられている。①集団での寺社参詣、②芝居見物、③鞁太鼓の稽古、④鉄炮の稽古、⑤兵法の稽古、⑥相撲見物、⑦三線、⑧遊戯、⑨過差《かさ》（ぜいたく）好み、⑩馬・鷹の飼育、⑪銭湯風呂、⑫歯白である。③④⑤は武家の嗜みであり、公家に似合わない事として禁止された。武張《ぶば》った公家は公家イメージから遠いものの、そのような公家が存在したのが寛永期なのだ。また、あちこちの行楽地、各種の興行や歓楽街を出歩き、いかがわしい所にも出入りする公家の姿がある。「若公家之御法度」の最後の箇条で、「学問稽古の事」を要求された。

公家の実態・生態

儒学者藤原惺窩《せいか》の子で自殺した藤原為景《ためかげ》が筆者と推定され、寛永十五年三月十一日の奥書をもつ「春寝覚《はるのねざめ》」は、島原・天草一揆の責任を公家たち支配層の堕落に求める異例の公家社会批判を展開し、公家の生態をなまなましく描く。

碁《ご》よ双六《すごろく》よかるたなというばくち（博打）わざ（業）までしいて（出）て、か（賭）け物には何酒よ肴よなどいいそぼれて日をくらし、夜に入れば、かのまけ（負け）たりしぬし

（主）のもとにつどいて、よもすがら浄瑠璃かたり、小歌うたいてかしましくまいおどり（舞い踊り）、あけぬれば二日酔してかしら（頭）もたげておきあがり、山しよう茶すゝり、みようがのあつ物（羹）などくいて、昼も過《すぎ》ぬれば、はやむかいざけ（迎え酒）のみて、はなうた（鼻歌）まじりに楊弓《ようきゅう》の具とり出てほちめかし、だれかれとさそ（誘）いて、此くれしぞよけれ、いざや鞠《まり》けんとここかしこにたむろし、日くるゝまであせに成てようよう（漸々）衣あらためて膳にむかひて、これはすこしからしかれはあましにぞ、しばしば中々物ことにいがみまわりて、犬の物くうにことならず、惣じてこれあそびすぎまじきにはあらねと、一日のうち半時にてもおのれがけう（業）をつとめて候うえの気ばらしなんどいうはさもあるべきを、ひたすらに行水の昼夜をわかぬごとくして、いたづらにゆくものはただ月日のみなれば、何れのいとまありてか古文孝経《こぶんこうきょう》の一行をも見まし、

明るいうちは碁、双六、カルタなどの博打にうつつをぬかし、夜になれば浄瑠璃を語り、小唄を歌って舞い踊って酔いつぶれ、翌日は二日酔いで山椒《さんしょう》茶や茗荷《みょうが》の汁物を飲む、昼頃には迎え酒を飲み、友を誘って遊び回る、ただただ日々を遊興と怠惰に過ごし、学問や家業には精を出さない貧乏なとんでもない公家の有り様を描いている。どこまで真相に迫っているかは定かではないが、「若公家之御法度」の背景にある生々しい実態と読めば、ある程度は真相に近いのではないか。『本阿弥《ほんあみ》行状記《ぎょうじょうき》』にも、「いたって小禄《しょうろく》の公家衆は歌もよまず、大方強飲に酒をたしなみ、身軽きゆえ密かに勝負ごとの場所へ入り込み、あるいは貧しき売女

ようの者に恥とも思わず馴れかよい」と書かれている。「かぶき者」の公家、遊興に溺れ怠惰に暮らす公家衆の存在は間違いない。

武士とその従者、および浪人《ろうにん》の「かぶき者」の存在と異様な行動は、よく知られている。幕府も藩も、その取り締まりと統制には手を焼いた。彼らを統制し、秩序のなかに組み込むことが、家臣団の統制と社会の安定化に必須だった。公家だけの現象ではなかった。幕府は、このような公家たちを規制するため繰り返し法度を出し、家々に伝わる家業・学問に精励するよう強制した。大名が、幕府による改易を回避し存続するため、家臣団を統制し大名を頂点とする藩秩序の形成に腐心したのと同じように、朝廷もその構成員である公家を統制し、天皇を頂点とする朝廷秩序を形成することは差し迫った課題だった。公家らを統制する朝廷の仕組みは、諸法度により関白と武家伝奏に強い権限を与えることによってできていたが、内実が伴わなければ制度や規則も十分には機能しない。天皇と朝廷は、幕府が求める天皇と公家のあるべき姿を作り出すことが必要であり、それができれば、天皇も公家、そして朝廷も江戸時代を生き抜くことができる。

後水尾の「禁中御学問講」

後水尾は、自らが主導して幕府が要求する学問や技芸と和歌を公家に奨励し強制することにより、朝廷のトップ、公家の主君としての天皇の地位や権威の確立をはかった。つまり、学問や和歌を通して公家を統制し、天皇の地位を確立させることによって江戸時代を生きる天皇と朝廷を生み出そうとした。

諸法度の発令に先立つ慶長二十年（一六一五）二月二日から、「内々御稽古《うちうちごけいこ》」が始まり、ひと月に五日、内訳は三日が御手習、九日が当座和歌会、十二日が御楽と読書、二十日が御連歌、二十六日が御手習というカリキュラムだった。のちにこれは「禁中御学問講《きんちゅうごがくもんこう》」とよばれた。文禄二年（一五九三）の月に五回の「御会《ごかい》」に倣《なら》うかのようである。初日は、十二、三人が、辰刻《たつのこく》（午前八時ころ）に参内し、戌下刻《いぬのげこく》（午後九時ころ）に退出した。かなりみっちりと稽古したようである。学問奉行がおかれ、場所は御学問所があてられた。参加者は内々衆《うちうちしゅう》で、後水尾自身と近臣の学問・教養を高める場であったらしい。

元和三年（一六一七）になると、二日が有職、六日が和歌、十日が儒学、十三日が楽・郢曲《えいきょく》、十九日が連歌、二十三日が詩文学、二十五日が歌学、二十七日が連句、二十九日が詩というカリキュラムに変更された。武家伝奏が差配し、場所は清涼殿《せいりょうでん》で、参加者は公家衆全体に広がった。回数も科目も多く、しかも組織だっていることから、公家全体の教養と実務知識を向上させようとする趣旨になったといわれる。また、元和七年からは月五回に戻り、読書や書物の校合《きょうごう》などが中心となり、参加者は天皇と近臣のみに縮小され、のちに「院（後水尾上皇）の御ひいきの衆」と呼ばれた人びとが集った。とくに、学問のみならず内密に諸問題を話し合う場ともなったらしく、後水尾を支える近臣グループとしても機能していった。

後水尾の和歌・学問奨励

幕府は、明正天皇の即位礼後の寛永八年（一六三一）十一月十六日に法度を出し、その第一条で「師匠をあい定め学問あるべき事」と命じ、公家に学問の修養を第一に求めた。さらに、神社仏閣への参詣を届け出制（武家伝奏へ）とし、四〇歳以下の公家が集まる（「参会」）ことを禁止した。学問の修養と行儀の是正を命じたのである。「禁中御学問講」は解消したらしいが、上皇となり「院政」を幕府から承認された後水尾は、公家、とくに若い公家に和歌と学問の修養をいっそう求めた。寛永八年四月に仙洞御所で行われた当座和歌会は「若衆稽古御会《わかしゆうけいこごかい》」と呼ばれ、参加した公家は上皇の添削をうけている。上皇が公家たちの和歌の教養を高めさせようとした理由のひとつには、つぎのような実態があったからであろう。これもさきに紹介した「春寝覚」の一部である。

もし御会（和歌御会）あれば、その日をかぞえ（数え）てうし（憂し）やつらし（辛し）とあおいき（青息）をつきて、兼日はようやくふるざうし（古草紙）の句とも、かなたこなたとりあわせてもつくり出ぬべし、当座に成ては、題をとるとひとしく御前をたちさり（立ち去り）て、文篋《ふばこ》の中よりれい（例）の題林愚抄《だいりんぐしょう》逍遥院《しょうよういん》の家集とり出して、物さはがしく引見るまゝにおそなはりてあんず（案ず）べき間もなければ、元もしらぬ事ともいいちらし（言い散らし）て師匠にみせぬれば、とかく引なおし（直し）て出すをうけとり（受け取り）てこそ色もなおり（直り）けれ、和歌御会があると聞くと辛く憂鬱な気分になり、それでもあらかじめ御題が出されている御会なら、あれこれ歌をつぎ合わせて作り出すことができる、しかし、その場で御題が出る当座和歌御会だと、御題が出るやいなや天皇・上皇の御前を立ち去り、急いで一条兼良《いちじょうかねよし》『和《わ》歌題林愚抄《かだいりんぐしょう》』などを見てでっち上げ、それを師匠に添削してもらう、とんでもない公家がいるのが実態だという。このような公家に、和歌の修養を求めたわけである。

寛永九年正月から、禁裏の和歌御会はそれまでの月一回から三回に増え、四〇歳以下の公家がおもな対象になった。しかも、北面《ほくめん》の武士を「横目《よこめ》」つまり目付《めつけ》にし、和歌御会に欠席した公家の理由を調べさせるなどして出席を半ば強制した。後水尾は、和歌だけではなく、寛永十一年九月には、公家諸家の家々の家業、同年十月には、和歌以外の学問の修養を求め、寛永十五年には、御所内で学問することを求めた。『職原抄《しょくげんしょう》』『公事根源《くじこんげん》』『神皇正統《じんのうしょうとう》記《き》』『日本紀《にほんぎ》』『続日本紀《しょくにほんぎ》』『伊勢物語』『源氏物語』『枕草子』『大和物語』『和漢朗詠集《わかんろうえいしゅう》』『詠《えい》歌大概《がのたいがい》』『百人一首』『大鏡』『増鏡《ますかがみ》』など、有職故実、歴史書、古典文学など多様なジャンルの読書と学問を奨励した。それは、次第に成果をあげ、寛永文化とよばれる雅《みやび》な文化を生みだしてゆく基盤ともなった。

宮廷歌壇の頂点に立つ後水尾

後水尾は、後光明《ごこうみょう》天皇に宛てた「御教訓書」に、「御芸能の事は禁秘抄《きんぴしょう》にくわしく載せられ候らえども、今の世に候らえば、和歌第一にお心にかけられ、御稽古あるべき事にや、まず和国の風儀といい、近代ことにもてあそばるる道なり」と書いている。天皇の芸能は、『禁秘抄』はさておき、和歌を第一にするよう諭《さと》している。諸法度の規定とともに、後光明天皇が和歌よりも漢学を好んだことへの教誡《きょうかい》でもあるが、天皇として何が必要であるのかを身をもって知った後水尾の体験が重要だろう。

　後水尾は和歌に力を注いだ。元和八年には、和歌御会を一年に二八回も開催した。寛永八年には「若衆稽古御会」も開き、寛永九年からは和歌御会を月三回に増やし、しかも出席を強制した。上皇になってもしばしば禁裏の和歌御会に出向き、指導にあたった。

　後水尾は、和歌を初めは近衛信尹《のぶただ》、ついで叔父にあたる八条宮智仁《はちじょうのみやとしひと》親王、日常的には三《さん》条西実条《じょうにしさねえだ》、烏丸光広《からすまるみつひろ》、中院通村《なかのいんみちむら》について学んだ。後水尾は、智仁親王から古今伝授《こきんでんじゅ》をうけた。古今伝授は、『古今和歌集』に関する秘説の授受であり、中世歌壇の最奥の秘伝とされた。宗祇《そうぎ》から三条西実隆《さねたか》、同公条《きんえだ》、同実枝《さねき》と三条西家に伝えられ、それが細川幽斎《ほそかわゆうさい》を経て智仁親王へ授けられ、そして寛永二年（一六二五）に、後水尾へ授受されたのである。さらに、後水尾から後西《ごさい》へ、さらに霊元《れいげん》へと歴代天皇に伝えられたので、「御所伝授」とよばれる。後水尾は、公家や門跡たちに和歌を熱心に指導し、明暦《めいれき》三年（一六五七）には、妙法院《みょうほういん》尭然法親王《ぎょうねんほっしんのう》、聖護院道晃《しょうごいんどうこう》法親王、岩倉具起《いわくらともおき》、飛鳥井雅章《あすかいまさあき》、寛文《かんぶん》四年（一六六四）に、後西上皇、中院通茂《みちしげ》、日野弘資《ひろすけ》、烏丸資慶《すけよし》へ古今伝授を行った。

　後水尾は、和歌に優れ理論も深いのみならず、古今伝授を相伝したことから形式的にも歌壇の頂点に立った。後水尾は、天皇・上皇として朝廷において政治的権威を帯びるとともに、宮廷歌壇の頂点として文化的権威を身につけたのである。「院政」の容認という幕府の政治的後ろ盾と、宮廷歌壇の頂点的地位は、後水尾の朝廷内外における権威を強化していった。後水尾は、朝廷内部で隔絶した権威を獲得したのである。

　このようにして、十七世紀半ばの寛永から寛文期にかけて、後水尾を中心にして宮廷文化の復興期を迎えた。後水尾の活動は朝廷内部にとどまらず、開放的な公家町空間にも支えられ、在位中から上層の京都町衆や僧侶らと連歌や立花《りっか》などの文化的交流を繰り広げたため、宮廷文化が民間にも享受されていった。そしてそれは、民間社会さらには武家社会にも、宮廷文化、すなわち雅《みやび》の文化への憧れを生むことになった。そのことは、天皇以下公家たちに、政治的でも宗教的でもない、江戸時代の文化的権威を身につけさせた。天皇の権威は、文化的な権威を含めて理解されなければならない。

後光明天皇像　御寺 泉涌寺蔵

　それは、幕府の強制と後水尾の強制および努力により、家々の家職（家業）に精励する江戸時代的な公家像が一部にようやく姿を現したことになる。しかし、明正天皇期の「院政」では依然としてはかばかしくなく、さらに後光明、後西、霊元天皇期にも「院政」を行って天皇を支え、江戸時代の天皇と朝廷の確立に腐心せざるを得なかった。

女帝明正天皇と後水尾

後水尾は、寛永十一年に幕府から「院政」を承認され、それ以降、延宝《えんぽう》八年（一六八〇）八月に八五歳で亡くなるまで、わが子である明正、後光明、後西、霊元の四代にわたる天皇を支え、江戸時代の天皇と朝廷を定着させた。

明正天皇は、最初から「若宮御誕生のうえ御譲位あるべき」と在位期間を限定されていた、まさにつなぎ役の天皇だった。明正天皇は、女性でしかも七歳という幼少で即位したのは異例だった。摂政がおかれて朝政を代行したが、公家の官位昇進が停滞したように、朝政の混乱が目立った。このため幕府の要請をうけて、後水尾が「院政」を行ったのである。

江戸時代の天皇は、おおむね一五歳前後で成人し、それまで政務を代行していた摂政が関白にかわり（「復辟《ふくへき》」という）、関白が政務を補佐する。上皇がいれば、天皇が二〇歳近くになるまで「院政」により朝廷政務を担うが、天皇が二〇歳前後になると政務委譲《いじょう》を行い、天皇は関白の補佐をうけて朝廷政務を処理する。これが一般的なあり方だった。

つなぎ役にすぎないとはいえ、天皇は天皇である。明正天皇が一五歳の寛永十四年十二月に、翌年には一六歳で成人になるので、後水尾上皇は、摂政を関白にかえ、天皇が神事や節会《せちえ》を執行することなどを指示した。所司代板倉重宗《いたくらしげむね》は、摂政二条康道《やすみち》を関白とする方針を伝えられると、猛然と反発した。板倉は、関白宣下《せんげ》のような重大事は事前に幕府と相談すべきであり、将軍徳川家光の健康が勝れないため、年内はこの件を江戸へ連絡できないので、来年の春にまた言ってくるように、と答えた。ようするにその時点では、所司代は朝廷の要望を相手にせず門前払いしたのである。板倉の反応をみた後水尾は、復辟を断念し、明正天皇の朝儀などへの関わりも取りやめるよう指示した。

この結果、明正天皇は寛永二十年に譲位するまでの約一五年間、ずっと摂政がおかれ続けたため朝廷政務に関わることもなく、かつ四方拝《しほうはい》や小朝拝《こちょうはい》などの正月の神事を行うこともなく過ごした。将軍家外孫として大過なく在位し、「若宮」が一一歳になるや譲位した。譲位した明正は上皇となり新院と称された。幕府は、後水尾から明正への皇位継承では、後水尾の意思を制御できず譲位を事後承認せざるを得ず、いわば勝手に譲位されてしまった。しかし、明正から後光明への皇位継承は、幕府が主導しつつがなく終えることができた。ここで幕府は、主導できたこの皇位継承を契機に、天皇の意思を制御し、朝廷の管理・監督を強化する策に出た。それは、仙洞付武家と禁裏付武家の新設である。

明正譲位と幕府の統制強化

幕府は、寛永二十年九月一日付で、上皇となった明正院に対して将軍家光の黒印状《こくいんじょう》「新院御所条々」（「禁裏公家御領付」）を発給した。明正院の政務関与と人との接触に厳しい制限をもうけ、それにより政治的な発言と行動を封殺しようとする内容である。

新院明正上皇を、よく言えばお世話する、悪く言えば監視・管理するため、九月一日付で将軍家光の黒印状「新院御所役人令条」（「教令類纂」）を出し、新たに設けた新院付の武家へ指示を与えた。幕府が朝廷内部に幕府役人を送り込んだのは、和子《まさこ》への女御《にょうご》付武家が最初で、和子の立場が変わるとともに中宮付武家、女院《にょいん》（東福門院）付武家と職名が変化した。院付、すなわち仙洞付武家の新設は、将軍家外孫の上皇をお世話するという理由づけが成り立つ。ところがそれと同日に、天皇付、すなわち禁裏付武家も設置した。やはり九月一日付で、将軍家光の黒印状「禁裏付役人令条」（「教令類纂」）を発給し、その職務内容を規定した。職務は、所司代の指揮のもと、禁裏御所の奥と口向を統轄する長橋局《ながはしのつぼね》、禁裏の表を統轄する武家伝奏《ぶけてんそう》と協議しながら、御所の警備や運営を監督し監視するものであった。なお、仙洞付武家、禁裏付武家もともに定員二名で、旗本が任命され江戸から派遣された。

また、新院明正上皇には院参衆《いんざんしゅう》が付けられ、その中の中納言清水谷実任《しみずだにさねとう》は院伝奏に任命された。禁裏の武家伝奏と同じように、院御所にも伝奏が置かれる嚆矢《こうし》となった。しかも、院伝奏にも、また院参衆にも幕府から合力米の名目で手当が支給された。明正上皇は幕府の管理下に置かれ、それに付く公家は幕府から優遇された。ただ、明正上皇付への特別な優遇措置は、承応《じょうおう》三年（一六五四）から武家伝奏、延宝《えんぽう》七年（一六七九）から年寄衆（のちの議奏）にも幕府から役料が支給されたように、次第に役料の支給範囲が同種の役職へ拡大してゆく先例となった。

幕府は、寛永二十年の明正から後光明への皇位継承を好機として、朝廷の統制・管理を一段と強化させた。関白・摂家衆―武家伝奏という公家の手による朝廷統制体制から、さらに幕府役人を禁裏と仙洞御所に送り込み、内側から管理・監督する体制へと進めだ。これを江戸時代の朝廷秩序の成立、確立という視点からみると、朝廷は幕府の力を借りて、あるいは幕府の圧力により内部の秩序と統制を確立していったともいえる。それは、大名家が幕府の力を借り、あるいは強い圧力をうけて、大名権力と藩秩序（家臣団秩序）を確立していったのと、それほど大きな差異はない。

後光明天皇と後水尾

後光明天皇は、寛永十年三月に誕生し、素鵞宮《すがのみや》と称した。当初から明正天皇の後継者として位置づけられ、寛永十九年閏九月に東福門院の養子となり、ついで同年十二月に親王宣下があり、紹仁《つぐひと》親王となった。翌寛永二十年九月に元服し、十月三日に受禅《じゅぜん》した。一一歳であった。「院政」は続き、後水尾が朝廷政務を担った。後水尾は、少年である後光明天皇に「御教訓書」を与えて天皇の心得を諭すとともに、養育係を付けてその行状の監督と指導にあたらせた。養育係は、生母の実家である園家や後水尾の近臣らで、「年寄衆」「五人之衆」などと呼ばれた。次の次の天皇霊元に付けられた養育係は「年寄衆」「御側衆」と呼ばれ、後に議奏という役職名になって朝廷の政務処理に重要な役割を果たすようになる。後光明の養育係はそれに先行し、後光明が長生きしたならば、彼らが後の議奏となった可能性がある（松澤克行「後光明天皇期における禁裏文庫」）。

後光明天皇は、和学より漢学、和歌より漢詩を好んだと言われる。父後水尾と好対照のように見える。即位してすぐの寛永二十年十一月十五日の読書始めに、『史記《しき》』『後漢書《ごかんじょ》』『前《ぜん》漢書《かんじょ》』『文選《もんぜん》』『貞観政要《じょうがんせいよう》』の講義をうけた。一二歳の天皇に何ほど理解できたのか不明だが、一五歳の正保《しょうほう》四年（一六四七）には、『大学《だいがく》』『論語』、その後に『孟子《もうし》』の進講をうけている。さらに、承応元年（一六五二）からは、市井《しせい》の儒学者朝山意林庵《あさやまいりんあん》から『中庸《ちゅうよう》』『易《えき》』の講釈をうけた。天皇の漢学愛好はいささか度を越したようで、学問に精励することは望ましいが、父後水尾は、和歌に力を入れるよう戒めなければならなかった。このほか、禁裏《きんり》文庫（東山御文庫《ひがしやまおぶんこ》）の充実に意を注ぎ、書籍を書写や購入により収集している（松澤克行「後光明天皇期における禁裏文庫」）。朝廷政務に関しては、二〇歳で後水尾から政務の委譲をうけ、かなり意欲的に取り組んだが、承応三年（一六五四）二二歳の若さで急死した。

　後光明天皇の死は、天皇の葬《ほうむ》りかた、つまり葬法に大変革を生んだ。天皇の遺体は、古代の女帝持統《じとう》天皇以来、仏教式葬儀の導入とともに火葬された。江戸時代に入っても、後陽成は従来通りに火葬されたが、後光明天皇は土葬された。ただ、葬儀はあくまでも仏式で、茶《だ》毘《び》式（火葬式）も行ったので表向きは火葬だった。しかし、実は土葬だった。後光明天皇が儒学を好み、儒葬《じゅそう》は土葬なのでその影響を受けたのではないかとの推測がある。これ以降の歴代天皇は、葬儀は仏教式で真言宗泉涌寺《せんにゅうじ》において執行され、火葬式も行われたが、実際は泉涌寺の裏手、月輪陵《つきのわのみささぎ》の九輪塔《くりんとう》の下に土葬された。

幕府による天皇の利用

幕府は、天皇・朝廷を統制することだけに力を注いだのではなく、しばしば利用した。統制は利用の為ともいえる。家康、秀忠、家光の三代にわたり、天皇から征夷大将軍《せいいたいしょうぐん》に任命してもらう将軍宣下《せんげ》をつつがなく挙行できたのは、天皇利用の最たるものである。とくに大きな利用は、徳川家康の神格化とその荘厳化である。

元和《げんな》二年（一六一六）四月に家康が死去すると、幕府は七月、朝廷に家康の神号を奏請《そうせい》した。朝廷では、神号とその名称について議論し、日光・東光・東照・霊威大権現《だいごんげん》の四つを提示した。幕府は、その中から東照大権現号を選択し、翌元和三年二月に、「東照の大権現と上給う」と宣命《せんみょう》が出され、家康は天皇から東照大権現の神号をうけた。家康の神格化、家康を神と祀《まつ》るためには、天皇の力を借りなければならなかった。それは、天皇・朝廷しか持ち得ない宗教的権能の利用、動員だった。三月二十日には、家康を祀る東照社に掲げる額に宸《しん》筆《ぴつ》を願い、勅額《ちょくがく》を掲げることができた。さらに、四月十七日の東照社の仮殿遷宮《せんぐう》には、勅使として広橋兼勝《ひろはしかねかつ》と三条西実条《さんじょうにしさねえだ》の両武家伝奏が派遣された。その後、元和八年や、寛永五年の家康十三回忌、寛永九年などに、朝廷から派遣された奉幣使《ほうへいし》が東照大権現へ幣帛《へいはく》を献じ、徳川将軍家の神にとどまらない国家の神として荘厳化された。

とくに家光は、家康の生まれ変わりを自称し、家康の神格化、荘厳化に熱心に取り組んだ（高木昭作『将軍権力と天皇』）。寛永十一年から一五ヵ月、約五七万両を費やして東照社の大造営を行い、ほぼ現在の姿に造り上げた。寛永十三年四月に、東照社の正遷宮が盛大に挙行され、朝廷から奉幣使が派遣され国家的な祝祭となった。寛永十六年から十七年にかけて、家康神話の創造ともいうべき「東照大権現縁起《えんぎ》」が成立した。この縁起は、家光の命令で天台宗の僧で家康の帰依《きえ》をうけた天海《てんかい》が文章をつくり、後水尾上皇らが執筆した。家康神話の創造にも、天皇の力を頼まなければならなかった。ついで、東照社の社格の上昇を図り、正保二年（一六四五）十一月に、朝廷に願って東照社を東照宮と改めた。社《しゃ》から宮《ぐう》への一字の変更だが、伊勢神宮、石清水八幡宮《いわしみずはちまんぐう》など、宮号をもつ神社は稀であり、東照社は東照宮となり、伊勢、石清水とならぶ社格の最上級神社となった。さらに家光は、東照宮への奉幣使派遣を朝廷に要請し、奉幣使が正保三年から毎年四月の祭日に派遣されることになった。臨時奉幣使から例幣使《れいへいし》へ、いわゆる日光例幣使の成立である。毎年毎年、四月には天皇の使者である例幣使が派遣され、天皇によって家康、東照大権現は祀られることになった。東照大権現は伊勢神宮の神と並ぶ最上級の神に上昇し、国家鎮護の神になったのである。

幕府は、日光例幣使を実現させるため、文正《ぶんしょう》元年（一四六六）以来中絶していた伊勢例幣使を、正保三年に再興させた。伊勢例幣使とは、伊勢神宮の神嘗祭《かんなめさい》に幣帛を捧げるために派遣された天皇の使者のことである。朝廷は、正保四年から四月に日光例幣使、九月に伊勢例幣使を毎年派遣することになった。幕府は、そのために例幣使田として一〇〇〇石余を設定し、その経費に充てさせた。江戸幕府は、天皇と朝廷の宗教的権能を動員して、徳川家康の神格化と荘厳化を実現し、徳川将軍家の権威を強化した。

なお、東照社（宮）は日光の他、江戸城紅葉山《もみじやま》、御三家の尾張、紀伊、水戸など各地に勧《かん》請《じょう》され、その東照社（宮）正遷宮などへも朝廷から勅使が派遣され、荘厳化が図られた。

これ以外には、将軍らの病気平癒《へいゆ》の祈禱がある。元和二年二月に、家康の病気平癒のため、七日間にわたり禁裏の清涼殿で普賢延命法《ふげんえんめいほう》があった。元和八年と寛永《かんえい》八年（一六三一）に、秀忠病気平癒のため禁裏の内侍所《ないしどころ》で臨時神楽《かぐら》、寛永十年十一月と十四年六月に、家光の病気平癒のため禁裏で七日間の不動護摩、および七日間の御修法《みしほ》が行われた。将軍らの病気平癒を祈願するため、天皇・朝廷に祈禱や神楽を執行させたのである。

江戸幕府が、天皇と公家、朝廷を統制しようとしたのは、幕府による政治的宗教的利用の要請に、着実かつ忠実に応えることのできる天皇・朝廷を創出するためでもあった。

後西天皇と後水尾

後光明天皇は承応《じょうおう》三年（一六五四）九月二十日、疱瘡《ほうそう》により二二歳で急死した。その死は、期待をかけていた後水尾に強い衝撃を与えた。慶安《けいあん》四年（一六五一）五月に出家し法皇《ほうおう》となっていたので、予想外のことだったろう。そのことは、後水尾が幕府の大老酒井《さかい》忠勝《ただかつ》へ送った「宸筆勅使口上覚書」（『宸翰英華』）によく表れている。その冒頭に、

> 後光明院御事の後、此世《このよ》の事は、弥《いよいよ》御心にそみ候事もなく候物から、なまじゐに今少し御覧じとどけられたき事どもの御《おん》まう執《しゅう》猶《なお》残り候故、御養生に御ゆだん御座《ござ》なく候、

と書いている。後光明天皇が亡くなったあと、この世に関心を寄せるものもない、との一文

から後水尾の深い悲しみと放心した精神状態を読みとることができる。しかし、それだけにまだ少し後を見届けたいという執念が残っているので、油断なく養生をしているという。「御まう執」（「御妄執」）とは、後光明亡き後の天皇家の行く末を見届けたい、というよりは見届けなければならない、という後水尾の執念だろう。

後光明にはまだ皇子がいなかったので、つぎの天皇を誰にするかが問題となった。後光明天皇は、承応三年に生まれた後水尾の皇子、高貴宮《あてのみや》（後の霊元天皇）を養子にする意向を近臣らに伝え、天皇の死去後に近臣だった三条西実教《さねのり》、勧修寺《かじゅうじ》経広《つねひろ》、持明院《じみょういん》基定《もとさだ》が、後光明の遺志としてそれを伝えた。関白や武家伝奏、所司代板倉重宗らは協議し、故天皇の遺志に従って高貴宮を後光明の養子にし、皇位を継がせるという結論に落ちついた。しかし後水尾は、高貴宮は生後四ヵ月の乳児なので、とりあえず花町宮《はなまちのみや》良仁《ながひと》親王を皇位につかせ、高貴宮が十四、五歳になったら譲位させるべきだと判断した。明正天皇と同じつなぎ役の天皇を立てる案だった。この案が、幕府との相談を経て決定された。幕府は、将軍家綱《いえつな》が若年のため朝廷の事情に暗いので、関白がよいように取り計らうようにと指示した。さらに東福門院へは、家綱が花町宮のことをよく知らないので、「作法」「所作《しょさ》」が天皇にふさわしくなければ（「天子御作法よろしからざれば」）、いつでも高貴宮への譲位を東福門院が取り計らうようにと回答した（「宣順卿記《のぶよりきょうき》」）。この経緯から、後光明から良仁親王への皇位継承はともかく、良仁親王から高貴宮への皇位継承は幕府が主導権を握ることになった。

後西《ごさい》天皇は、寛永《かんえい》十四年（一六三七）に後水尾の第八皇子として生まれ、一一歳で後陽成天皇の第七皇子好仁《よしひと》親王がおこした高松宮家を継ぐことになった。慶安《けいあん》元年（一六四八）に親王宣下があって良仁親王となり、慶安四年に高松宮を花町宮（後の有栖《ありす》川宮《がわのみや》）と改めた。なお、承応二年（一六五三）に江戸へ下向し、将軍家綱に拝謁した。承応三年十一月、後光明天皇急死をうけて践祚《せんそ》した。兄弟の多くが出家し、出家していない後水尾の皇子の中では年長という事情、いわば消去法により宮家を相続していた良仁親王が皇統を継ぐことになった。将来は天皇、という前提で訓育を受けないまま突如として一八歳で即位したのだから、天皇としての「所作」「作法」という点では不安があっただろう。

後西天皇像　御寺 泉涌寺蔵

後西天皇は、在位九年に満たずに、寛文《かんぶん》三年（一六六三）一月に譲位した。譲位の理由をめぐっては、幕府の発意説と後水尾法皇の要求説などの諸説があり、定かではない。在位中の万治《まんじ》四年（一六六一）一月に、二条家から出火して禁裏から仙洞御所、女院御所などが焼失する大火が発生し、翌寛文二年（一六六二）五月には京都大地震がおこり、方広寺《ほうこうじ》大仏が壊れるような大被害に見舞われた。その少し後に、理由はさだかではないが後西天皇は譲位の意向を示し、幕府へその内意を伝えたらしい。それをうけた幕府は、寛文二年九月に後西天皇の譲位を東福門院へ申し入れ、幕府と東福門院の主導でこの譲位を実現させようとした。結

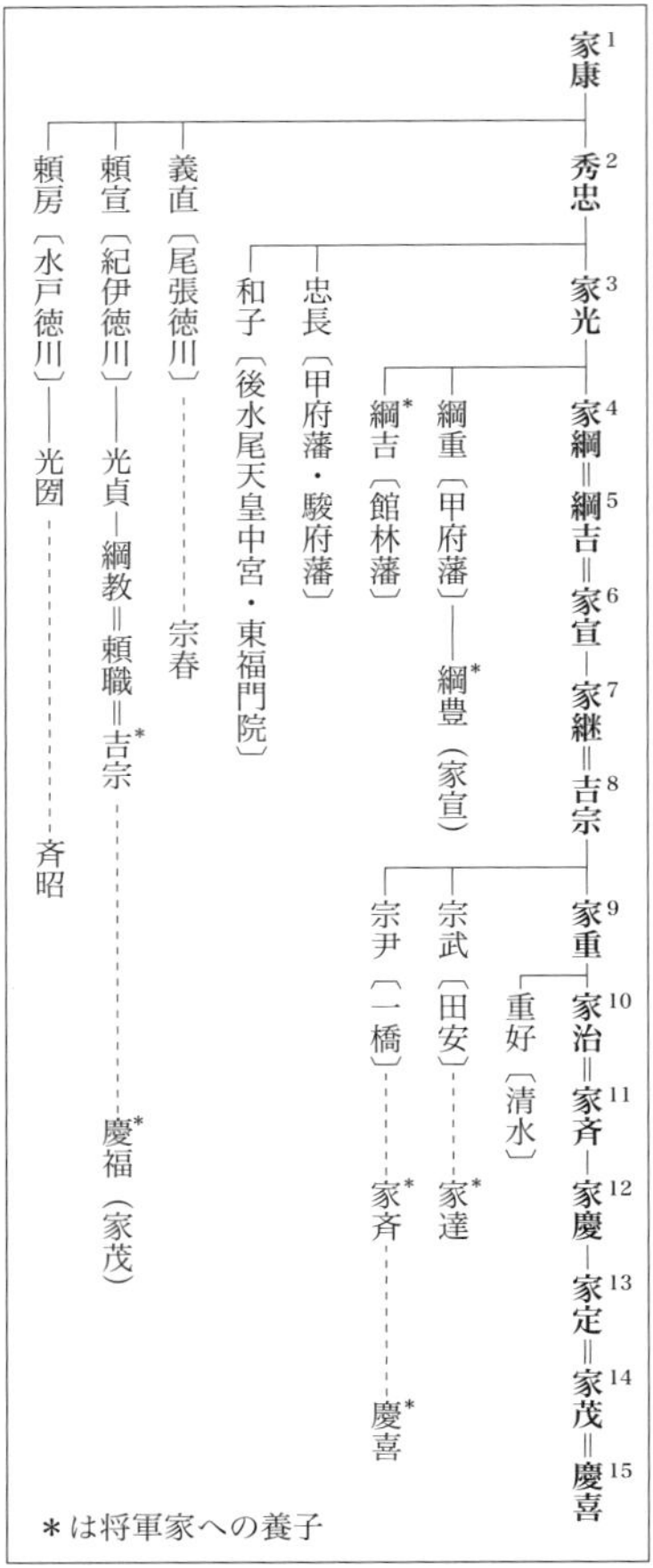

徳川氏略系図　太字は江戸幕府歴代将軍

局、御所の造営も完成しない寛文三年一月に、後水尾の計画より四、五年早く弟の高貴宮、識仁《さとひと》親王に譲位した。後西天皇は、弟宮が十四、五歳の成人になるまでのつなぎ役として消去法で決められ、しかも幕府からは、天皇にふさわしくないと判断すればいつでも弟宮に譲位させると宣告されていた。これでは、朝廷内で軽く扱われそうな立場にあった。それでも、一八歳で即位したので元日の四方拝、小朝拝などを始めとする神事や節会《せちえ》をこなし、和歌御会などにも熱心に取り組み、朝廷政務にもあたった。また、後光明天皇のあとを追うかのように、六国史《りっこくし》を書写させるなど禁裏文庫の充実に力を注いだ。しかし、京都大火、大地

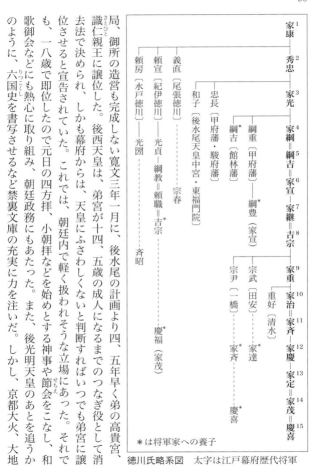

震と相次ぐ天変地異に見舞われた後西天皇は、幕府から譲位を迫られる前に、自主的に譲位の意思を示すことを選択したのではなかろうか。

第二章　江戸時代天皇の確立——霊元天皇の時代

1　霊元天皇の構想と挫折

霊元天皇と後水尾

霊元《れいげん》天皇は、承応《じょうおう》三年（一六五四）五月に後水尾《ごみずのお》の皇子として誕生し、高貴宮《あてのみや》と称された。生後四ヵ月で、早くも後西《ごさい》天皇の次の天皇になることが約束された。明暦《めいれき》四年（一六五八）一月に親王宣下《せんげ》があり、識仁《さとひと》親王となった。そして寛文《かんぶん》三年（一六六三）一月に、後西天皇の譲位をうけて皇位を継承した。一〇歳であった。享保《きょうほう》十七年（一七三二）に亡くなるまで、約七〇年もの長きにわたって天皇、上皇として朝廷に君臨して一時代を築き、父後水尾が目指した江戸時代の天皇と朝廷の確立に力を注いだ。

即位が一〇歳だったので、朝廷政務は七〇歳に近い後水尾法皇と摂政・武家伝奏《ぶけてんそう》が支えることになった。後水尾は、かつて一一歳で即位した後光明《ごこうみょう》と同様に、まだ一〇歳の霊元天皇に養育係をおき、さらに近習《きんじゅう》衆《しゅう》を創設した。即位する直前の寛文三年一月五日に、葉室頼業《はむろよりなり》ら四人が霊元天皇への近侍《きんじ》を命じられ、彼らは「年寄衆《としよりしゅう》」「御側衆《おそばしゅう》」などとよばれた。貞享《じょうきょう》三年（一六八六）十二月に、「議奏《ぎそう》」と役職名が定まり、武家伝奏とともに「両役」とよばれ、朝廷の政務運営に大きな役割を担うことになる。なお、年寄衆、のちの議奏たちは、禁裏で天皇のそばに仕えながら、後水尾法皇とのつながりを保ち、院と禁裏・天皇を結ぶ回路の役割を果たしたという。

天皇と近習の放埒

七〇歳に近い高齢の後水尾にとって、わが子とはいえ一〇歳の少年天皇の行く末を案じるものの、教育と監督は荷の重いものだったろう。自身に代わって霊元天皇を養育することを期待して付けた年寄衆へ、寛文三年一月二十九日付で、職務上の注意事項として九ヵ条の「禁裏《きんり》御《ご》所《しょ》御《お》定《さだめ》目」(「葉室頼業日記」)を出した。その内容は、天皇の行跡《こうせき》と心持ちを教育すること、学問に励むように工夫すること、天皇にふさわしい遊興をさせること、学問を妨げる当時流行の趣味などについて雑談しないこと、世間で流行っているくぐつ、放下《ほうか》(大道芸)、狂言などの噂を耳に入れないこと、天皇の御前で下々の野卑なことを申し上げないこと、御前での出来事を外部に漏らさないこと、宮中での喧嘩口論は両成敗であること、男女の間の禁止事項を守ること、であった。霊元天皇の行跡については、古風を守

霊元天皇像　御寺　泉涌寺蔵

り今様《いまよう》を棄てることを教え、心持ちでは、神を深く敬い憐れみを深くし、よく物事を考えて短気にならないように育てることを命じている。後水尾にとって望ましい天皇像、すなわち伝統を守り、学問に精励する天皇をあたかも純粋培養するため、それを妨げる俗事からいっさい遠ざけることを主眼としている。禁裏小番《こばん》のうち、内々《うちうち》衆と外様《とざま》衆を天皇御前に出さないように命じ、近習衆のみが天皇に接するよう制限もしていた。

少年期の天皇にとって、また近侍する若い近習公家衆にとって、後水尾の定めた規則はまことに堅苦しかっただろう。寛文八年（一六六八）、九年になると、霊元は成長するのに対して、後水尾は七十三、四歳になり次第に政務から遠ざかっていった。それでも、後水尾が付けた年寄衆による霊元天皇と近習公家の教育、監督が機能していれば何も問題はなかった。しかし、少年天皇と若い近習公家はしばしば問題を起こしたらしい。

寛文八年冬に、禁裏で「禁闕《きんけつ》騒動」とか「女中騒動」とかいわれた騒動がおこっている。江戸幕府編纂『徳川実紀《とくがわじつき》』寛文八年十月二十五日条に、「世に伝ふる処は、当時公家年少の輩《ともがら》不良のふるまひありて、淫風《いんぷう》大に行はれしかば」という記事があり、若い公家衆の不良行為が噂になったらしい。当時の公家らは「女中騒動」とか「禁闕騒動」と記すものの、密事なので書けないといって詳細を伝えない。その件で飛鳥井雅章《あすかいまさあき》、正親町正豊《おおぎまちまさとよ》、三条西実教《さねのり》、園基福《そのもとよし》、東園基賢《ひがしぞのもとかた》の五人の公家が、霊元天皇へ諫言《かんげん》したらしい。霊元天皇は激怒し、後水尾法皇に何ごとか訴えると法皇は、寛文八年十二月二十七日に、前記五人へ天皇の御前に出仕することと諫言の禁止を命じたという。翌九年一月二日に、御前出仕と諫言の禁止が解かれ、気骨ある三条西実教は、再度、霊元天皇に諫言したらしい。そこで霊元天皇は、長年にわたり腹立たしく「逆臣」とまで思い込んでいた三条西実教を排斥し、蟄居《ちっきょ》に追い込んだという。

寛文十一年（一六七一）頃には、後水尾はますます政務から遠ざかり、一八歳の霊元天皇が公家の官位などを処理し始めた。若年でもあり、やや危うい政務処理が懸念された。そのうえ、後水尾がもっとも心配していた霊元天皇と若い近習公家の不行跡は、寛文十一年に花見の酒宴で沈酔《ちんすい》する事件を引き起こすに至った。武家伝奏が江戸へ下向した留守の間、三月の出来事であろうか、「御花見の酒宴あり、主上・近習沈酔す、そのほか済々《せいせい》のこと詳しく記すに及ばず、正体なき事なり」（「中院通茂日記《なかのいんみちしげにっき》」）と記録されている。武家伝奏と年寄衆は、霊元天皇が「水魚」の交わりを起請文《きしょうもん》で誓約したほどの近臣難波宗量《なんばむねかず》や三室戸誠光《みむろどのぶみつ》らをうまく統制できない状況にあった。年寄衆と近習衆による霊元天皇の養育、監督はうまく機能していなかった。

天皇と近習の統制――議奏の設置

霊元天皇とその近習公家を、いかにして監督、統制するのかが、後水尾の重要な課題となった。後水尾は、霊元と朝廷の行く末を案じて最後の力を振り絞るかのように、女婿でもある内大臣近衛基熙《このえもとひろ》らと近習衆の統制を図った。まず、禁裏小番を、内々小番・外様小番と奥小番（近習小番）とに分け、近習小番の公家を厳選させ、近習衆を統制する法度の制定に取り組んだ。幕府とも協議し、その承認を得て寛文十一年七月に、七ヵ条からなる「五人衆・近習衆条目」（「中院通茂日記」）を発布した。近習衆に、禁裏小番の励行（「小番懈怠《けたい》なくあい勤むべき事」）、不作法の禁止（「放埒《ほうらつ》の作法をもって野卑の相談、かたく慎むべき事」「御所中において内々《うちうち》の献盃、三反《さんべん》を過ぐべからざる事」）を要求した。さらに、武家伝奏へは、「昼夜なく不時御見廻りしかるべき事」と、監督のため禁裏の奥を見まわるよう命じた。年寄衆は、交代で宿直小番を務め、この法度を守らない近習を見聞した近習は年寄衆へ報告することを強制している。つまり、年寄衆は近習衆を監督し統轄する職務となったのである。さらに年寄衆は、武家伝奏を補佐し、天皇御前のことを把握するよう命じられ、その職務を忠実に果たすことを誓う武家伝奏宛ての誓詞《せいし》を提出させられた。年寄衆は、問題がおこれば後水尾法皇に言上《ごんじょう》するよう指示もうけ、禁裏に詰めながら法皇とのつながりを保ち、法皇と天皇・禁裏御所とを結ぶ機能を果たした。

　年寄衆は近習公家を監督し、さらに天皇御前の事柄を把握する、それを武家伝奏が統轄する仕組みになった。【武家伝奏―（年寄衆（議奏）―近習衆）】ということになり、この法度に違犯した公家へは処罰を加えた。年寄衆は、それまでの天皇の養育係から、近習公家を管理し、天皇御前のことを管掌する役人になった。こうして年寄衆は、「天皇の意思」を制御すべき存在となった。それをうけて、寛文十二年に禁裏財政から役料二〇石が支給され、延《えん》宝《ぽう》七年（一六七九）からは幕府が四〇石を支給した。そして、貞享《じょうきょう》三年（一六八六）に議《ぎ》奏《そう》という役職名も定まった。このようにして、関白―武家伝奏・議奏（両役）という朝廷運営の基軸、「天皇の意思」を含む朝廷統制機構が確立することになった。

朝廷の頂点に立つ霊元

霊元天皇は、寛文九年（一六六九）、十年頃になると、「今までは上の御さなき（幼）により、みなみなの衆（摂政・関白）・でんそう（武家伝奏）などせんぎにてさだまりし也、程なく御せいじん（成人）ゆへ、何事も上の御さばきに成事、まことにめでたき事いふばかりなし」（「无上法院殿御日記」）などとあるように、後水尾法皇から政務を委譲され、すべて自身で処理するようになった。しかし、十六、七歳という年齢からか、その判断にはやや危ういところもあり、さらには「禁闕騒動」や「花見宴沈酔事件」なども引き起こしていた。

延宝《えんぽう》六年（一六七八）六月十五日に東福門院《とうふくもんいん》が死去し、同八年八月十九日に後水尾法皇が死去した。徳川秀忠と激しく対立した父後水尾、秀忠の娘として朝廷に大きな力をふるった東福門院が相次いで亡くなった。この二人の死は、幕府と天皇・朝廷がときに厳しく対立し、緊張した関係の時代の終わりを象徴するものだった。霊元天皇は、朝廷政務を掌握して政治的に朝廷の頂点に君臨した。延宝七年（一六七九）七月には、禁裏小番を怠けたという理由で、中納言鷲尾隆尹《わしのおたかただ》ら三人に勅勘《ちょっかん》（天皇による勘当）を下し、閉門に処した。天皇の強権を公家に示し、震え上がらせようとしたのである。

また、有職故実、王朝文学、和歌について、後水尾法皇、中院通茂、そして後西上皇の薫陶をうけた。後水尾法皇から、寛文九年九月に故実書である『職原抄《しょくげんしょう》』、寛文十一年九月に

『源氏物語』、同年十月に藤原定家の歌論書『詠歌大概《えいがのたいがい》』の講釈、延宝二年（一六七四）五月に『伊勢物語三部抄』の伝授を受けた。後水尾から古今伝授を受けた歌人である中院通茂から、延宝二年十月、同四年六月、同五年二月に『源氏物語』の講釈を聴聞している。さらに、後西上皇から、延宝八年五月、天和《てんな》三年（一六八三）四月に『古今和歌集』の講釈を聴聞し、そして同三年四月十六日に三〇歳で古今伝授を受けた。後水尾から直接、また後水尾から古今伝授を受けた中院通茂や後西上皇から和歌の指導を受けた霊元は、早い時期から堂《とう》上歌壇《しょうかだん》の中心的存在にのし上がっていた。歌会も当座《とうざ》御会《ごかい》、月次《つきなみ》御会、法楽《ほうらく》御会の回数が増加し、霊元は朝廷内で和歌を通した権威も帯びていった。

そのころの霊元天皇の朝廷運営は、かなり強引なものだった。幕府でいえば老中、大名家なら家老にあたる朝廷の最重職である関白を軽視した運営が特徴的で、左大臣近衛基熙《もとひろ》が、「関白・三公らいっこう領《りょうじょう》状これなき事も、あるいは叡慮《えいりょ》にことよせ、あるいは武威を軽んじるに事よせ、治定《じじょう》候事たびたびに候故」（「近衛基熙口上覚書写」『大日本古文書　伊達家文書』）と書くように、関白や大臣が了承していない事柄でも、叡慮だから、あるいは幕府は関係ない、と決定することがたびたびあったという。霊元の女御鷹司房子《たかつかさふさこ》を中宮とせず准《じゅ》后《ごう》としたことに対して、前関白鷹司房輔《たかつかさふさすけ》は、「所詮《しょせん》当時の躰《てい》、摂家滅亡なり、これすなわち朝廷大乱のあいだ」（「基熙公記」）と語ったという。つまり、霊元による摂家の軽視である。叡慮の強調と幕府の力の軽視は、霊元天皇の朝廷運営の特徴である。

霊元天皇は、東福門院も後水尾法皇も亡きいま、天皇家の長として朝廷の頂点に立ち朝廷運営の主導権を握るためにも、早く譲位し上皇の立場になろうとした。あたかも長く「院政」を行った父後水尾の跡を追うかの如くである。着々と布石を打っていった。

強引な譲位

霊元は、まずつぎの天皇予定者、つまり儲君《ちょくん》を強引に決定し、大きな波紋を朝廷に引き起こした。天和二年（一六八二）三月二十五日に五宮《ごのみや》（朝仁《あさひと》親王。後の東山《ひがしやま》天皇）を儲君と定めた。霊元の女御鷹司房子に皇子が生まれなければ、一宮（生母は小倉実起《おぐらさねおき》の娘）を後継とすることは、幕府との関係でも朝廷内部でも事実上内定していた。ところが霊元天皇は、天和元年四月に一宮を大覚寺に入寺させることに決め、それに抵抗した外祖父の小倉実起父子三人に勅勘《ちょっかん》を下し、十月に佐渡へ流罪とした小倉事件を起こした。後水尾の近臣だった前武家伝奏中院通茂が、霊元天皇、武家伝奏花山院定誠《かざんいんさだのぶ》、所司代戸《と》田《だ》忠昌《ただまさ》、そして将軍徳川綱吉《つなよし》はいずれも短気で粗暴だと、天皇へ諫言《かんげん》したほどであった（「基量卿記《もとかずきょうき》」）。天皇から将軍までを批判するのだから、よほどのことである。中院通茂は、これがもとで蟄居《ちっきょ》させられた。さらに同二年二月、関白鷹司房輔の後任に、霊元に批判的な左大臣近衛基熙を飛び越して右大臣一条冬経《いちじょうふゆつね》をあてる「超越」人事を行った。批判派に対する霊元の圧力だった。

霊元天皇は、強引に五宮を儲君に決定し、ついで、幕府と交渉して皇太子冊立《さくりつ》を再興させ、天和三年二月に立太子《りったいし》礼《れい》を挙行した。皇太子冊立を再興させるや、翌年早くも譲位の意向を伝えた。譲位の理由は、在位が二二年の長きになりその例は少ないこと、また朝仁皇太子が一〇歳となり、霊元自身も一〇歳で即位したことをあげている。同時に、大嘗祭《だいじょうさい》の再興も打ち出し、幕府との交渉を命じた。霊元天皇の意図は、とにかく一刻も早く上皇になり「院政」を行うことだった。天皇として禁裏御所にいると、関白―武家伝奏・議奏の掣肘《せいちゅう》をうけ、なかなか自由に朝廷を運営できないらしい。幕府は、霊元天皇がまだ若く、皇太子が幼いことを理由に譲位を承認しなかった。関白の一条冬経は、将軍がこの譲位表明をどのように解釈したのか不安であり、そもそもこの譲位意思を幕府に伝えることなく武家伝奏が抑えるべきだったとも書いている。霊元の行動に対する幕府の警戒へ危惧を抱いている。

霊元天皇は、貞享三年（一六八六）閏《うるう》三月、来年皇太子が一三歳となり、彼らが理想の時代と回想する延喜《えんぎ》帝、すなわち醍醐《だいご》天皇（在位八九七〜九三〇）の即位と同年齢になること、霊元天皇自身は来年で三四歳となり、後水尾天皇が譲位した年齢と同じになることから、来年譲位したいと表明し、幕府も反対する積極的な理由がなく「叡慮《えいりょ》次第」と承認した。貞享三年十一月、霊元天皇は、譲位が確定すると東園基量《ひがしぞのもとかず》ら議奏四名に誓詞《せいし》血判《けつぱん》を差し出させた。第一条で「主上《しゅじょう》（霊元天皇）御為《おんため》もっぱら忠義を存じ」、第二条で「東宮《とうぐう》（朝仁親王）御為もっぱら忠節を存じ」と、天皇と皇太子へ忠節・奉公を尽くすことを要求した。これは、譲位後に上皇として権力を維持するための予備措置であった。

霊元院政構想と挫折

霊元天皇は、貞享四年三月二十一日、朝仁皇太子に譲位し、念願の上皇となった。そして、「院政」を始め天皇家の長として君臨し朝廷の運営、朝政にあたろうと意気込んだ。しかし、譲位を承認された貞享三年十一月に、幕府から「東宮御即位以後御作法の儀、万事院御所（霊元）御差し引き遊ばされざるように、関白殿・両伝をもって申し上げらるべく候」（「基量卿記」）と釘をさされてしまった。つまり、関白と武家伝奏は、霊元上皇へ禁裏の政務などに口を挟まないように申し上げろ、と指示された。関白らはとても申し上げにくいと判断し、所司代と交渉して軽い事柄に口を出してはいけないが、重大事についてはその限りではない、という回答を引き出した。霊元の「院政」を完全に否定したわけではないが、幕府は院政に抑制的であり、霊元は譲位する前に出鼻をくじかれていた。幕府は、譲位とともに求めてきた大嘗祭再興の要望にみられた霊元天皇の強引な行動、強い意思に警戒の念を抱いたらしい。

霊元が構想した「院政」の構図は、つぎのようなものだった。禁裏に詰める現任の議奏四名をそのまま留任させ、そのうち二名に院伝奏を兼任させ、残る二名もしばしば仙洞御所に来るようにさせようとした。これは、譲位後も禁裏の議奏に仙洞御所の院伝奏を兼任させることにより、禁裏御所と仙洞御所とを結びつける回路の役割をさせ、それにより禁裏・東山天皇を霊元のコントロール下において朝廷全体を支配しようとしたのである。

霊元は、後水尾とは異なる「院政」を構想した。霊元は、譲位する前の貞享四年三月に、仙洞御所に仕える公家を番衆《ばんしゅう》に編成（院小番）するとともに、院伝奏・評定衆《ひょうじょうしゅう》・献《こん》奉行・院参衆に分けた（「人分け《ひとわ》」）。だが、院政構想の要《かなめ》であった議奏と院伝奏の兼任は実現しなかった。幕府は、明正天皇の時期に後水尾の「院政」を承認せざるを得ず、その後も後水尾が天皇家の長として実質的に朝廷のトップに立ち朝廷運営にあたっていた。しかし、それは、禁裏の関白・摂家衆―武家伝奏への指示を通してであり、後光明天皇・霊元天皇の時期には、それに加えて天皇のそばにつけた養育係としての年寄衆を通してであった。決して、仙洞御所の機構による制度的なものではなかったのに対して、霊元の院政構想は、議奏と院伝奏を兼任させて行う制度的なものだった。おそらく、幕府による霊元院政への抑制的な姿勢が、霊元構想の実現を阻んだのであろう。

幕府は、諸法度に規定したように、関白―武家伝奏を軸にした朝廷運営を江戸時代朝廷のあり方として創出した。朝廷の頂点ではあるものの、天皇（家）を軸にした朝廷運営を構想しなかった。まして、上皇による朝廷運営、すなわち院政を想定していなかったのではないか。しかし、天皇は生前譲位して院政をしくのが、中世以来の朝廷の伝統である。生前譲位↓上皇という伝統は、正親町《おおぎまち》天皇から復活し、後陽成《ごようぜい》、後水尾と続いた。中世では、上皇こそが「治天《ちてん》の君」だった。天皇（家）は朝廷の頂点としての地位を実質化しようと試みる。江戸幕府では将軍（家）と老中制、藩では大名と家老制の関係のように、幕政や藩政を実質的に誰が担うのか、つまり、将軍親政や大名親政か老中制や家老制主導か、とよく似た構図である。天皇には法度に規定があるが、上皇には何もない。幕府との関係では相対的に自由な立場にある上皇は、天皇家の長として実質的に朝廷運営を主宰し君臨しようとする。後水尾は、まさにそうであった。霊元もまた、父後水尾にならい、それよりもなお強力な院政を実現しようとしたが、挫折させられた。しかし、幕府の意向と支持に支えられた関白両役制と闘いながら、実質的な院政を志向した。

霊元上皇の時代に、禁裏御所は〔天皇―関白―武家伝奏・議奏〕、仙洞御所は〔上皇―院伝奏・評定衆〕という別個の機構が成立し、江戸時代の朝廷機構はここに確立をみた。幕府との関係でこれら役職者の性格を、手当すなわち役料という面からみると、武家伝奏・議奏は幕府からそれぞれ支給され、院伝奏は幕府、評定は仙洞御所の財政から支出されていた。選任は、武家伝奏・議奏は幕府の事前承認が必要であるが、院伝奏は上皇が選任するものと認識され、評定は幕府の承認を必要としなかった。幕府からみると、禁裏の機構は幕府が承認し支える制度的なものであるが、仙洞御所の機構は基本的に非制度的なもの、と位置づけが異なっていた。ここに、朝廷運営は禁裏御所の機構が担うという、江戸時代の朝廷機構が確立した姿をみることができる。ただし、天皇は幼少で即位するので、上皇が禁裏の政務処理機構に指示する形式で朝廷政務に関与し、天皇が二〇歳くらいになると政務を委譲する、という慣行ができあがってくる。

霊元上皇の朝廷自主路線

霊元上皇が天皇家の長であり、朝廷の主宰者であるという強烈な意識の持ち主であることは、上皇による四方拝《しほうはい》によく示された。霊元が譲位し、東山天皇が受禅した翌年元禄《げんろく》元年（一六八八）一月一日は、天皇が幼年（一四歳）という理由で、霊元の指示により東山天皇による四方拝は行われなかった。ところが霊元は、仙洞御所の南庭で四方拝を挙行し、東山天皇に政務を委譲した元禄七年にやっと止めた。東山天皇も一七歳の元禄四年（元禄三年からの予定だったが、風邪により中止）から四方拝を行っているので、元禄四、五、六年は、天皇と上皇の両方が四方拝を行っていた。霊元は、朝廷の長であることを主張し続けたのである。当時の公家の間では賛否両論あり、左大臣近衛基熙《もとひろ》は、無益かつ「二《に》主《しゅ》あるがごとし」と批判し（「基熙公記」）、霊元の側近である院伝奏東園基量は、後小松《ごこまつ》上皇（応永《おうえい》十九年〈一四一二〉譲位）以来の再興であり「珍重珍重」と讃えている（「基量卿記」）。

　東山天皇の成長とともに、霊元は次第に政務を委譲しなければならなくなる。また、禁裏の執行部との確執から、元禄四年には政務委譲を迫られた。そこで四月に、まず仙洞御所の院伝奏と評定衆へ、上皇への忠節・奉公を要求する誓詞血判を提出させた。ついで、その院伝奏と評定に宛て（すなわち霊元上皇に対して）、関白、武家伝奏、議奏という禁裏御所の執行部から誓詞血判を差し出させた。関白近衛基熙が「開闢《かいびゃく》の後初例たるものか」と憤ったように、まさに前代未聞の挙に出た。誓約の内容は三ヵ条で、すべての誓詞がほぼ同文だった。つぎの誓詞は、関白が提出したものである（「基熙公記」）。

一主上《しゅじょう》御為もっぱら忠節を存じ、そうじて　朝家《ちょうか》の御為いささか疎略《そりゃく》あるべからず、旦暮《たんぼ》身命を抛《なげう》って忠勤を励むべく候《そうろう》事、

一朝家の御用、職掌の儀においてもっとも正路を守るべし、かつ又、衆議による品は、伝

奏・議奏の輩と隔意なく申し合い、御為よき様に相談せしむべく候、伝奏・議奏の内、あるいは諸家の輩も、別魂《べっこん》をもって荷担《かたん》をなして、贔屓偏頗《ひいきへんぱ》の振る舞い、かってもってこれ有るべからず候、また私の宿意《しゅくい》をもって、人を害し他を妨ぐの存念など、ゆめゆめこれ有るべからず候事、

一私の為をもって武士の者らと別魂を致し、諂《へつら》いをなして朝家を忘れ候儀、毛頭これあるべからず候事、

三ヵ条に一貫しているのは、朝家すなわち天皇家（皇室）に忠節を尽くせ、ということである。とくに第三条にあるように、天皇家への忠節を忘れ、武士すなわち江戸幕府と懇意にして媚《こ》びへつらうようなことをするな、というところに霊元の本意が読みとれるし、それはまさに霊元の真骨頂《しんこっちょう》ともいうべきものである。しかし、関白近衛基熙から誓詞血判を強要された感想を問われた武家伝奏千種有維《ちぐさありつな》は、「落涙のほか言語なし、あい共に天を仰ぐのみ、朝廷の零落《れいらく》この日か」（「基熙公記」）と答え、全身から絶望と怒りを露わにした。近衛基熙は「天魔《てんま》の所為《しょい》」と書き、霊元を「天魔」とまで言い切った。近衛基熙らにとって、朝廷政務からの霊元の排除は緊急を要する事態となっていた。

幕府協調路線の勝利

元禄四年四月二十三日、前関白一条冬経は、天皇は成長し、上皇はしばしば物忘れをする

ので、今後の朝廷政務は関白と両役が処理し、いっさい関わらないようにと霊元へ申し入れた。つまり引退勧告である。ただ、天皇が一七歳でまだ「御幼冲《ごようちゅう》」ということで、なおしばらく霊元上皇が政務を指図することになった。霊元は、天皇家の為にならないと判断したことは別として、それ以外のことはいっさい発言しないと申し入れた。一般政務は委譲するが、「朝家御為」にならないと判断したならば介入するぞ、ということである。関白らから出させた誓詞と同じ趣旨で、なお朝廷政務に大きな影響力を行使するという意思表示であった。影響力を温存させるには禁裏の人事が重要だったことから、武家伝奏や議奏の人事に霊元寄りの人物を送り込もうと画策したらしい。

幕府は、霊元の言動を一貫して警戒してきた。霊元が譲位するとき、政務への関与を抑えたのがその最初であった。また、霊元へ批判的であり、霊元から冷遇された近衛基熙が、元禄三年一月に関白に就任したのも、客観的には幕府の意向をうけた結果だろう。近衛基熙は、「東宮《とうぐう》御即位以後御作法《ごさほう》の儀、万事院《いんのごしょ》御所御差し引き遊ばされざるよう」という霊元の政務関与を否定する幕府の方針と、霊元の強引な政務運営のあいだで苦慮を重ねた。霊元の朝廷政務への介入、強引な運営の実態は、当然ながら幕府にも伝わり、ついに幕府から強い警告が出た。元禄六年十月二十三日に、禁裏付武家須田盛輔《すだもりすけ》が、「仙洞《せんとう》御譲位以後諸事一向御口入《おくにゅう》有るべからずの旨、大樹《たいじゅ》の思召《おぼしめし》なり、しかれどもその段相違のあいだ」（『基熙公記』）という老中の指示を伝達してきた。つまり、霊元上皇は朝廷政務に一切口出ししてはならない、というのが将軍の意向であるにもかかわらず、上皇は守っていないではないか、という厳しい叱責《しっせき》であった。

幕府からの厳しい叱責をうけた一ヵ月後の十一月二十六日、東山天皇が来年は二〇歳になるということで政務の完全な委譲が行われた。幕府の強い姿勢の前に、霊元は朝政の表舞台から退場せざるを得なくなったのである。関白と両役の禁裏執行部は、幕府の力をかりなければ霊元を退場させることができなかった。だが霊元はこの後も、ことあるごとに陰からあるいは裏から、その隠然たる影響力を行使し続けようとした。

しかし、霊元から朝廷政治の主導権を取り戻した禁裏執行部は、東山天皇とともに、絶えず幕府の意向を窺《うかが》いながら朝廷運営にあたり、時には幕府の力を利用しながら朝廷の繁栄と朝儀《ちょうぎ》の再興を目指した。関白近衛基熙は、左大臣時代に「官位・封禄《ほうろく》公武の御恩に候らえば、朝廷の御為の事はもちろん、大樹様（将軍）御為」という考え方を披瀝《ひれき》していた（「近衛基熙口上覚書写」）。天皇の御為、将軍の御為に働くという、バランス感覚のよい関白が朝廷運営の要に座ったのである。霊元の院政構想、主体性をもった朝廷運営という路線が潰《つい》えることにより、幕府と協調する融和路線が定着することになったのである。

2　朝儀再興の時代

朝儀再興は幕府次第

江戸時代の天皇は、「毎朝御拝」の神事で毎朝「朝廷再興」を祈る。朝儀を再興させることこそが、「朝廷再興」の第一であった。だから、朝儀再興に力を注いだのである。朝儀とは、国家的な儀式、儀礼のことで、たんなる年中行事という意味ではない。統一政権、天下人の援助によりまさに再建されつつあった朝廷は、朝儀の復興に取り組んできた。後陽成《ごようぜい》天皇は、「慶長二稔孟春下澣　従神武《じんむより》百数代末孫和仁廿七歳」（『宸翰英華《しんかんえいか》』）などとしばしば署名したように、皇統意識の強い天皇だった。それだけに、朝儀の復興に取り組んだ。その結果、叙位の儀、県召除目《あがためしのじもく》、殿上淵酔《てんじょうのえんずい》など、比較的最近になって中絶した朝儀の再興を果たしたが、またすぐに中絶している。また、後水尾の皇太子冊立などは直前になって中止されたように、幕府の援助を得られず再興できなかったものもある。

　後水尾天皇も朝儀再興に熱心だった。寛正《かんしょう》二年（一四六一）に中絶した後七日御修法《ごしちにちのみしほ》を除き、踏歌節会《とうかのせちえ》（天皇が年始の祝詞《のりと》を歌い舞うのを見る儀式）、県召除目、殿上淵酔を復活させたが、後陽成がいったん再興させせすぐに中絶した朝儀の再興にすぎなかった。後水尾は、『当時年中行事』（『後水尾院年中行事』）を執筆して後光明天皇に贈った。これは、十七世紀半ば頃に実際に行われていた朝廷の年中行事を記したものである。その序文で、応仁《おうにん》の乱以来「宮中日々に零落し、建保《けんぽう》・建武《けんむ》のむかしに似るべくもあらず」と、衰退した朝廷の現実を語り、天下人、とくに徳川家康がさまざま再興（「絶えたるをつぎ、すたれたるをおこし」）させ、秀忠、家光と忠節を尽くしたが、「万《よろず》の事、猶寛正《なおかんしょう》の比《ころ》にだに及ばざるべし、御《お》禊《みそぎ》・大嘗会《だいじょうえ》其外の諸公事《くじ》も次第に絶《たえ》て、今は跡もなきがごとくになれば、再興するに便《たよ》りなし」という事態だと書いている。現在は、応仁の乱直前の寛正年間（一四六〇〜六六）にも及ばず、御禊行幸《ごけいぎょうこう》（天皇が、大嘗祭の前月に禊をするため鴨川へ行幸すること）、大嘗祭やその他の朝儀もすっかりなくなり、再興しようにも現在ではわけがわからなくなってしまっている、と後水尾は嘆いている。朝儀の多くが廃絶しているだけでなく、再興しようにもわけがわからなくなっている、という深刻な事態だった。そこから、朝儀再興を追い求めるとともに、そもそも朝儀がどのようなものであったのか研究する必要があり、そのための古記録、古典籍の整備と充実が求められた。

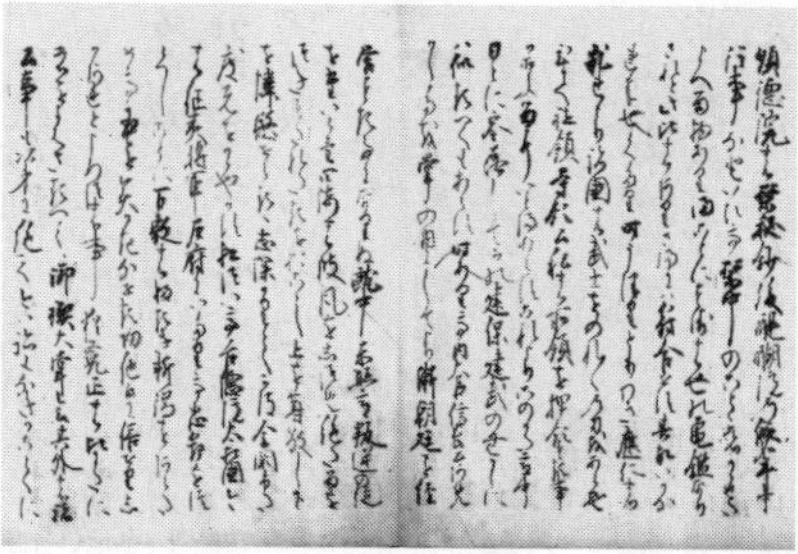
『当時年中行事』　朝儀の再興に熱心な後水尾院が執筆して後光明天皇に贈った。東山御文庫 御物

慶長十九年（一六一四）十二月に、徳川家康と公家が会合して禁中礼法儀式について議論した。公家側が「正月節会事・白馬節会《あおうまのせちえ》事・踏歌事・官位の事・准后《じゅごう》親王位階事以下」の朝儀再興を要望し、家康が承認することにより恒例行事として再興された。このように、朝儀再興は天皇、朝廷の意思や意欲だけで実現できるものではなく、幕府の承認、それにともなう経費の支出が必要であった。それと同時に、徳川家康やそれ以降の将軍らは、朝儀の全面的な再興をめざす意思はなく、幕府が朝廷にとって必要と判断した限りの朝儀を、財政負担とのバランスを計りながら再興させたのである。

朝儀の再興とはいえ、江戸時代の朝儀典礼は規模が縮小し、本来の姿からすればほとんど「模型」に近い、とは武部敏夫氏の言である。再興された朝儀は、古代以来の、あるいは平安朝以来の朝儀というよりは、江戸時代的朝儀というべき内実だろう。しかし、たとえ不十分なミニチュアとはいえ、歴代天皇は、課せられた歴史的使命であるかのごとくに朝儀の再興、典礼の充実に力を注いだのである。

霊元天皇の朝儀再興努力

霊元天皇の時代は朝儀復興の時代ということができ、幕府の都合による伊勢例幣使《れいへいし》の再興にとどまった後水尾の時代と大きく変化している。霊元は、天和《てんな》二年（一六八二）一月に、前年に伊勢神宮内宮《ないくう》が焼けたことを契機に、伊勢神宮へ伊勢公卿《くぎょう》勅使《ちょくし》を派遣した。勅使に神前で読み上げさせた宣命《せんみょう》（天皇の言葉）のなかで「世すでに澆季《ぎょうき》に及び、帝運ここに漸う《ようよ》衰えぬれば、もとより神事の久しく絶えたるを継ぎぬる功もなく、かつまた朝政のすでに廃《すた》れたるを興《おこ》せるの務めもなきを、いつも恐れいつも愁《うれ》うる」（『宸翰英華』）と述べている。霊元は、世も末となって天皇の命運も衰えたため、廃絶した神事や朝廷政務の再興を果たせないでいることを、伊勢神宮の神に謝罪している。裏返せば、霊元は廃絶した神事や朝廷政務の再興に力を尽くすことを伊勢の神に誓っている。

再興された朝儀を年順に示すと次のようになる。二〇〇〇年から三〇〇〇年にわたり長期に中絶していた朝儀が再興されている。

①延宝七年（一六七九）八月　石清水八幡宮放生会《ほうじようえ》の再興（応仁の乱〈一四六七年〜〉により中絶）
②天和三年（一六八三）二月　皇太子冊立の儀の再興（貞和《じようわ》四年〈一三四八〉以来中絶）
③貞享四年（一六八七）十一月　大嘗祭の再興（文正《ぶんしよう》元年〈一四六六〉以来中絶）
④元禄七年（一六九四）四月　賀茂祭の再興（約二〇〇年中絶）

石清水放生会は石清水八幡宮の法会《ほうえ》で、旧暦八月十五日（現在は九月十五日）に行われる。九世紀中頃から行われ、延久《えんきゆう》二年（一〇七〇）に勅祭《ちよくさい》となった。神前で最《さい》勝王経《しようおうきよう》を講じ、その後に鳥や魚を放つという仏教色の強いものである。応仁・文明の乱を境に中絶してしまった。賀茂祭は、上賀茂《かみがも》神社と下鴨《しもがも》神社の祭りで、旧暦四月中《なか》の酉《とり》の日（現在は五月十五日）に行われた。この祭りは、社前や牛車、供奉《ぐぶ》人の衣冠に葵《あおい》の葉をかけたことから葵祭ともいわれる。禁裏御所で出立《しゆつたつ》の儀が行われ、斎王《さいおう》や勅使らが下鴨神社から上賀茂神社を廻り、ふたたび御所に戻る。石清水放生会と同じ頃に中絶した。とも

石清水祭・胡蝶の舞　石清水放生会の古式を伝える。石清水八幡宮提供

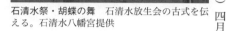

に勅祭であり、神前で宣命が読み上げられ、朝廷にとってもっとも重要な祭礼だった。

賀茂祭にかかる経費は、再興された年のものではないが、米で一三三〇石になるという（『吹塵録《すいじんろく》』）。これに関わる公卿に手当（下行米《げぎょうまい》）として三〇〇石、上賀茂神社に五五一石、下鴨神社に四七八石が配分され、江戸幕府の二条御蔵から支給された。石清水放生会も同じことであるが、祭礼経費は幕府の負担であり、朝儀の再興には幕府の承認、すなわち経費の支出が前提となった。霊元が、いかに強引な朝廷運営を行って朝儀再興を図っても、幕府が承認し経費を負担しないかぎり再興できない。それでも霊元は、朝儀再興を強力に押し進めようとし、その最大のものが大嘗祭の再興であった。

大嘗祭の再興

霊元天皇は、皇位継承者である儲君《ちょくん》の制を設けた。幕府と相談して、五宮（朝仁《あさひと》親王。後の東山天皇）を儲君と定め、ついでこれも幕府の承認を得て、天和三年（一六八三）二月に皇太子冊立の儀を再興し、朝仁親王は皇太子となった。ただし、幕府は再興を承認するにあたり、今後行われる皇太子の元服以下の諸儀式について、別に経費を要求しないことを条件とした。皇太子冊立は、貞和《じょうわ》四年（一三四八）、崇光《すこう》天皇（一三三四〜九八）のときに行われた直仁《なおひと》親王以来のことで、三三五年ぶりの再興だった。霊元は、「欣悦《きんえつ》の至り、筆頭《ひっとう》にかけがたきものなり」と、大変な喜びようであった。

もっとも重要な朝儀の再興は、大嘗祭である。現在の明仁《あきひと》天皇は、一九九〇年（平成二）

十一月十二日に「即位の礼」、同月二十二、二十三日に大嘗祭を挙行したことは、まだ記憶に残る。現憲法と神事としての大嘗祭の関係が問題にされたが、皇居東御苑《ひがしぎょえん》に大嘗宮《だいじょうきゅう》が建てられ、おごそかな神事が行われた。天皇が神聖さを身につける神事である。即位礼とともに大嘗祭は、皇位継承儀礼に不可欠の神事とみなされるようになった。即位礼が唐風（中国風）に対して大嘗祭は神祇《じんぎ》風（和風）である。十五世紀後半、おもに財政上の理由から行われなくなり、大嘗祭を欠いた天皇は「半天皇」との見方もあったが、その頃は皇位継承に不可欠とまでは見なされなかったらしい。なお、即位礼と大嘗祭を皇位継承のために必須の一連の儀式と定めたのは、一九〇九年（明治四十二）公布の登極令《とうきょくれい》である。

霊元の子東山天皇は、貞享《じょうきょう》四年（一六八七）三月に受禅した。霊元は、貞享元年に譲位の意向を示し、そのさいに大嘗祭の再興を企図した。その時は、幕府の賛同を得られず譲位は実現しなかったが、貞享三年に、譲位が実現する運びとなり、同時に大嘗祭再興のため同年の五、六月から幕府とねばり強い交渉を始めた。朝廷側は、再興の根拠と条件を幕府側に伝えた。再興の根拠は、皇太子から即位した天皇はかならず大嘗祭を挙行する（「東宮より御即位遊ばされ候帝王は、必ずこの事あり」）というものであり、挙行の条件とは、幕府へ新規支出を求めず、即位礼の経費を割いて大嘗祭の儀式を省略して挙行する（「下行《げぎょう》等は、寛文《かんぶん》の度《ど》御譲位・御即位等の下行高の内にて行わるべく候」）というものだった。幕府に新規の財政負担をかけないから再興して欲しい、という趣旨である。これに対して幕府は、霊元天皇即位の例が良い先例で、そのさいも大嘗祭を行わなかったのだから今回も必要ない、と反対した。しかし、霊元側の執拗な要請に折れた幕府は、簡易な大嘗祭にすることを条件(「諸事こと軽く御再興しかるべきよし、大樹〈将軍〉申し上げらる」「基量卿記」)に再興を承認した。これにより、後土御門《ごつちみかど》天皇が文正《ぶんしょう》元年(一四六六)に挙行して以来中絶した大嘗祭が再興された。

再興大嘗祭への批判

二百数十年ぶりの再興という壮挙にもかかわらず、さまざまな波紋を朝廷に投げかけた。ひとつは、あまりに簡略化されたため不備な大嘗祭になったことである。いわゆる「古式ゆかしい」儀式とはならなかった、ということである。いまひとつは、儀式に関わった人びとへの手当(下行)があまりに少なかったことへの不満である。ともに、おもに費用が少なかったことから生じた波紋であった。

再興された大嘗祭で省略された儀式のうちもっとも重大だったのは、御禊《ごけい》行幸を省略したことである。天皇が十月下旬に鴨川に行幸して禊をする儀式であり、大嘗祭当日を除くともっとも盛大なものであった。省略されたことのなかった儀式が行われなかったのは、幕府の反対による。幕府は、天皇らが御所の外へでることを極力おさえていた。一番の理由は、天皇らの外出には多額の費用がかかることだったと思われる。その行粧《ぎょうそう》や諸道具類、供奉《ぐぶ》者の装束類、さらには幕府が担う厳重な警備の費用などである。天皇の行幸をおさえる政治的な意図がなかったわけではないが、経費の問題が大きかったと思われる。この他、大嘗祭前後三日間の節会を一日に、稲春歌詠進《いねつきうた》・和歌屛風・清暑堂《せいしよどう》御遊などの省略や、その他万般にわたる省略・簡略が行われたらしい。

幕府は、霊元の譲位と東山天皇の即位礼を行うため、経費として七二〇二石余の米と銀六七貫九八六匁《もんめ》を支出した。朝廷は、幕府から支給された譲位・即位の費用を節約し、むりやり米一九三四石と銀一二貫五一六匁を捻出して大嘗祭を挙行したのである。それは、一儀式分の費用で二つの儀式を行ったようなものだから、どちらにもしわ寄せが行くのは当然の成り行きだった。即位礼では、高御座《たかみくら》や諸調度品の塗装あるいは鍍金《めつき》を粗末にするほど切りつめ、大嘗祭も同様な倹約を行ったため、その儀式に使われる調度類や調進物を手当する地下《じげ》官人らは、それへの給付の少なさに悲鳴をあげ、不満を露わにした。その訴えを聞いた所司代は、大嘗祭など止めればよいのだ、と答える始末だった。

左大臣近衛基熙《もとひろ》などは、御禊行幸が省略されたことを重くみて、それでは神慮に適《かな》わないとまで言って再興中止を申し入れたほどであった。霊元の兄である尭恕法親王《ぎようじよほつしんのう》も、今度の大嘗祭は朝廷も幕府も誰一人として納得していないし、簡略な儀式では神を欺くものだ、と批判した。二百数十年ぶりに再興されたが、朝廷内に深い亀裂を生んだ。そのため、つぎの中御門《なかみかど》天皇の時に大嘗祭は行われず、ふたたび中絶してしまっている。

天皇の朝儀研究と禁裏文庫

後水尾天皇は、さまざまな朝儀が跡形もなくなり、再興しようにもわけがわからなくなっていると書いていた。再興された大嘗祭が不備なものだったことは事実であり、その原因はおもに費用の問題だったが、実は長らく中絶していたため、わけがわからなくなっていた部分もあったらしい。朝儀再興を進めるには、天皇や公家が朝儀そのものについて古代、中世に遡《さかのぼ》って研究する必要に迫られ、その研究をするために必要な古記録や古典籍を収集し蓄積する必要があった。それは、後水尾の「禁中御学問講」のように公家に学問を奨励するうえでも、『源氏物語』などの古典文学、『日本書紀』などの六国史《りつこくし》、有職故実《ゆうそくこじつ》書を集積した文庫が必要だった。

後水尾は、わが子後光明天皇のために『当時年中行事』を執筆し、恒例の儀式の内容や朝廷内の作法を記した。この本は、後光明のつぎの後西天皇にも贈られた。霊元天皇は、伊勢神宮以下の諸社と諸寺、親王元服など一五項目にわたり、平安時代以降の公家たちの日記から関係記事を書き抜いて『公事部類《くじぶるい》』を編集している。これらは、天皇自身による朝儀の研究を示すものであった。

天皇は、朝儀や儀式典礼を知るために、大量の古記録や古典籍を収集し手元の文庫に収蔵していた。代替わりとともに文庫は新天皇に引き渡され、さらに蓄積が図られていく。禁裏の文庫は東山御文庫《ひがしやまごぶんこ》（禁裏文庫）とよばれ、いまでも宮内庁侍従職が管理し、京都御所内の皇后御殿のある東北の隅に現存している。六万点ともいわれる蔵書があり、秋の数日、しかも湿度の低い好天のおりに曝涼《ばくりょう》（虫干し）をし、一部の研究者に公開されている。後水尾、後光明のもとで集められた蔵書は、承応《じょうおう》二年（一六五三）六月の禁裏の火災により焼失してしまった。その後、後西天皇、霊元天皇が、古典文学類、有職故実書、古記録、古典籍の収集に力を入れ、現存する東山御文庫の基礎を築いた。禁裏の本や公家、さらには寺社が所有する本を天皇自ら書写したり、廷臣たちに書写させたりして文庫の充実を図った。禁裏文庫の存在とその充実は、ただ古い書籍類を集めたのではなく、朝儀再興と自らがより所とする伝統文化の保存への意欲と執念をよく示すものである。公家諸家も、自家の家職や家学、さ

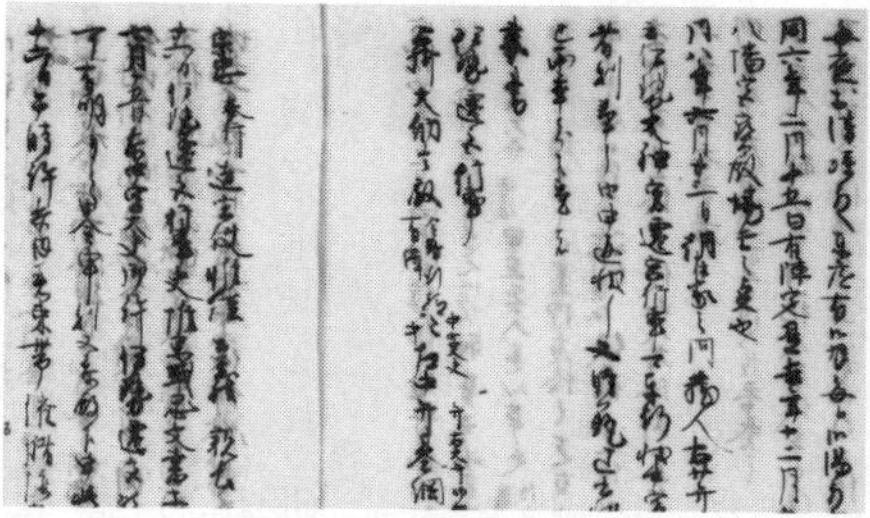

霊元天皇編『公事部類』　東山御文庫 御物

現在の東山御文庫全景　宮内庁侍従職提供

らには諸朝儀や儀式典礼に関する有職故実の知識を増やすため、やはり古記録・古典籍を収集した。近衛家の陽明《ようめい》文庫などが代表である。なお、水戸藩主徳川光圀《みつくに》は、『大日本史《だいにほんし》』編纂にあたり、禁裏や公家が所蔵する蔵書を借りて利用するとともに複本を作製して公家らに提供し、さらには『礼儀類典《れいぎるいてん》』を編纂し朝廷に献上している。武家の中にも、朝儀や儀式典礼に関心を示し、それを研究する者が登場した。

3　朝幕関係の安定

東山天皇の幕府協調路線

霊元《れいげん》上皇から政務を委譲された東山《ひがしやま》天皇は、幕府との協調と融和を目指した関白近衛基熙《このえもとひろ》に支えられ朝廷を運営した。霊元の天皇、院政期に冷遇された近衛基熙は、和歌をよくし有職故実にも造詣が深く、また書籍を収集し日本の書誌学史に名を残す当代一流の学者でもあった。すでに述べたように東山天皇は音楽、とくに笛を愛好した。近衛基熙は、近衛家の家《け》礼《らい》でもある四辻公韶《よつつじきんあき》に笛を習い、天皇が良い古笛を求めていると聞くと、元禄十三年四月に近年入手した古笛の献上を願い出て、天皇がその場で吹いて、吹きやすいとの感想を洩らすと即座に献上している。近衛基熙は、天皇の笛の趣味に自らを合わせ、良好な関係を作り出したのである。

東山と基熙は、霊元の影響と介入の排除に努めた。議奏《ぎそう》は、天皇への取り次ぎと天皇の意

東山天皇像　御寺 泉涌寺蔵

思の伝達を担っていたので、そこから霊元派の排除をはかった。元禄七年四月に、霊元の影響の強い議奏勧修寺経慶《かじゅうじつねよし》と清水谷実業《しみずだにさねなり》を辞職させたのは、その手始めであった。当時の天皇と朝廷内に強い影響力を持っていたのは、東山天皇の実母で准后《じゅごう》の松木宗子《まつのきむねこ》ら外戚であった。そして、その信任を得て強い力を振るっていたのが、議奏中御門資熙《なかみかどすけひろ》だった。元禄十年十一月、東山天皇の意をうけた近衛基熙は、中御門の排除を所司代松平信庸《まつだいらのぶつね》に頼み込んでいる。基熙は、「およそ朝廷の事、まったく武威を加えられずんば、なんぞ平均を得んや、内々《うちうち》の叡慮《えいりょ》かくのごとし」（『基熙公記』）と天皇の意向を伝えた。幕府の力を借りなければ朝廷の平和は実現しない、とまで幕府の力に依存する考えを示した。しかしこの時は、所司代が了承しなかったため、中御門資熙の排斥は実現しなかった。

そこで天皇と関白は、内証で将軍徳川綱吉に働きかけた。公家の町尻兼量《まちじりかねかず》の叔母にあたる女性が江戸城大奥で右衛門佐《うえもんのすけ》と名乗る上臈《じょうろう》で、彼女のルートを使って綱吉に中御門資熙の排斥を依頼した。これが奏功して、元禄十二年五月に議奏を辞任させ、八月には幕府の命により逼塞《ひっそく》の処罰を加えた。さらに、正親町公通《おおぎまちきんみち》は、将軍綱吉の側用人《そばようにん》柳沢吉保《やなぎさわよしやす》の側室（正親町町子）が公通の娘（養女）という関係もあってか、元禄六年に武家《ぶけ》伝奏《てんそう》に就任した。しかし、霊元から朝仁《あさひと》親王（東山天皇）に付けられた公家であり、霊元寄りの人物だった。これも、「叡慮に叶《かな》わざる人」という理由で、関白らが幕府と連絡を取り合い、元禄十三年二月に武家伝奏辞職に追い込んだ。

このように、朝廷は幕府の力をかりながら、あるいはその圧力を利用し、霊元上皇とその一派を排除し、朝廷の「平和」を実現した。朝廷は幕府からの自立性を強めるどころか、幕府の力にひれ伏し、その枠のなかで存続しているのである。幕府が求めたあり方が実現した。

幕府の経済的支援

延宝《えんぽう》八年に後水尾法皇が死去し、とげとげしい朝廷と幕府の関係も融和的な関係に移行していった。霊元の天皇、上皇時代に、朝廷も江戸時代の体制が確立し、幕府との関係も安定した。それは、江戸時代全体の政治体制の確立期と符合している。

霊元天皇の時期は、五代将軍徳川綱吉の初期にあたる。すでに説明したように、その時期にいくつもの朝儀の再興が実現した。それは、朝廷と幕府の融和的な関係の到来を示すものだった。ただ、貞享《じょうきょう》四年の大嘗祭再興のように、幕府はそのための特別な負担を拒絶した。朝廷は、天和《てんな》二年（一六八二）正月に、前年十二月に伊勢神宮内宮《ないくう》が焼けたことを契機に、伊勢神宮へ臨時の奉幣使《ほうへいし》である伊勢公卿勅使《くぎょうちょくし》を派遣した。幕府は、公卿勅使の派遣は承認したが別途の負担を拒否したため、「御手沙汰《おてざた》」つまり朝廷の財政から支出することになった。江戸幕府は、天和二年の伊勢公卿勅使、貞享四年の大嘗祭再興に特別な財政負担をしなかった。将軍綱吉の初政は、朝儀の再興や臨時の公卿勅使の派遣を認めるものの、金は出さなかったのである。

それでも、元禄十年（一六九七）に、側用人柳沢吉保の家臣で儒学者の細井広沢《ほそいこうたく》（知慎《ともちか》）の建議により、荒廃した天皇陵の修理と、どの天皇のものだかわからなくなっていた陵についての調査を行わせ、天皇陵には垣墻《えんしょう》をめぐらして保護を加えた。朝廷からの申し入れにより行ったのではなく、幕府独自の措置である。将軍綱吉の治世の後半になると、幕府は朝廷に積極的な経済援助を行うようになった。それを一覧すると、つぎのようになる。

①元禄十六年（一七〇三）十一月　御能御覧料《おのうごらんりょう》米一〇〇〇石進献
②宝永二年（一七〇五）一月　禁裏御料一万石増進（合計三万石）
③宝永三年（一七〇六）一月　仙洞御料三〇〇〇石増進（合計一万石）
④宝永四年（一七〇七）三月　内侍所《ないしどころ》御料一五〇〇石増進

禁裏御料と仙洞御料を、それぞれ大幅に増加させた。その理由は明確にできないが、幕府財政の動向、元禄の貨幣改鋳による物価の上昇などを客観的な理由としてあげることができる。それ以外には、将軍綱吉が儒学に傾倒《けいとう》したことがその一つとなるか。幕藩体制という政治体制が確立すると儒学が学ばれるようになり、その名分論《めいぶんろん》が重要な意味を持ち始めた。つまり、天皇と将軍の名分論的な位置関係が意識されるようになったことがあげられ、それなりの経済的支援に結びついたのであろう。

天皇と将軍の能愛好

いまひとつは、御能御覧料として米一〇〇石が進献されたことに意味があろう。能（猿《さる》楽《がく》）は、武家の式楽《しきがく》として室町幕府以来武家政権との関係が深く、豊臣秀吉が愛好したことは良く知られている。十七世紀末から十八世紀初めにかけて、五代将軍綱吉、ついで六代将軍家宣《いえのぶ》は、自らも演じるほど大変に猿楽を愛好した。

天皇のなかにも、後西《ごさい》天皇は「後西院御代べっして猿楽を好まるといえども」（「基量卿記」）と記憶されているので、能を愛好したらしい。践祚間もない承応《じょうおう》四年（一六五五）正月五日に猿楽御覧があり、明暦《めいれき》二年（一六五六）閏四月朔日《ついたち》と五日、さらに五月十六日に、後水尾法皇、明正《めいしょう》上皇、東福門院《とうふくもんいん》とともにご覧になっている。その後では、万治《まんじ》元年（一六五八）十一月二十三日に一回確認できる。それほど多いとは思えないが、後西天皇が能を愛好したといわれる所以《ゆえん》であろう。霊元天皇の在位中は、代始めの御祝儀能だけで、貞享四年（一六八七）の譲位まで禁裏御所の御能はなかった。これは、歌学と有職故実の権威であり、天皇にも諫言《かんげん》するなどの硬骨漢だった権大納言三条西実教《さんじょうにしさねのり》が、「中楽《さるがく》しかるべからずの由、（中略）彼卿べっして中楽を誹謗《ひぼう》するゆえ、近年一向無沙汰《ぶさた》」（「基熙公記」）と、禁裏御所での猿楽を否定したかららしい。

ところが、東山天皇の時期は、天皇が禁裏御所でしばしば猿楽をご覧になっている。その最初は、貞享四年六月二十六日で、その後は確認できないが、元禄十年（一六九七）以降はしばしば記録されている。元禄十年閏二月十六日に、紫宸殿《ししんでん》で御能御覧が行われた。それは、前年九月に、「（東山天皇の）内々の御所望」をうけた幕府が、「御慰《おなぐさ》みのため」という理由で年二回の能を許可したからである。「御慰みのため」ということなので、観客は霊元上皇と近習の公家だけだったらしい。同年十月九日にもあり、ここには関白、武家伝奏、議奏、近習の公家および所司代だけが招かれ、これは幕府側の指示によるという。その後では、元禄十一年二月二十三日、同年十月十四日、元禄十二年三月十四日、同年九月二十八日、元禄十三年二月二十六日、同年十月九日、元禄十四年八月二十七日、元禄十五年五月十三日、元禄十六年三月四日、同年九月二十五日、同年十一月二十一日、宝永《ほうえい》元年三月二十七日、同年五月二十七日、宝永二年十月二十三日に確認でき、年に二度の御能御覧があったようである。元禄十五年五月十三日の御能御覧は、わざわざ幕府に許可を求め、「御遠慮なくご覧あるべく」との回答により行われている。

霊元の場合、すでに紹介したように、寛文《かんぶん》三年（一六六三）五月十三日に代始め御祝儀御能があっただけであるが、上皇になってからは、仙洞御所で、元禄二年九月二十八日、元禄三年五月二十九日、元禄五年九月二十六日（明正上皇七〇歳の賀）、元禄八年九月十二日、元禄九年七月二日、元禄十年閏二月二十八日、元禄十一年六月二十一日、同年十一月二十三日、元禄十二年二月二十七日、元禄十三年六月三日、元禄十四年四月二十三日、元禄十五年

五月十三日、同年九月二十九日、元禄十六年三月二十三日、宝永元年四月十二日、宝永二年十一月十六日、宝永三年二月九日　宝永四年六月六日、正徳《しようとく》元年四月二十八日、正徳四年六月九日、正徳六年四月十二日に御能御覧が確認できる。

なお、禁裏御所の御能は、観世《かんぜ》・宝生《ほうしよう》・金春《こんぱる》・金剛《こんごう》の四座《しざ》の役者を排除している。仙洞御所の御能は、その四座の役者も可能だったが回数は少なかった。武家、幕府の御能は四座と喜多《きた》流だったのと対照的であった。だから、この時期の朝廷と幕府で能楽が盛んだったとはいえ、演じる役者はまったく違っていた。

武家の式楽としての能が、禁裏御所と仙洞御所の行事に御能御覧として定着している姿を認めることができる。幕府が、元禄十六年十一月に御能御覧料として米一〇〇石を進上した背景にはこのような事情があった。なお、前関白近衛基熙は、御能御覧料より御音楽料ならば珍重と書いて批判的である（「基熙公記」）。江戸には能をとくに愛好した将軍（綱吉・家宣）がいて、京都にはしばしば御能御覧を催す天皇と上皇がいる、十七世紀末の朝廷と幕府の安定した、良好な関係を象徴する現象である。これはただの推量、あるいは勘ぐりに過ぎないかもしれないが、非常に能を愛好した将軍綱吉は、天皇と上皇もしばしば御能御覧を行っていることに好感を抱いたのではないか。あるいは、関白近衛基熙が、東山天皇と良好な関係を築くために笛を習って天皇の趣味に合わせたように、天皇・上皇が将軍綱吉の趣味に合わせようとした、とは言えないだろうか。もちろん短絡的に結びつけることはできないものの、天皇・上皇の能「愛好」が、禁裏と上皇への一万石と三〇〇〇石の経済的援助、さらには、宝永《ほうえい》五年（一七〇八）三月に焼けた禁裏、仙洞御所の再建にあたって、禁裏に七二三六坪、仙洞御所に一七八七坪、新院御所と大宮御所に六六〇二坪を進献して敷地を大拡張した背景の一つとなった可能性はあろう。

将軍綱吉の事績を編纂《へんさん》した『憲廟実録《けんびょうじつろく》』は、「禁裡を尊崇まします事、世々に超え給えり、毎歳勅使奉対《ほうたい》の日は必ず沐浴《もくよく》して御服を改め、精誠《せいせい》を極め給う」（東京大学附属図書館蔵）と記し、綱吉の天皇への尊崇を讃えている。それ以前の将軍たちと比較すると、おそらくあたっているだろう。治世の前半は、朝儀再興を承認しながらも財政的な負担を避けたが、後半では禁裏御料と仙洞御料の大幅な増額による財政支援を行った。幕府財政との兼ね合いがあるために限界はあるものの、幕府は財政の許す限り朝儀の再興に応じてゆく。十七世紀末に、江戸時代の朝廷と幕府の関係が安定期に入ったことを示している。

霊元法皇の院政復活

東山天皇は、三〇歳になった宝永元年（一七〇四）六月、譲位の意向を伝えた。理由は、「御痰《ごたん》の持病」のため灸治《きゅうじ》したいということで、後継は「女御御腹の姫宮」、すなわち有栖川《ありすがわの》宮《みや》家の幸子女王が元禄十三年に生んだ五歳の姫宮（後の秋子《あきこ》内親王）を指名した。理由も後継も、あたかも後水尾の譲位強行の再現である。ただ、後水尾と異なり、幕府への怒りからではなかったらしい。幕府は、東山天皇が長く在位することを希望し、まだ壮年であることなどを理由に譲位を承認しなかった。

中御門天皇像　御寺 泉涌寺蔵

東山天皇は、幕府の承諾を得て宝永四年三月に長宮（慶仁《やすひと》親王。後の中御門《なかみかど》天皇）を儲君《ちょくん》と定め、翌宝永五年二月十六日に立太子の礼を行い、将軍綱吉が宝永六年正月に死去したため、少し延期になったものの同年六月二十一日に譲位し、九歳の慶仁親王が受禅《じゅぜん》した。上皇として幼少の中御門天皇を「院政」により後見するつもりだったのであろうが、譲位から僅か半年の宝永六年十二月十七日に、東山上皇は疱瘡《ほうそう》により急死してしまった。この結果、天皇家の長として霊元上皇に再度の出番が廻ってきた。中御門天皇の祖父による院政である。

霊元上皇は、二度目の院政を開始するや、元禄四年の時と同じように、正徳《しょうとく》三年（一七一三）二月に、議奏五名から誓詞血判を提出させ、強い意欲を見せた。しかし、「朝家御為」「禁裏・仙洞御為」の忠節を求めるものの、幕府に媚びへつらい朝家をないがしろにしてはならない、という条項はなく、さらに、誓詞の宛名も院伝奏・評定ではなく武家伝奏になっている。このことは、霊元上皇第二期の院政は、第一期とは異なることを予測させるものだった。しかも霊元上皇は、その正徳三年八月には出家し法皇となった。

幕府寄りと判断し、激しく対立した近衛基熙との関係も融和的であった。六代将軍家宣《いえのぶ》の御台所《みだいどころ》は基煕の娘（照姫）であり、基煕は将軍の舅《しゅうと》であった。その立場を活用して、幕府と朝廷の間を取り持って円滑な関係の維持に貢献した。かつての霊元であれば、忌避すべきもっとも嫌な公家、という存在だった。しかし、第二期の院政では、大きく様変わりしたように見える。近衛基煕が、東山上皇存命中の宝永六年十月に太政大臣《だいじょうだいじん》に任じられたのに加え、霊元法皇は、基煕の子で摂政の近衛家煕《いえひろ》を宝永七年十二月に太政大臣に任じ、近衛父子を厚遇した。さらに享保《きょうほう》元年（一七一六）十一月に、基煕の娘尚子が霊元の孫である中御門天皇の女御《にょうご》として入内《じゅだい》した。

霊元による近衛家の優遇は顕著であり、近衛家は我が世の春である。しかし、霊元は近衛基煕を許したわけではなく、基煕への憎悪を心の奥底に秘めたままだった。また、近衛家以外の摂家衆が近衛家に向ける視線には冷たいものがあった。

幕府の霊元法皇依存

幕府は、霊元の第一期院政には、その言動を警戒して朝廷政務への口出しを禁じた。しかし、第二期の霊元院政期には、それとは逆に幕府の側が霊元にすり寄ってきた。幕府では、正徳二年（一七一二）十月に六代将軍家宣が死去し、わずか五歳の家継《いえつぐ》が七代将軍になることになった。しかし、まだ鍋松《なべまつ》という幼名しかなく、実名（諱《いみな》）をつける必要があった。しかし、実名は上位者が下位者に付与する慣例だったため、将軍になる鍋松に実名を与える上位者は武家には存在しなかった。そこで幕府は、霊元に「御名の字」を要請し、霊元は「家継」の名を撰んだ。徳川将軍のなかで、天皇・上皇が名付け親となった唯一の将軍である。また、正徳四年四月に行われた徳川家康百回忌法要には、霊元法皇宸筆の経文が下賜された。

さらに同年九月には、霊元法皇の皇女八十宮（吉子内親王）一歳が七代将軍家継へ降嫁することに決まった（ただし、家継が死去したため結果的に実現しなかった）。これは、故将軍家宣の御台所（近衛基熙の娘・天英院）と家継の生母（月光院）の請願をうけたものであある。公家のなかには憤慨する者もいたが、霊元は了承した。幕府から求めた「公武合体」だった。このような一連の幕府の動きは、霊元との関係や朝廷における霊元法皇の立場を強くさせた。

このように幕府は、新将軍の実名の選定や皇女の降嫁など、霊元の権威に依存した。その背景は、新将軍が五歳という幼児だったためである。幼児ながらも将軍としての権威をつけるため、霊元から実名を与えてもらい、さらには皇女の降嫁を願うしかなかったのであろう。

幕府による天皇（霊元法皇）利用であり、幕府から天皇（霊元法皇）へのすりよりだった。実現していれば、天皇家が将軍家の外戚となる可能性も存在した。幕府あるいは将軍が、自らを権威づける、あるいは権威を強化するために合戦や武威による威圧という手段を取り得ない段階では、天皇・朝廷の権威に依存せざるを得なくなっていた。

閑院宮家の創設

宝永《ほうえい》七年（一七一〇）八月、東山天皇第六皇子直仁《なおひと》親王（秀宮《ひでのみや》）の宮家創設が公表された。江戸時代に入って初めての新宮家の誕生である。享保《きょうほう》三年（一七一八）に宮号を閑院宮《かんいんのみや》と定めた。侍講《じこう》の新井白石《あらいはくせき》が六代将軍家宣へ親王家の創設を建言《けんげん》したことと、前関白近衛基熙が、親王家創立を願う東山上皇の遺言を将軍家宣に伝えたこととがあいまって実現した。なお霊元は、近衛基熙の周旋が大きな力になったので、新宮家創設には反対だったらしい。しかし、幕府の東山天皇への優遇はめざましい。

新宮家の創設は、霊元天皇が富貴宮《ふきのみや》（文仁《あやひと》親王）に新宮家を創立させようとして実現できなかった経緯がある。東山天皇は、秀宮による新宮家の創設を願ったのである。しかし、新たに宮家御料が必要となるので、幕府の承認が必須の案件だった。新井白石は、宝永六年一月に、徳川家康から四代で将軍家の大統は絶え、家綱《いえつな》の養子として綱吉《つなよし》、さらに綱吉の養子として家宣《いえのぶ》が将軍家を継いだ危うい現実を踏まえ、天皇家の皇子・皇女が皇太子を除いて出家している実態から、将軍家の繁栄を図るためにも新宮家の創設が必要であると、建言した。結局、この建言が採用され、ただし以後の先例とはしないという条件（以後、新宮家は創設しないという意味）をつけて新宮家閑院宮の創設となり、家領一〇〇〇石が進上された。

宮邸は、公家町の南西の隅に建てられた。閑院宮家は、伏見宮《ふしみのみや》、桂宮《かつらのみや》、有栖川宮《ありすがわのみや》とならぶ江戸時代の四親王家のひとつとなった。これも、朝廷と幕府の良好な関係、「公武合体」を象徴する出来事だった。

後述するように、後桃園《ごももぞの》天皇（一七五八〜七九）は皇子が生まれる前に急死し、天皇家に皇位を継承する男子がいない事態になったとき、この閑院宮家の王子が後桃園天皇の養子として皇位を継承した。それが光格《こうかく》天皇である。皇統断絶の危機を救ったのが閑院宮家であり、新井白石の慧眼《けいがん》にはまことに驚かされる。

霊元法皇、近衛家を憎悪

霊元法皇が、無病息災と「邪臣《じゃしん》」排除を祈願して、下御霊神社《しもごりょうじんじゃ》（京都市中京区）に奉納した年号のない宸筆の願文《がんもん》は有名である。つぎは、その全文である。

一当年べっして無病息災の、怪我・急病・不慮の災難などこれなく、年中安穏にて、所願成就の御加護ひとえに憑《たの》みたてまつる事、
一朝廷の儀、年々次第に日を逐《お》って暗然、歎《なげかわ》しく限りなし、これしかし私曲《しきょく》邪佞《じゃねい》の悪臣、執政すでに三代を重ね、己の志をほしいままにするの故なり、早く神慮《しんりょ》正直の威力を以て、早く彼の邪臣を退かせられ、朝廷復古の儀を守り給うべき事、
一大樹《たいじゅ》朝家を重んじるの心、なお増し深切《しんせつ》を加え、早く彼の邪臣の謀計を退け、叨《かたじけな》く沙汰あるべき事、

この願文が何年に書かれたのか、また、願文中の「悪臣」「邪臣」とは誰なのかをめぐっ

ていくつかの議論があったが、山口和夫氏が解明した。

その研究により、願文は、享保十七年（一七三二）二月二十二日から二十八日にかけて下御霊神社で行われた霊元法皇七九歳の凶年祈禱のために書かれ、「悪臣」「邪臣」とは、享保十七年当時関白だった近衛《このえ》家久《いえひさ》（近衛基熙の孫）であることが明らかになった。霊元が深く憎悪したのは近衛基熙《もとひろ》だったろうが、基熙は享保七年（一七二二）に死去している。基熙のあとその子家熙《いえひろ》（享保十年に出家）、そして孫家久が相次いで関白に就任し、将軍との親密な関係を背景に勢力を振るった。それが朝廷を衰微させた「悪臣」「邪臣」であると非難し、神と将軍徳川吉宗にその排除を祈願した。

そこには、近衛家への強い憎悪とともに、その排除には将軍の力をたのまざるを得ない法皇の姿を見ることができる。第一期の院政では、幕府の力を軽く見て、朝廷を自立的に運営しようとした上皇が、第二期の院政では幕府の力に頼ろうとする姿は、まさに江戸時代の天皇・朝廷が確立していることをよく示す。

法皇の祈願がすぐに聞き届けられることはなかった。近衛家久は元文元年（一七三六）八月まで関白職にとどまり、法皇は無病息災の祈願も空しく享保十七年八月六日に亡くなり、ついに近衛家久の関白辞任を見届けることはなかった。

4　江戸前期の天皇観

神国思想と天皇

江戸幕府は、諸法度で天皇を日本の「帝王」と位置づけた。それが江戸幕府の政治上、あるいは国制上の天皇観ということになる。将軍や老中ら江戸幕府中枢部の人びとの天皇観、つまり天皇をどのような存在と見ていたのかを知ることはなかなか難しい。そこで、江戸時代前中期の代表的な学者である新井白石や荻生徂徠《おぎゅうそらい》を中心に、天皇・朝廷と将軍・幕府との関係を、歴史をふまえてどのように理解し、どのように位置づけていたのかを見たい。それにより、江戸幕府の天皇観や天皇の位置づけにいくらかでも近づくことができるのではないか。

高木昭作氏の議論を通してみておこう。豊臣秀吉は天正十五年（一五八七）のバテレン追放令、徳川家康は慶長十八年（一六一三）の宣教師追放文などで、日本は「神国」「仏国」であると強調した。彼らは、神国観、仏国観、あるいは神国思想の持ち主であったと指摘されてきた。「神国」と言おうが「仏国」と言おうが、本地垂迹《ほんじすいじゃく》、神仏習合なので矛盾はなく、秀吉や家康は中世以来の神国思想をひきついでいた。人びとは、社会の根幹をなす主従関係、盟約《めいやく》を神に誓い、違犯すれば神罰を受ける、と考える。天皇とは、神の子孫であり神国を象徴する存在である、それゆえに不可欠で権威ある存在ということになる。

家光の天皇観は、寛永《かんえい》十六年（一六三九）から翌年にかけてできあがった「東照大権現縁《えん》起《ぎ》」の解釈により論じられた。この縁起は、家光の命令により天海《てんかい》が作成したものである。天海は、家康、秀忠、家光の三代にわたり帰依と信任をうけた天台宗の僧であり、深く幕政に関与した人物である。「縁起」は、『日本書紀』神代巻に描かれる「天孫降臨《てんそんこうりん》」にもとづく天皇観や国土観を述べ、神国思想そのものを引き継いでいる。そして、天皇と将軍との関係について、「天下の政《まつりごと》を佐《たす》け」「君を守り国を治めること世に超過せり」と書く。つまり、徳川家康は万世一系の天皇を補佐し、君主としての天皇を守る存在として位置づけられている。「将軍家は天皇の補佐」ということになる。この考え方は、家光の神国思想、天皇観を示すものとして重要である。

新井白石の天皇観

新井白石（一六五七〜一七二五）は朱子学者であるが、桑原武夫氏が「日本の百科全書家」と評したほどの博学、博識であった。たんに学者だっただけではなく、六代将軍徳川家宣の侍講《じこう》をつとめるとともに、十八世紀初頭の「正徳の治《しょうとくのち》」に参画し、幕府政治に深く関与した。中国と異なり、学者は現実政治と関わることができなかったのが日本近世の特色であるのに、白石は現実の幕政に深く関わった江戸時代に希有《けう》な学者だった。だから、その発言や著述はたんに学者の言説、主張にとどまらない。白石は、北朝の天皇は武家（足利尊氏《あしかがたかうじ》）の必要から立てたもので、だから天皇と武家は栄枯盛衰をともにする、運命共同体の関係と

新井白石像　新井太氏蔵

いう。自叙伝『折《おり》たく柴《しば》の記《き》』では、「北朝はもとこれ武家のためにたてられ給ひぬれば、武家の代の栄《さかえ》をも衰《おとろえ》をも、ともにせさせ給ふべき御事なるに」と書いている。皇統が、鎌倉時代の末に持明院《じみょういん》統《とう》（北朝）と大覚寺《だいかくじ》統《とう》（南朝）に分裂し、武家の対立と絡んで南北朝の内乱が続いた。足利尊氏はこの内乱に勝ち抜き、尊氏と組んだ北朝が皇統を継いだ。白石はこの歴史をふまえて、北朝は武家（足利家）の必要から立てたものだ、と言ったのである。天皇・朝廷に対する足利将軍の優位性、主体性を強調している。天皇・朝廷は、運命共同体である室町幕府の弱体化とともに衰退したが、徳川家康が天下を平定し、その援助により再興されたとも言う。天皇・朝廷が再建されたのは、徳川家康のお陰だと言いたげである。すなわち、天皇・朝廷は武家の必要から立てられ保護されている存在、という認識である。

将軍の正当性の根拠

征夷大将軍が武家の棟梁として軍事指揮権を公認されるだけでなく、天下を、国土と人民を支配する正当性をどこに求めるのか。江戸時代後期には、大政委任論、すなわち天皇が将軍に日本の国土と人民を統治する権限を委任した政務委任という考え方が優勢になる。白石は、天皇・朝廷の政治が衰えたのは、武家の政治のほうが朝廷の政治より優れているからだ、と主張する。武家の政治がより優れているのだから、武家が全国を支配する武家国家になるのは当然、ということになる。

これは、白石の独自の歴史観に基づいている。それを述べたのが、六代将軍徳川家宣に行った日本歴史の講義案『読史余論《とくしよろん》』である。徳川家の世になるまでの歴史の変化を論じ、政治の仕組みが九回変化して武家の世となり、武家の治世が五回変化して徳川の世となったとする、九変五変という独特の歴史解釈がそれである。白石は、足利尊氏以降は完全に武家の世であり、徳川家の江戸幕府はその後継としての武家政権であると、長い日本の歴史上に位置づけた。それは、武家政治が天皇・朝廷の政治より優越する歴史でもある。

くわえて、武家のなかでも徳川家が全国を支配している正当性は、徳川家康が天から勇気と知恵を授けられたことと、徳川家の祖先が徳を積んで来たからだと説明している（『折たく柴の記』）。「天」と「徳」という、まさに儒教による説明である。さらに、白石は武家諸家の系譜を編集した『藩翰譜《はんかんぷ》』の凡例に「関が原の戦い終わりて後、天命一たび改りて、功あるは不次《ふじ》の賞行われし多く、罪あるも恩かうぶりて本領安堵《あんど》せるすくなからず」（明治三十八年版『藩翰譜』凡例）と書いている。関ヶ原の戦いで天命が改まった、つまり徳川将軍家の覇権の正当性は、「天」「天命」によるというのである。天帝の命《めい》が改まったということは、王朝交代をも意味する。白石は、徳川家の覇権、全国支配の正当性を天皇に求めていない。

天皇と将軍はどちらが上か

白石は、天皇・朝廷は武家の必要から立てて保護している、という認識だが、それでは天皇と将軍はどちらが価値秩序の序列で高いのか、俗にいえばどちらが偉いのか。白石は、将軍の対外的称号をそれまでの日本国大君《たいくん》から日本国王に変更し、殊号《しゅごう》事件ともよばれる物議を醸《かも》した。

中世の人びとにとって、日本の「王」「国王」は天皇が常識だった。また、「日本国王」は中国に臣従し、中国皇帝から任命してもらう称号であった。それと同様に、朝鮮の「朝鮮国王」も中国皇帝から任命してもらっていた。「日本国王」を対外的称号に使うと、日本より一等劣る国と見なしていた朝鮮と同格になってしまう。日本の「王」は天皇であるうえ、中国へ臣従したことになるため「日本国王」は避けられてきた。

白石は、武家政権の首長である将軍は、外国から「日本国王」とよばれ、天子（天皇）は「日本天皇」とよばれている、と理解している。天皇に関わることには「天」を用いて「日本天皇」と称し、武家に関わることには「国」を用いて「日本国王」と称するのは、天と地がその位置を変えられないのと同じという（『折たく柴の記』）。天が天皇、地が将軍であるから、白石は天皇が上と理解していると判断できる。白石はよりはっきりと、将軍は「当時は天子より下、三公・親王の上にたゝせ給ふ御事也」（『折たく柴の記』）と書き、天皇より下、太政大臣・左大臣・右大臣（三公）や親王より上、と位置づけを明確にしている。関白との上下関係には触れていないが、将軍を日本国の価値序列では二番目、ナンバー2に位置づけている。冷徹な白石すら天皇は将軍より上、という位置づけは、名分が重んじられる江戸時代後期に大変に大きな意味を持つことになる。

荻生徂徠の天皇観

荻生徂徠（一六六六〜一七二八）は、儒学者で古文辞学（古学）を唱えた。たんに大儒学者というだけにとどまらず、その学問手法は、儒学、蘭学、国学など幅広い分野の学問に非常に大きな影響を与えた。さらに現実政治とのかかわりという点では、五代将軍徳川綱吉の側用人《そばようにん》をつとめ、元禄時代に権勢をふるった柳沢吉保《やなぎさわよしやす》に仕えた。また、八代将軍徳川吉宗の諮問《しもん》に応え、享保十一年（一七二六）頃、政治意見書である『政談《せいだん》』を執筆し提出している。

徂徠は、将軍が全国を統治する正当性の根拠をどこに求めたか。綱吉一代記である『憲廟《けんびょう》実録《じつろく》』（東京大学附属図書館蔵）は柳沢吉保編纂であるが、その編纂主任は徂徠である。『憲廟実録』最終第三〇巻末尾の論賛《ろんさん》は、「正徳《しょうとく》四年甲午《きのえうま》正月十日　源吉保入道保山謹録」とあり、正徳四年（一七一四）に吉保が執筆したことになっているが、辻達也氏は、そこには編纂主任徂徠の考え方が強くにじみ出ているとみる。

建武《けんむ》年間（一三三四〜三六）以降、天皇・朝廷は衰え、人びとは武家の政治を歓迎するようになった。これは「天」が与えたものであり、また民心の帰するところでもあった。この事態は「誠に物を改むるに近し」、すなわち天命が改まる革命に近い、と徂徠はみる。しかし徳川家康は、天下を平定しても「なお西伯の至徳に法《の》り、坤道《こんどう》を守り玉う」、つまり西伯(西方諸侯の長)の故事にならったという。西伯の故事とは、中国古代の王朝である周(前一一〇〇頃～前二五六)の武王《ぶおう》の父文王《ぶんおう》が、この上ない徳の持ち主と讃えられながら、紂王《ちゅうおう》の命を奉じて西伯の地位にとどまったことをさす。坤道とは、本来は女性の守るべき道という意味だが、転じて臣下としての道をさす。これは、皇帝の位についてもおかしくない徳を身につけながらも、臣下の道を撰んだという意味である。つまり徳川家康が、天皇・朝廷にとって代わろうとせず、征夷大将軍という臣下の道を選択したことを讃えている。この選択は、国家統治のための深いはかりごとであるとともに、家康が、天命はいまだ改まっていない、と認識したからだという。そして、天皇を敬うことは「世々に超玉《こえたま》えり」と、家康の尊王を褒《ほ》め称えている。

荻生徂徠の認識は、南北朝内乱以降の事態は、天皇・朝廷から武家政権へ天命が改まったのに近いものだが、徳川家康は、なお天命は改まっていないと判断して主体的に臣下の道を選択し、その立場で政権を掌握した、というものである。徳川家康は天皇の臣下の道を撰んだのだから、天皇と将軍との序列は明らかである。徂徠のような大学者が天皇と将軍の君臣関係を認めることは、形式や名分の実質化を求められると深甚《しんじん》な意味を持つ。

新井白石は、天命は改まったと認識し、荻生徂徠は、天命は改まったに近いと認識している。彼らの天、天命は、儒教の用語そのものであり、古代あるいは中世以来の天命思想、天道思想とは異なる。日本における天命、天道思想は、革命という考え方を骨抜きにして受容されてきた。近世の初期でも同様であった。しかし、白石や徂徠は、それと明らかに異なる儒教の天命である。御三家のひとつ水戸家の徳川光圀《みつくに》が編纂を命じた『大日本史《だいにほんし》』は、南朝の歴史が終わるところで閉じられている。つまり、南朝の終焉により古代以来の天皇王朝は終わりを告げ、新王朝に交代した、すなわち天命が改まったという認識による。天命が改まる、革命に近いとする考え方は、当時かなり存在していた。

幕府に仕え、外交文書の作成や『本朝通鑑《ほんちょうつがん》』などの歴史書の編纂にあたった林鵞峰《はやしがほう》（林羅《ら》山《ざん》の子）は、承応《じょうおう》元年（一六五二）に『日本王代《おうだい》一覧』を執筆した。そこでは、神武《じんむ》天皇から正親町《おおぎまち》天皇までを扱い、正親町天皇に至る北朝の歴代天皇も「王」としている。幕府御用の学者である林鵞峰なども、天皇を日本の「王」として位置づけていた。

十七世紀末から十八世紀初めの新井白石や荻生徂徠たちの天皇観と、十八世紀末以降の天皇観との差異とその変化については、後に説明することになる。白石と徂徠すら、天皇が将軍より上位、また君臣関係の存在を指摘することは、幕末に名分の実質化が要求される段階に大きな意味を持つことになる。

第三章　江戸中期の天皇・朝廷――安定と不満

1　活発な朝儀再興

大嘗祭再興に積極的な幕府

東山《ひがしやま》天皇および霊元《れいげん》法皇の院政期にみられた朝幕の良好な関係は、その後も続いた。それを象徴するのが、大嘗祭《だいじょうさい》の再々興である。東山天皇の時に再興されたが、つぎの中御門《なかみかど》天皇のときには行われずまた中断した。貞享《じょうきょう》に再興された大嘗祭は、すでに説明したようにさまざまな批判と強い不満を引き起こした。その批判の最右翼が近衛基熙《このえもとひろ》であり、基熙が将軍家との姻戚関係を背景に勢力をふるっていた中御門天皇の時は、霊元法皇が挙行したくともできる状況にはなかった。霊元法皇と近衛家の確執もあり、中御門天皇の時は大嘗祭を行わないという、霊元法皇の「勅約《ちょくやく》」があったという。

しかし、大嘗祭はつぎの桜町《さくらまち》天皇の元文《げんぶん》三年（一七三八）十一月に挙行され、ふたたび再興された。再興に至る経緯は武部敏夫氏の研究に詳しい。朝廷側には、中御門天皇の時と同じように再興計画はなかった。にもかかわらず挙行されたのは、幕府が勧めたからで、つまり幕府主導の再興だった。幕府は、桜町天皇が即位する前年、享保《きょうほう》十九年（一七三四）十月に、大嘗祭再興を朝廷に打診した。幕府は、貞享度と同規模ならば経費を負担するし、古代に比べれば「形ばかりほどの儀」かもしれないが挙行した方がよいのではと、まことに親身な提案であった。せっかくの申し出にもかかわらず朝廷は、「羹《あつもの》に懲り」たのか、「(霊元法皇の)勅定《ちょくじょう》の重き」を理由に断っている。これにより、いったんは桜町天皇の大嘗祭は挙行しないことになった。朝廷側の背景には、当時の関白が、貞享大嘗祭再興に批判的だった近衛基熙の孫家久《いえひさ》だったことが大きいようである。

朝廷、新嘗祭再興を希望

近衛家久が元文元年八月に関白を辞職し、二条吉忠《よしただ》を経て元文二年八月に一条兼香《かねか》が関白になると、朝廷は元文二年閏十一月に、桜町天皇の心願として神今食《じんごんじき》(月次祭《つきなみのまつり》)か新嘗祭《にいなめさい》の再興を幕府に申し入れた。月次祭は、毎年六月と十二月に伊勢神宮と朝廷で行われた祭儀で、朝廷では全国三〇四の神々に幣帛《へいはく》を捧げ、十一日の祭日の夜に神今食(新嘗祭と同じだが、新穀ではなく旧穀を供え、食す)という神事が行われ、国家の安泰を祈願した。十五世紀後半の応仁の乱後に廃絶した。新嘗祭は、十一月の下《しも》の卯《う》の日に行われ、天皇がその年に収穫された新穀を神に捧げ、ともに食する神事である。これも応仁の乱後に廃絶した。

幕府は、何故大嘗祭ではなく神今食や新嘗祭なのかと訝《いぶか》しがり、その釈明を求めた。朝廷は、大嘗祭に代わる神事として神今食か新嘗祭の再興を求め、大嘗祭は「御内々の御子細」もあり今回は求めないが将来は挙行を望むと回答している。これに対して幕府は、元文三年

桜町天皇像　御寺 泉涌寺蔵

五月に、譲位・即位・大嘗祭は御代始めの大礼であり、一つとして欠かすことができないと朝廷が考えるなら、今年大嘗祭を挙行し、来年から新嘗祭または神今食を毎年挙行してはどうかと提案し、朝廷から要請があれば了承する、と申し入れた。このように幕府の方から、大嘗祭の挙行と新嘗祭の再興を朝廷に勧めたのである。こうして、大嘗祭は元文三年十一月に再々興され、翌元文四年十一月に新嘗祭が再興されることになったのである。なお、神今食（月次祭）は再興されなかった。

幕府は、貞享度の大嘗祭と同額の経費負担を提示していたが、支出は一〇〇〇石も上まわった。由奉幣出御《よしのほうへいしゅつぎょ》の儀、辰巳《たつみ》両日の悠紀《ゆき》・主基節会《すきのせちえ》、清暑堂《せいしょどう》御《み》神楽《かぐら》などは再興されたが、御禊行幸《ごけいぎょうこう》は省略された。また、新嘗祭は翌年から再興されたが（関白の病気により延期され、元文五年に再興）、本来新嘗祭が行われる神嘉殿《しんかでん》は再興されず、紫宸殿《ししんでん》をそれに見立てて行われるにとどまり、神嘉殿再興は光格《こうかく》天皇の時代をまたなければならなかった。

七社奉幣使の再興

さらに朝儀《ちょうぎ》の再興が続いた。延享《えんきょう》元年（一七四四）に、七社奉幣使《しちしゃほうへいし》と宇佐宮《うさぐう》・香椎宮《かしいぐう》奉幣使が再興された。七社奉幣使は、天皇即位の奉告や国家危急のさいに安全祈願のために派遣され、嘉吉《かきつ》二年（一四四二）に中絶したので、三〇二年ぶりの再興である。宇佐宮・香椎宮奉幣使は、元亨《げんこう》元年（一三二一）年以来中絶していたので、四二三年ぶりの再興だった。なお七社とは、伊勢・石清水《いわしみず》・賀茂・松尾・平野・稲荷・春日（以上七社を上七社という）をさす。

寛保《かんぽう》三年（一七四三）に、桜町天皇を中心に朝廷内で議論された。天皇の意向は、翌年の甲子《かつし》革令《かくれい》を機に、中絶していた豊年を祈願し二二社（前記七社のほか、大原野《おおはらの》、梅宮、祇園、北野など一五社）に奉幣する祈年穀《きねんこく》奉幣に准じ、上七社に奉幣使を派遣し、さらに来年秋から伊勢神宮だけに年二回（二月と七月）祈年穀奉幣を送りたい、というものだった。朝廷は幕府に、七社奉幣使が天皇一代に一回行われる先例であることから甲子の年に七社奉幣使、そして伊勢神宮にだけ年二回の祈年穀奉幣使の派遣を求めた。

幕府は、天皇一代に一回の七社奉幣を了承したが、祈年穀奉幣使を認めなかった。奉幣使派遣経費について朝幕間で交渉する過程で、宇佐宮奉幣使の再興も実現し、香椎宮へも同時に奉幣することが決まった。宇佐神宮への奉幣は、天皇即位の奉告や国家危急のさいに行われてきたが、元亨元年の後醍醐《ごだいご》天皇即位の時に派遣して以来中絶していた。幕府は、合計で一〇〇〇石の経費を負担することになった。

幕府財政と朝廷財政

八代将軍徳川吉宗《よしむね》の時代に、朝廷では朝儀の再興が相次いだ。その理由は、吉宗が古典に関心を寄せていたこと、直接的には、将軍綱吉《つなよし》・家宣《いえのぶ》以来の協調・厚遇路線、家継《いえつぐ》期の天皇権威による将軍権力の権威づけ路線を継承したことともに、享保の改革による幕府財政の好転があげられる。享保期頃から、朝廷では支出の増加がみられ、幕府から取替金《とりかえきん》という立て替えにより不足を補塡《ほてん》していた。幕府財政の好転は、朝廷の要望に応えられる余裕を生んだ（佐藤雄介『近世の朝廷財政と江戸幕府』）。

しかし幕府財政は、十八世紀の半ば、いわゆる田沼時代になるとふたたび困難になってきた。それとともに幕府財政の合理化や縮減がはかられ、その影響は朝廷にも及んだ。朝廷財政の改革が取り組まれ、その結果、新規の財政負担になる朝儀の再興もほとんどみられなくなった。朝廷財政の不足を補う取替金が増加したことから、安永《あんえい》二年（一七七三）、幕府は朝廷財政経理にメスをいれた。財政経理を担当していた禁裏御所の勘定方ともいうべき口向《くちむき》役人（廷臣《ていしん》）の不正を支出増加の一因とみなしたのである。その結果、翌年四〇名あまりが処罰され、賄頭《まかないがしら》・勘使《かんづかい》の四名が死罪、仙洞御所《せんとうごしょ》の勘使ら五名が遠島《えんとう》に処された。そのうえ経理の監督を強化するため、賄頭と勘使に勘定所の役人を送り込んだ。幕府勘定所が、朝廷財政の運営と経理に直接介入することになったのである。

幕府は、さらに安永七年（一七七八）、第一章の「天皇の経済」のところで説明したように禁裏財政に定高制《さだめだかせい》を導入した。これは、幕府財政が困難な状況のもとでの朝廷財政支出の抑制策だった。幕府は、この時期より少し前から、幕府諸役所に年間予算を定める役所別予算制度を導入していたので、この制度を朝廷にも導入したといえる。勘定所の役人が財政経理を管理し、さらに幕府諸役所と同じような予算制度を導入したことは、財政の仕組みからすると、朝廷は幕府の諸役所と同じような位置になったといえる。

2　宝暦・明和事件

尊王論のたかまり

「尊王《そんのう》」とは、君主としての天皇を尊ぶことであり、そのような考え方、思想のことを「尊王論」とよぶ。尊王論は、田沼時代になって急に登場したわけではなく、実は江戸時代のほぼ全期間を通して存在した、江戸時代の伝統的な思想である。

たとえば、江戸時代前期の儒学者で兵学者の山鹿素行《やまがそこう》（一六二二～八五）は、武家政権の代表者――平清盛、源頼朝から徳川家康に至るまで――は、日本の政治的な実権を握っても天皇を否定したり、あるいは天皇にとって代わろうとしたりすることもなく、天皇との君臣道徳を守ったことを賞賛した。さらに、政治の実権を握った武家が、天皇との君臣関係を維持したため、中国のような易姓革命《えきせいかくめい》は起こらず政治的安定がもたらされ、その結果、万世一系といわれる皇統の一系性など日本的特質が生まれたことを、外国との関係でわが国の美点と讃え、それを根拠にして日本こそが「中華《ちゅうか》」であるとすら主張した（『中朝事実《ちゅうちょうじじつ》』など）。皇統の一系性が、日本が諸外国よりも優れている点とする主張は、林羅山《らざん》（一五八三〜一六五七）、伊藤仁斎《いとうじんさい》、新井白石らの儒学者にも見られる。万世一系の天皇の存在に特別の価値を与える主張は、対外的危機が深刻化する幕末になるほど強まっていく。

また、南北朝内乱期を素材にした軍記物である『太平記《たいへいき》』が広く普及したこともあり、十七世紀末以降、南朝に尽くした楠木正成《くすのきまさしげ》が忠臣として礼賛されるようになった。水戸徳川家の藩主徳川光圀《みつくに》が、元禄五年（一六九二）に「嗚呼忠臣楠氏之墓《ああちゅうしんなんしのはか》」と彫った石碑を、摂津湊《せっつみなと》川《がわ》に建てさせたことは有名である。武家社会でもっとも重要な主従関係において主君への絶対的な忠誠が強調され、幕藩制社会に相応しい考え方であった。しかし、忠誠の対象が南朝の天皇だったことは重要である。当時の天皇は、北朝を継いでいるためやや複雑な状況もある。水戸藩は、十八世紀末の寛政期に『大日本史』を朝廷に献納しようとしたが、拒否される事態も起こっている。

神道説の動向

宝暦事件で処罰された竹内式部《たけのうちしきぶ》（一七一二〜六七）が公家に講義したのは、垂加神道《すいかしんとう》とよばれる神道説である。この垂加神道は、十八世紀半ばの宝暦期になって初めて公家たちに受け入れられたわけではなく、江戸時代の早い時期から公家や神職たちのあいだに広まっていた。中世の神道は、日本の特徴である神仏習合をうけて、その多くが仏教の論理や用語によって説明された。中世を代表する神道説には、伊勢神道、吉田神道、両部《りょうぶ》神道などがあるが、いずれも仏教の論理を借りてその説を体系づけ、仏教的色彩が濃かった。近世でも神仏習合の基本的性格は変わらなかったが、近世は、その状態を克服して神道から仏教を排除、あるいは神道を仏教から独立させようとする特徴があった。それは、儒教とくに朱子学による神道解釈を通して行われた。その結果、各地で神社の神職と別当寺の僧侶との間で、神社の運営や神職の地位をめぐってしばしば争論が起こることになった。

朱子学による神道論は、儒家《じゆか》神道（神儒一致思想）とよばれる。その代表は、徳川家康に重用された朱子学者林羅山である。中世以来の神仏習合を前提とした吉田神道を学んだ吉川《よしかわ》惟足《これたり》（一六一六～九四）は、吉田神道を朱子学的解釈により深めた神道説である吉川神道をたて、伊勢神道から出た度会延佳《わたらいのぶよし》（一六一五～九〇）も朱子学を身につけ、伊勢神道を整備した度会神道をたてた。いずれも朱子学を学んだ神道家の手により神道を体系立てようとする、儒学的色彩の濃い神道説だった。このうち吉川惟足は、天和《てんな》二年（一六八二）に幕府の神道方《かた》に登用され、吉川神道は幕府公認の神道説となった。

林羅山、度会延佳、吉川惟足と発展してきた近世神道論の儒家神道を集大成し、新たな神道説をうち立てたのが山崎闇斎《やまざきあんさい》（一六一八～八二）であり、その神道説は垂加神道（垂加は闇斎の霊社号《れいしやごう》。霊社号は仏教の院号に相当）とよばれた。山崎闇斎は、朱子学の一派土佐の南学《なんがく》（海南《かいなん》学派）を学んだ朱子学者である。朱子学者として頭角を現した闇斎は、二代将軍徳川秀忠《ひでただ》の子で三代将軍家光《いえみつ》の弟、しかも四代将軍家綱《いえつな》の後見人であった会津藩主保科《ほしな》正之《まさゆき》に招かれ、その師として知遇《ちぐう》を得た。さらに闇斎は伊勢神道も学び、ついで同じく保科正之が師事していた吉川惟足から、吉川神道を学んで神道の伝授をうけた。そして垂加神道を創始したのである。

垂加神道とは

垂加神道の主要な点は、平重道氏によるとつぎのようなものといわれる。神と人との関係は、国常立尊《くにのとこたちのみこと》を神の始原とし、この世を治める神、すなわち治者として生まれた天照大《あまてらすおお》神《みかみ》は、伊弉諾尊《いざなぎのみこと》・伊弉冉尊《いざなみのみこと》を地上に送り国土や草木などの万物を創り、人間も生んだ。神に創られた人間には、神の霊が宿る。その神の冥加《みょうが》を受けるには、人間は正直でなければならず、具体的には「つつしみと敬」を実践することであるという。人と人の秩序を意味する人倫は、君臣の関係が中心であり、君臣関係は国土創成の当初から確定し、変わることがないという。王朝交代が繰り返される中国と異なり、日本を統治する天照大神の子孫は、天地を創造した神によりその地位を約束された存在であり、しかもそこにおける君臣の関係は永久不変とされる。

歴史の認識としては、形を持たない国常立尊を万物の根源として、それにより創成された万物と国土を国常立尊の子孫である天皇が治める、ということになる。要するに、神が創ったこの世界をその神の子孫が治める、ということである。ここから、神の子孫である天皇の地位の不変性と、君主としての天皇に対する臣下の不変の忠誠が導き出されてくる。神国思想そのものでもある。

垂加神道の特徴は、宮地正人氏によるとつぎの四点という。①近世神道論にふさわしく神道論から仏教色を排除し、さらに日本が中国より上位にあるとする日本的華夷《かい》意識が強い。②日本的華夷意識の根源を『日本書紀』神代巻などに求め、王朝の交代を繰り返す中国とは異なる万世一系の天皇の存在とその国体を根拠とする。③人倫関係の実体化が強調され、天皇と公卿《くぎょう》、大名と家臣との君臣関係を典型とする。④朝廷の祭祀や神事、とくに大嘗祭《だいじょうさい》、新《にい》嘗祭《なめさい》を重視する。

垂加神道と公家

山崎闇斎が始めた垂加神道の正統な後継者は、正親町公通《おおぎまちきんみち》（一六五三〜一七三三）だった。公通は、延宝《えんぽう》八年（一六八〇）に闇斎に入門し、垂加神道の奥義を伝授された（正親町神道ともいう）。また、議奏《ぎそう》、武家伝奏《ぶけてんそう》など朝廷の要職を務め、元禄八年（一六九五）に従二位権大納言《ごんだいなごん》にのぼった上級の公家でもある公通は、貞享《じょうきょう》元年（一六八四）に関白一条冬経《いちじょうふゆつね》に垂加神道を伝授し、その他の公家にも広め、さらに霊元《れいげん》天皇へ山崎闇斎の重要な著作『中臣祓風水草《なかとみのはらえふうすいそう》』を献上して天皇家への浸透もはかった。こうして垂加神道は公家への影響力を強め、十七世紀末から十八世紀前半に朝廷内外で流行していった。

朝廷内では、神仏習合にもとづく中世以来の吉田神道が優勢だった。また、朝廷内でもっとも政治的な力が強い五摂家《ごせっけ》の筆頭近衛家は、吉田神道を信奉し、吉田家を家礼《けらい》としていた。朝廷内で、仏教色を排除して神事を解釈する垂加神道が、思想的な対立をも帯びながら公家に浸透していったのである。そして、十八世紀半ば近くには、神道論としては垂加神道が吉田神道を圧倒するようになったが、吉田神道の側も垂加神道に依拠するなど、その対抗関係は薄くなっていったらしい（磯前順一・小倉慈司『近世朝廷と垂加神道』）。

朝廷では、十八世紀前半に長らく中絶していた神事の復興を推し進めていた。垂加神道がとくに重視した大嘗祭が元文《げんぶん》三年（一七三八）に再々興、同じく新嘗祭は元文五年（一七四〇）に再興された。この他、延享《えんきょう》元年（一七四四）に七社奉幣使《ほうへいし》、同年に宇佐《うさ》宮・香椎《かしい》宮奉幣使の再興などがあった。朝廷では、このような神事をどのような宗教的解釈により進めてゆくのかという課題があり、それを提供したのが近世神道論だった。

竹内式部と公家

宝暦事件の主役である竹内式部は、越後に生まれ、享保《きょうほう》十三年（一七二八）頃に上京し公家の徳大寺《とくだいじ》家に仕えた。山崎闇斎派（崎門《きもん》学派）の学者玉木《たまき》正英《まさひで》（一六七〇～一七三六）や松岡仲良《ちゅうりょう》（一七〇一～八三）について垂加神道を修めた。徳大寺公城《きんむら》が一二歳で徳大寺家の当主となり、竹内式部の強い影響をうけた。

竹内式部の言説は、この徳大寺公城を通して公家の間にひろまった。式部が宝暦八年（一七五八）に幕府の尋問をうけた時の回答によると、徳大寺公城（当時、従二位権大納言、三〇歳）を始めとして、正親町三条公積《おおぎまちさんじょうきんつむ》（当時、従二位権大納言、三八歳）、烏丸光胤《からすまるみつたね》（当時、従二位権大納言、三八歳）ら二八人が門人として名前を書き上げられている。この他、さまざまな思惑により中途で式部の講義への出席を止めた者が九人、死去した者が一人、さらに中途で式部の門人を止めた者が六人いる。合わせて四四名にのぼり、竹内式部が、公家の間にいかに広く浸透していたかが推察できる。なかでも、清華家《せいがけ》と羽林家《うりんけ》の上級の公家が中心で、さらに名家《めいか》も加わり、とくに近習衆《きんじゅうしゅう》が中心だった。近習とは、侍従のように天皇のそばに仕える役で、なかには御稚児《おちご》として幼少の時からそばに仕えて近習になった者もいて、天皇への影響力の大きな存在だった。その徳大寺公城ら近習たちが、桃園《ももぞの》天皇（在位一七四七〜六二）に垂加神道を吹き込んでいったことが宝暦事件の発端である。

竹内式部座像　新潟市歴史博物館蔵

竹内式部の説と宝暦事件

竹内式部の主張の特徴は、垂加神道にふさわしく天皇の歴史的正統性の強調と、天皇への絶対的な忠誠を説く君臣の名分論である。

日本において天皇ほど尊き御身柄はこれ無く候《そうろう》、将軍を貴《とうと》しと申す儀は人びとも存じ、天子を貴ぶを存ぜず候子細《しさい》はいかがの儀にてこれ有るべきや、これは天子御代々御学問不足御不徳、臣下関白已下《いか》いずれも非器無才《ひきむさい》ゆえの儀に候、天子より諸臣一統に学問を励み、五常《ごじょう》の道備え候えば、天下の万民皆その徳に服して天子に心をよせ、自然と将軍も天下の政統《せいとう》を返上せられ候ように相成り候儀は必定《ひつじょう》、実に掌《たなごころ》を指すがごとく公家の天下に相成り候、(「八槐御記」)

とくにこの文章が、竹内式部の言説のもっとも重要な部分を伝える。それによると、人びとが将軍の尊いことは知っていても天皇が尊いことを知らない理由は、天皇は学問不足のため徳がなく、関白以下の公家は能力がないからだという。そこで、天皇と公家が学問に励み徳を身に備えるならば、天下万民はその徳を慕い天皇に心を寄せるので、おのずと将軍も政権を天皇に返すようになり、公家の天下になる、と説いている。

天皇と公家が学問により徳を身につければ、政権は幕府から天皇に返上され公家の天下になる、という王政復古の考え方である。垂加神道に王政復古を説いたものはないといわれるので、これは竹内式部に固有のものらしい。徳大寺公城ら若い公家は、式部の言説に突き動かされ、武術の稽古にまで進んだらしい。

桃園天皇と『日本書紀』御進講

さらに徳大寺らは、宝暦七年六月頃から桃園天皇に『日本書紀』の進講を始めた。「(六月)四日、主上《しゅじょう》(桃園天皇)日本紀(『日本書紀』)を読ましめ給う、公城(徳大寺)・俊逸《としはや》卿《きょう》(坊城《ぼうじょう》)・隆古朝臣《たかふるあそん》(高野)・時名《ときな》朝臣(西洞院《にしのとういん》)らこれを講ず」などと記録され、徳大寺公城ら近臣から『日本書紀』の講義を受けている。この六月には、九日、十四日、十九日、二十三日、二十八日、二十九日にも講義があった。王政復古を説く竹内式部に学んだ天皇近習の公家が、天皇へ垂加神道により解釈された『日本書紀』を進講する事態に至った。

　この天皇と近習公家の動きに疑いの目を向ける人びとがいた。当時の関白一条道香《みちか》と摂家だった。関白一条らは、以前から徳大寺公城ら近習たちの動きを注視していた。まず宝暦六年四月に、近習の公家が、御所内でも武芸の稽古をしているという噂が立ち、幕府との関係から好ましくないという理由で、四月二十六日に徳大寺公城らに武芸稽古の禁止を申し渡した。ついで同年十二月には、竹内式部が多くの門弟を集め、堂上《とうしょう》の公家にも門弟が多くいる事実を把握し、さらに竹内式部の学説には異説あるいは邪説もあるらしい、と疑っていた。

桃園天皇像　御寺 泉涌寺蔵

　その背後には、垂加神道の伸張を快く思わない吉田神道の吉田家の存在があった。そこで、竹内式部に関して京都所司代に注意を喚起し、それをうけた所司代は京都町奉行所に式部を尋問させたが、問題はないとされた。これにより、竹内式部と近習公家の問題は一段落ついたかに見えた。

　問題を再燃させたのが、桃園天皇への『日本書紀』進講で、これを問題視し、取り締まりを関白近衛内前《うちさき》（宝暦七年三月に就任）へ進言したのが前関白一条道香だった。しかし、天皇が内々で『日本書紀』を学ぶことに異論をはさむことはできない、とする意見が公家の間には多かった。関白からこの件について意見を求められた前天皇桜町の女御《にようご》で、桃園天皇の嫡母《ちやくぼ》（生母ではない）の女院（青綺門院《せいきもんいん》）は、『日本書紀』を読むのはよいことで、桜町天皇も読んでいたと答え、なんら問題としなかった。

神仏習合か仏教排除か

ところが女院は、竹内式部の学説を知り反対論に転じた。その理由は、宝暦事件の本質の一つである神道論に関わる。女院の意見は、「右の学流（垂加神道）の人は、仏道は一向用いず、仏などをも捨て、霊具にも肴などを供し候様に聞こし召し候、御代々仏道も御用い、ことに故院《こいん》（桜町天皇）には別して御崇敬あそばされ候事に候えば、御捨て遊ばされ候ては、なおもって如何」（「内前公記」）と伝えられた。天皇家、朝廷は代々仏教と神道を用いてきたにもかかわらず、垂加神道は仏教を排除している、という点が核心であった。御進講を止めさせるべきだと、強く主張するに至った。問題は、神仏習合の世界からの逸脱だった。九条尚実《なおざね》もこれを聞き、「この学流の人は、仏道は用いざる儀に候、神代巻（『日本書紀』）一二巻を儒学の義理をもって説き候ものに候、この道に達せられ候ほど仏道は御用いこれ無きこと勿論に候」と語り、仏教を排除する考え方を問題とみなしている。古代以来の神仏習合を否定しかねないという、日本宗教史上の大問題に発展しそうになった。

宝暦七年八月に、関白や女院の強い申し入れにより、桃園天皇は『日本書紀』進講を中止した。しかし天皇は不本意だった。近習の正親町三条公積らの働きかけもあり、翌宝暦八年三月からごく隠密に、しかし関白近衛内前の陪席のもとで進講を再開した。これを知った前関白一条道香ら摂家は、激しく反発し関白に抗議した。そして、関白と摂家衆は連携し、綿密な相談を経て再度『日本書紀』進講の中止を断行した。宝暦八年六月六日、関白は桃園天皇を長時間にわたり説得し、ついに進講中止を承諾させた。

中止にとどまらず、近習の排除にとりかかった。六月九日に、中心人物である正親町三条公積と徳大寺公城に、近習罷免を命じた。天皇と式部門人の近習の引き離しを図ったのである。天皇は、関白と摂家の一連の行動に激怒し、抗議の宸翰《しんかん》を関白に渡した。『日本書紀』は、「わが国の大道にして、朕《ちん》は勿論、政《まつりごと》を執る人、必ず学ぶべき能《よ》きみちなること也」と、為政者必読の書物であり、なぜ垂加流ではいけないのか理由を説明せよ、吉田家・白川家に『日本書紀』を進講できるほどの人物がいるのか、と詰問した。関白の回答は、垂加神道は「野卑の新流」であり、竹内式部はさらに「愚意を加え」ているので、天皇はもとより近習公家が学ぶような学説ではない、神道を学ぶならまず吉田家にすべきだ、というのが骨子だった。天皇は、それなら吉田家ではなく白川家の神道論を聞きたいと答え、吉田神道への嫌悪感を表した。しかし、関白近衛内前は吉田神道に固執し、譲らなかった。天皇と関白・摂家衆の対立は、深刻化していった。

門人公家の追放・処罰

つぎは、竹内式部の追放だった。所司代に式部の取り調べを申し入れた。所司代、すなわち幕府の力をかりて式部を追放し、その門人である近習公家を一掃しようとした。所司代は、竹内式部についてそれほどの情報を持っていたわけではないが、朝廷からの要請もあり、宝暦八年六月二十八日に式部を召喚し取り調べを始めた。しかし、二度目になる取り調べでも、罪状となるべき事実を見つけることはできなかった。関白らは、式部が講義で名分論を説くさいに幕府を非難するところがあり、その教え方が良くないためさまざま風聞が絶えない、などを理由にさらに吟味するよう所司代に申し入れた。式部を追放するため、無理矢理に罪状を作り上げようとしているかにみえる。

天皇と関白らの対立は頂点に達し、七月二十日、天皇は関白の参内《さんだい》を止め、近習の西洞院《にしのとういん》時名《ときな》に是非とも参内すべしと命じるに至った。関白は、西洞院時名に参内を辞退させる一方、みずからは押して参内した。そして、門人の近習公家らの処分案を固め、七月二十四日に天皇に承諾を迫り、天皇に「せう事がない、どふなりとも宜《よろ》しく申付《もうしつける》」と言わせた。この結果、関白と摂家衆はこの一件に勝利した。そして、式部門人の公家に処分が申し渡された。その罪状は、竹内式部の教え方がよくないため、近年しばしば門弟公家が党派を組み謀反の志があるなどという風聞も流れ、朝廷に不穏な騒ぎがあったこと、また、近習衆たちが天皇に馴れ親しんで朝廷の実権を握ろうとし、関白を軽んじ武家伝奏や議奏に対して失礼が多かったこと、という趣旨である。正親町三条公積、徳大寺公城、烏丸光胤、坊城俊逸、高野隆古、西洞院時名、中院《なかのいん》通維《みちこれ》、勘解由小路《かでのこうじ》資望《すけもち》の八人は官職や職務を罷免されたうえ永蟄《えいちつ》居《きょ》、正親町三条実同《さねとも》、烏丸光祖《みつもと》、高倉永秀《ながひで》、今出川《いまでがわ》公言《きんこと》、町尻説久《まちじりときひさ》、桜井氏福《うじとみ》、裏松光世《うらまつみつよ》、岩倉恒具《つねとも》、植松雅久《まさひさ》、岩倉尚具《ひさとも》が遠慮を命じられた。門人は、式部が与えた伝授書などの返納も命じられた。

こうして、天皇の近習から式部門人の公家が徹底的に排除され、朝廷の秩序は回復した。しかし所司代は七月二十六日に、多くの公家が処罰された件で朝廷側に抗議した。つまり、朝廷が幕府に相談のうえで処罰すべきにもかかわらず、独断で処分したことを問題にしたのである。所司代から報告をうけた老中は、竹内式部の処分が決まってから公家処分をすべきであり、多数の公家を処分するならば幕府側に相談すべきだったと抗議した。幕府が抗議するほど、門人公家の処分は関白と摂家衆の主導だったのである。

関白と摂家衆がこのような行動をとった理由は二つある。ひとつは、王政復古の考え方と武術の稽古が、幕府と朝廷の関係を悪化させるのではないかという危惧である。つまり、幕府が徳大寺公城らの行動を反幕府運動と認定した場合に起こりうる事態を恐れたのである。いまひとつは、関白・摂家と武家伝奏らによる朝廷・公家の統制が、天皇のそばに仕える近習らに及ばなくなっていたことである。朝廷の実権が、天皇に強い影響力を及ぼす近習の公家らに移りかねない事態を恐れたのである。

関白や摂家は、天皇の垂加神道による『日本書紀』の勉強を止めさせ、近習の公家を一掃するため、幕府（京都所司代）の力をかりた。宝暦八年六月に朝廷の告発をうけた所司代は、竹内式部を尋問した。だが、式部に反幕府的な言動は認められず、徳大寺公城ら公家の武術稽古も風聞のみで確証を得られず、苦しい取り調べが続いていた。式部の処分は、やっと宝暦九年五月に決定し、この一件は落着した。その罪状は、堂上の公家から講義を頼まれても断るべきなのに講義をしたこと、講義は四書五経に止めるべきところを『靖献遺言《せいけんいげん》』（浅見絅斎《あさみけいさい》編著）などを講義したことなどを取り上げ、「全体教え方よろしからず」という漠然としたものだったが、武蔵《むさし》、相模《さがみ》、上野《こうずけ》、下野《しもつけ》、上総《かずさ》、下総《しもうさ》、安房《あわ》、常陸《ひたち》、山城《やましろ》、大和《やまと》、摂津《せっつ》、和泉《いずみ》、肥前《ひぜん》、東海道《とうかいどう》筋、木曾《きそ》街道筋、丹波《たんば》、近江《おうみ》、河内《かわち》、駿河《するが》、甲斐《かい》、越後《えちご》などからの追放を命じられた。上記の国が「お構い」の地となり、立ち入ることを禁止されたのである。

宝暦事件は尊王論の弾圧か

以上が宝暦事件の概要である。宝暦事件とは何だったのか。よくいわれるような幕府が尊王を唱える近習公家らを弾圧した事件ではなかった。近習公家たちにより仏教を排除した垂加神道が天皇にまで及んだ事態、さらに、天皇と近習を関白両役が統制できなくなった事態を、関白と摂家衆が幕府の力をかりて解決しようとしたのが事件の真相であった。神道説、宗教説をめぐる事件でもあり、朝廷政治の主導権をめぐる事件でもあった。

この近習の公家たちの行動は、十八世紀の政治動向からみると、将軍と側用人《そばようにん》・側衆《そばしゅう》による幕政の掌握、大名と側近による藩政の掌握、という幕府や藩の政治動向と類似した現象ともいえる。天皇側近の近習公家は、将軍側近の側用人・側衆、大名の側近藩士とも類似し、そのもとで新たな政治を目指そうとした動きと理解できる。幕政や藩政から排除されかけた老中や譜代《ふだい》門閥《もんばつ》層との軋轢《あつれき》は各地で見ることができるように、朝廷では、朝政から排除されかけた摂家衆からの反撃、と宝暦事件を読むことも可能である。近習公家に取り込まれた天皇を、関白・摂家衆が取り戻そうとした事件ともいえる。

明和《めいわ》事件と山県大弐

明和事件とは、江戸八丁堀で私塾を営み、儒学と兵学を教授していた山県大弐《やまがただいに》（一七二五〜六七）らが、明和三年（一七六六）、幕府への謀反の疑いで逮捕され、翌年八月、大弐は死罪、食客の藤井右門《ふじいうもん》が獄門《ごくもん》に処された事件である。

山県大弐は甲府勤番与力《きんばんよりき》で、垂加神道と儒学を学んだ。与力をやめ江戸に出、一時は側用人大岡忠光《おおおかただみつ》に仕え、その後に私塾を開いた。主著は『柳子新論《りゅうししんろん》』（宝暦九年）である。そのなかで、「今の政をなす者は、おおむね皆聚斂附益《しゅうれんふえき》の徒、その禍を蒙《こうむ》る者は、ひとり農甚《はなは》だしとなす」と、幕府の利益を追求し、百姓を厳しく収奪する幕府政治の現状を厳しく批判する。その事態を打開するためには「礼楽《れいがく》」（制度）を立てる必要があり、それは、理想とする平安時代以前の朝廷政治への復古により実現できると論じた。幕府政治への厳しい批判とそれに代わる朝廷政治への復古の主張は、竹内式部より鮮明である。

山県大弐が逮捕されたきっかけは、門人が、大弐らに謀反の企みありと自訴したことにある。上野小幡藩織田家《こうずけおばたはんおだ》（二万石）の家老吉田玄蕃《げんば》は、山県大弐の門人だったが、藩内抗争もあって、大弐を藩主織田信邦《のぶくに》に推薦したという理由で監禁されてしまった。一部の門人が、この騒動の累《るい》が及ぶのを恐れ、保身のために幕府に自訴した。大弐は、明和三年に逮捕され、翌年に死罪となった。死罪の宣告文には、兵乱の兆しがあり、明和元年（一七六四）に上野で起こった伝馬《てんま》騒動はその証拠などと語ったこと、兵学の講義のさいに実例として甲府城やその他の城の名をあげて講釈したことは、「恐れ多く不敬《ふけい》の至り、不届き至極」と記されていた。

藤井右門は、元播磨赤穂藩《はりまあこうはん》浅野家の家臣だった浪人の子で、京都に出て竹内式部の門人となり正親町三条公積らと交流し、宝暦事件の後に江戸に出て山県大弐の家に身を寄せた。罪状には、南風を利用して品川辺に火を放って江戸城を攻める、という雑談をしたことがあげられ、「反逆等の儀」はないが、「この上もなき恐れ多き儀を雑談いたし候段、不敬の至り、不届き至極につき獄門」と宣告された。いずれも幕府への反逆などの言動は確認できなかったが、その言説は不穏当であることが極刑の罪状となった。宝暦事件で京都追放になり伊勢宇治に住んでいた竹内式部は、大弐や右門との関連を疑われ、明和四年に江戸に召喚された。疑いは晴れたものの、追放中に京都に立ち入ったことを咎《とが》められ、八丈島に流罪《るざい》となった。

名分論と歴史研究から、天皇の存在に新たな意味や意義を見出した言説が登場し、現実とは遠く離れた古代、また、現実の政治とかけ離れた朝廷への漠然とした憧れのような感情も入り交じって、天皇・朝廷の存在がさまざまな意義を持ち始めた。宝暦・明和事件とは、そのような思想的な動向の中でおこった、初発の事件であったといえる。また、若い公家の間に、現状への不満と打開への思いが蓄積されていたことを窺わせた。

3　皇統の不安定

短命の天皇

東山《ひがしやま》天皇は、延宝《えんぽう》三年（一六七五）九月に誕生し、貞享《じょうきょう》四年（一六八七）三月に一三歳で受禅《じゆぜん》、宝永《ほうえい》六年（一七〇九）六月に三五歳で譲位して上皇となったが、半年後の同年十二月に亡くなってしまった。中御門《なかみかど》天皇は、東山天皇の第五皇子として、元禄十四年（一七〇一）十二月に誕生した。宝永六年六月に受禅し、九歳で天皇となった。享保《きょうほう》二十年（一七三五）三月に三五歳で譲位して上皇となったが、わずか二年後の元文《げんぶん》二年（一七三七）四月に

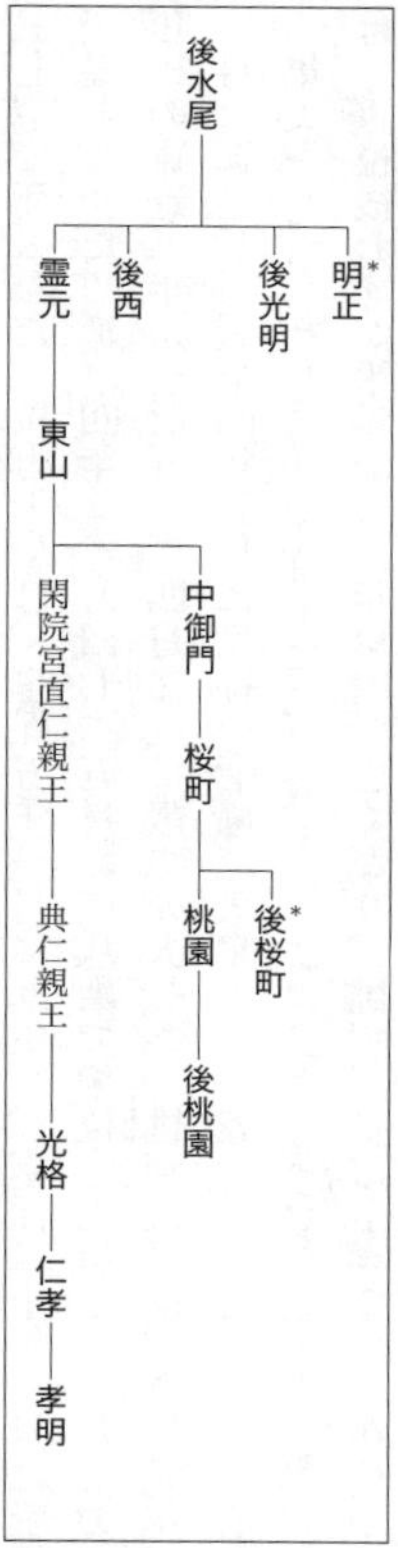

江戸時代の天皇　太字が天皇。
＊は女性天皇

三七歳で死去した。桜町《さくらまち》天皇は、享保五年一月に誕生し、享保二十年三月に受禅、一六歳で天皇となった。延享《えんきょう》四年（一七四七）五月に二八歳で譲位し上皇となったものの、わずか三年後の寛延《かんえん》三年（一七五〇）四月に三一歳で死去した。桃園《ももぞの》天皇は、寛保《かんぽう》元年（一七四一）二月に誕生し、延享四年五月に受禅、七歳で天皇となった。そして、在位一五年目の宝暦《ほうれき》十二年（一七六二）七月、在位中に二二歳で亡くなってしまった。東山天皇から三代の天皇は、譲位後わずか半年から三年以内で亡くなり、桃園天皇に至っては、在位中の二二歳で死去してしまった。

後水尾《ごみずのお》天皇は、文禄《ぶんろく》五年（一五九六）六月に誕生し、慶長《けいちょう》十六年（一六一一）三月に一六歳で受禅し、寛永《かんえい》六年（一六二九）十一月に三四歳で譲位、延宝八年（一六八〇）八月に八五歳で死去した。在位は一八年、さらに上皇、法皇として五一年間も朝廷に君臨した。霊元《れいげん》天皇は、承応《じょうおう》三年（一六五四）五月に誕生し、寛文三年（一六六三）一月に受禅、一〇歳で天皇となった。貞享四年（一六八七）三月に三四歳で譲位し、享保十七年（一七三二）八月に七九歳で死去した。在位は二四年、さらに上皇、法皇として四五年間も朝廷に君臨した。後水尾、霊元と比べ、東山天皇から桃園天皇までの四代の天皇、上皇の短命さが際だつ。生前譲位し院政を行う朝廷の伝統が、上皇の短命のために成り立たなくなっていた。後水尾や霊元の時代と異なり、天皇家の家長である上皇が朝廷の長として君臨することはなかった。院政のない、摂政・関白―武家《ぶけ》伝奏《でんそう》・議奏《ぎそう》による朝廷運営が続き、幕府が描いていた朝廷のあり方が実現したともいえる。

二度目の女帝

桃園天皇は、宝暦十二年（一七六二）七月七日から体調を崩し、十二日に急死した。跡を継ぐべき皇子は二人いた。第一皇子は、宝暦八年七月に誕生し、翌年一月に儲君《ちょくん》に定められ、ついで五月に親王宣下《せんげ》があり英仁《ひでひと》親王となった。まだ皇太子ではなかったものの、皇位継承者になっていた。桃園天皇が亡くなった時は五歳だった。ところが、関白近衛内前らは天皇の死を外部に公表せず、幕府と相談したうえで、七月二十日に天皇の遺志として「未だ御幼稚に候ゆえ、緋宮《あけのみや》御方御践祚《せんそ》、親王御方御十歳ばかりにならせられ候まで、御在位あらせられ候ように、叡意《えいい》御治定のよし」（「御湯殿上日記《おゆどののうえのにっき》」）と発表した。儲君英仁親王がまだ幼稚なので、天皇の姉である緋宮が践祚し、英仁親王が一〇歳くらいになったら譲位する、という方針である。そして、七月二十一日に桃園天皇の死去を公表し、緋宮智子《としこ》内親王が践祚した。明正《めいしょう》天皇に続く江戸時代二人目の女性天皇となった。

しかし、この緋宮を皇位継承者とした決定には、公家から強い批判と不満がわき起こった。当時、左権少将正五位下の二一歳の野宮《ののみや》定晴（定和）は、この決定は「稀代の珍事、古今未曾有《みぞう》の事」であり、女帝の例は古代にあったがその後はないし、明正天皇の例は「末世《まっせ》奇代《きだい》の例」なので先例たり得ないとし、儲君がいるにもかかわらず女帝を選択するのは、「古今類なし、ひとえにこれ新儀」であり、「ああ末代王道衰弊《すいへい》の時」と嘆き、さらに「弟帝宝位を姉兄に譲る御事、また未だ聞かず」と批判を加え、「心神裂けるがごとく」（「定晴卿

後桃園天皇像　御寺 泉涌寺蔵

記」）と最大級の表現で怒りを書き留めた。

ここで、桃園天皇の追号《ついごう》に関わるエピソードを紹介しておこう。桜町天皇は、生前に自身で死後の追号を「桃園」と決めておいた。このことは、女御だった青綺門院《せいきもんいん》だけが知っていたが、女院はそのことをすっかり忘れてしまい、「桜町院」という追号をおくられた。女院は、桃園天皇が死去した時そのことを思い出し、追号を「桃園院」にしたという。さぞかし桜町天皇は不本意なことだろう。

後桃園天皇の死

後桜町天皇は、元文《げんぶん》五年（一七四〇）八月に桜町天皇の第二皇女として誕生した。はじめ以《い》茶宮《さのみや》、ついで緋宮と称された。寛延《かんえん》二年（一七四九）に名を智子と定められ、翌年内親王宣下があり、幕府は御料三〇〇石を進上した。そして、弟である桃園天皇の急死をうけて、宝暦十二年七月に践祚《せんそ》した。二三歳だった。皇女の多くは、幼少のうちに尼門跡《あまもんぜき》の付弟となり仏門に入るのが常のあり方だが、智子内親王は二三歳まで仏門に入らなかったことは、通常とは異なる存在だった。後桜町天皇は、優に成人の年齢に達していたにもかかわらず摂政が置かれ続け、明和《めいわ》五年（一七六八）に英仁親王を皇太子とし、英仁が一三歳になる明和七年十一月に譲位した。これは、践祚のさいの方針に従った譲位だった。

後桃園《ごももぞの》天皇は、宝暦八年に桃園天皇と中宮《ちゅうぐう》との間の皇子として誕生し、翌年に早くも儲君に定められた。そして、伯母にあたる後桜町天皇の養育もうけながら成長し、明和七年十一月に、一三歳で受禅し天皇となった。ところが、安永八年（一七七九）十月二十九日、在位中に二二歳で死去した。父桃園天皇につぐ在位中の死去である。しかもまだ皇子はなく、安永八年正月に誕生した生後一〇ヵ月の皇女、女一宮（のちに欣子《よしこ》内親王。光格《こうかく》天皇の中宮）だけだった。皇位を継承すべき皇子はおらず、女帝という選択も皇女がまだ生後一〇ヵ月のために無理という、まさに皇統の危機を迎えた。東山天皇以来続いた、天皇および上皇の早死には、皇統の危機を迎えるまでに至ったのである。

第四章　江戸時代天皇の諸相

1　天皇の日常生活

天皇の一日――孝明天皇の場合

孝明《こうめい》天皇（一八三一～六六）の一日を、幕末に五摂家の一つ一条家に仕えた下橋敬長《しもはしゆきおさ》が、大正十年（一九二一）に語ったことを筆記した『幕末の宮廷』に書かれていることから紹介しよう（一部『後水尾院年中行事』により補足）。天皇は、朝目覚めると、朝の支度（「御身仕舞」）をする。トイレに行き、ついで湯殿でうがいをし、絹の糠袋《ぬかぶくろ》で手や顔を洗い、お湯で濡れた手や顔を暖かい布で拭う。行水することもあるらしい。ついでお歯黒をつける。常《つね》御殿《ごてん》に戻り、直衣《のうし》に着替え清涼殿《せいりようでん》に行き、石灰壇《いしばいのだん》に入って伊勢神宮や御陵を遥拝し、「天下泰平・海内静謐《かいだいせいひつ》・朝廷再興・宝祚《ほうそ》長久・子孫繁栄・所願円満」を祈る。それから常御殿に戻り、朝食（「御朝餉《あさがれい》」）となる。

まず「おあさ」という、川端道喜《かわばたどうき》（京菓子の老舗）が献上する土器に盛り白木の三方にのせた塩餡《しおあん》の団子餅が出される。神前に捧げるのと同じで、しかも天皇はそれを食べない。それが下げられると「朝御膳」が出される。板元吟味役《いたもとぎんみやく》が点検した食事を内侍《ないし》が運び、食事となる。終わると休息し、その後に手習い、学問、和歌をし、昼飯までに煎茶、薄茶を飲み、菓子を食べる。現在の十二時になると昼御膳になる。料理の皿数はかなり多く、毎日目の下一尺（三〇センチ）の鯛の塩焼きが出され、みそ汁は精進のみそ汁か、鯛や魚の入ったものを食べる。食後は休息し、また手習い、学問、和歌をし、また茶を飲み菓子を食べる。「ずいぶんお忙しい」そうである。

夜六時か七時頃に夕御膳となる。孝明天皇は酒（御所言葉で「オッコン」）が好きだったので、錫《すず》の徳利で燗《かん》をした酒を女官の酌で十時頃まで飲んでいたという。そのため、就寝は十二時頃になったらしい。その暮らしぶりは、「御所はとほうもない好いことはございませぬけれども、貧乏で天子様の上がる物がないというようなものではありませぬ、御所はゆっくりいたしております、天子様もなかなか御馳走を上がってござる」そうである。

天皇が日常生活をする常御殿内部　右奥が剣璽の間上段で鳳凰図が見える。京都御所

下橋敬長が語る一日では、天皇は、さまざまな朝儀《ちょうぎ》への出御《しゅつぎょ》もなく、また関白や武家伝奏《ぶけてんそう》から上がってくる政務を処理することもない。それは下橋の知るところではないが、実際には朝儀への出御と政務処理が加わるのである。

天皇の一年

朝儀の再興、復古が進めば進むほど、年中行事は増えてくる。ここでは、仁孝《にんこう》天皇（一八〇〇〜四六）の文政《ぶんせい》八年（一八二五）一年間のおもな朝廷年中行事を紹介してみよう。

一月　元日・四方拝《しほうはい》と元日節会《がんじつのせちえ》　七日・白馬節会《あおうまのせちえ》　八日・後七日御修法《ごしちにちのみしほ》　太元帥法《たいげんほう》　十一日・神宮奏事《そうじ》始め　十二日・賀茂奏事始め　十六日・踏歌節会《とうかのせちえ》　十七日・左義《さぎ》長《ちょう》　十九日・舞御覧《まいごらん》　二十四日・和歌御会《わかごかい》始め

二月　八日・春日祭《かすがまつり》　十六日・御楽《ごがく》始め　二十二日・水無瀬《みなせ》法楽和歌《ほうらくわか》御会

三月　三日・闘鶏《とうけい》　二十六日・能御覧　二十八日・東照宮奉幣使発遣《とうしょうぐうほうへいしはっけん》日時定め

四月　二十二日・賀茂祭《かものまつり》

六月　二十五日・北野社法楽《きたのしゃほうらく》和歌御会　三十日・大祓《おおはらえ》

七月　七日・七夕節　和歌御会

八月　十五日・石清水放生会《いわしみずほうじょうえ》

九月　九日・重陽節会《ちょうようのせちえ》　和歌御会　十一日・伊勢例幣使発遣《いせれいへいしはっけん》　二十六日・内々能《うちうちのう》御覧

十一月　七日・春日祭　十四日・新嘗祭《にいなめさい》　十五日・豊明節会《とよあかりのせちえ》　二十日・賀茂臨時祭

十二月　十七日・内侍所《ないしどころ》　臨時御神楽《りんじみかぐら》

この他にも朝廷の年中行事はあるが、主要なものは右記のものである。また、天皇の好み

天皇名	生年	儲君	立太子	受禅	践祚	譲位	没年
後水尾	1596	*1600(5)		1611(16)		1629〈18〉(34)	1680(85)
明正	1623			1629(7)		1643〈14〉(21)	1696(74)
後光明	1633	*1642(10)		1643(11)			1654〈12〉(22)
後西	1637				1654(18)	1663〈9〉(27)	1685(49)
霊元	1654	*1658(5)		1663(10)		1687〈24〉(34)	1732(79)
東山	1675	1682(8)	1683	1687(13)		1709〈22〉(35)	1709(35)
中御門	1701	*1707(7)	1708	1709(9)		1735〈26〉(35)	1737(37)
桜町	1720	1720(1)	1728	1735(16)		1747〈12〉(28)	1750(31)
桃園	1741	1746(6)	1747	1747(7)			1762〈15〉(22)
後桜町	1740				1762(23)	1770〈8〉(31)	1813(74)
後桃園	1758	1759(2)	1768	1770(13)			1779〈9〉(22)
光格	1771				1779(9)	1817〈38〉(47)	1840(70)
仁孝	1800	1807(8)	1809	1817(18)			1846〈29〉(47)
孝明	1831	1835(5)	1840		1846(16)		1866〈20〉(36)
明治	1852	1860(9)			1867(16)		1912〈45〉(61)

江戸時代の天皇　（　）は数え年齢・〈　〉は在位年数・*は親王宣下年

などによっても違いがある。いずれにしても、朝儀、年中行事を着実にこなすことが求められる一年であった。

天皇の一生

江戸時代の天皇の一生を考えるために作成した上の表は、江戸時代の天皇の生年、儲君《ちょくん》決定年、立太子年、受禅あるいは践祚、譲位および没年を示したものである。

江戸時代の天皇のライフサイクルは、多様である。なかでも、後水尾《ごみずのお》、霊元《れいげん》、光格《こうかく》の三天皇は、突出して寿命が長く上皇期間も長かった。とくに光格天皇の在位期間は、歴代天皇の中でも異例に長期にわたった。この三天皇の時代が江戸時代の天皇の画期になっているのは、ただ長生きだったからなのか、たまたまその

譲位剣璽渡御之図　「公事録附図」より。宮内庁書陵部蔵

ような時代に遭遇したためなのか。

大づかみにまとめるとつぎのようになる。一〇歳以下、早ければ一歳で儲君、あるいは親王となって次期天皇に指名される。儲君になると、一年以内に親王宣下《しんのうせんげ》があり「〇仁親王」となる。そして、東山《ひがしやま》天皇以降は、一〇歳前後で立太子《りったいし》の礼があり皇太子となる。住居は、儲君になるまでは生母の実家で養育され、その後禁裏御所《きんりごしょ》に移る。早ければ一〇歳未満で受禅《じゅぜん》、あるいは践祚《せんそ》により即位し天皇となる。二〇歳前後に、上皇から政務を委譲され、関白と両役の助けをかりながら政務を処理する。そして三〇代半ば前後で生前譲位し、仙洞《せんとう》（院）御所に移り、天皇家の長として、関白、武家伝奏《ぶけてんそう》らと相談しながら、禁裏御所の政務処理を行い、幼年天皇を助ける。そして長生きした後水尾と霊元は出家して法皇となった。

桜町《さくらまち》天皇は、享保《きょうほう》五年（一七二〇）一月一日、中御門《なかみかど》天皇と女御尚子《にょうごひさこ》（近衛家熙《いえひろ》の娘）の第一皇子として生まれ、かずかずの誕生儀礼が行われたのち、十月十六日に生後一〇ヵ月で儲君に定められ、父天皇の後継者に内定した。この早さは、数多くない正配《せいはい》（女御）が生んだ皇子だったからである。そして十一月四日に親王宣下があり、名を昭仁《てるひと》と命名された。享保六年八月二十四日の御《お》髪置《かみおき》以降元服まで、さまざまな人生儀礼を経る。享保十二年三月二十四日に読書始めがあり、非参議伏原宣通《ふしはらのぶみち》が『古文孝経《こぶんこうきょう》』を講釈し、帝王学の教育が始まる。享保十三年六月十一日に立太子の礼があり皇太子となり、前後して東宮《とうぐう》御殿へ移る。五月十四日の当座和歌御《ご》会《かい》から、和歌の詠作が始まる。享保十五年一月二十三日に、霊元法皇に和歌の指導をうけ、同月二十四日に初めて禁裏和歌御会始めに出座、一一歳で「治れる春をむかへて国民もなべてにぎはふ御代ののどけさ」と詠む。同月二十五日には、東宮御所で和歌御会始めを行い、享保十八年二月一日に元服、享保二十年三月二十一日に一六歳で受禅し剣璽《けんじ》渡御《とぎょ》があった。閏《うるう》三月十五日に神祇《じんぎ》伯《はく》白川雅冨《しらかわまさとみ》より毎朝御拝の伝授を受け、十六日から毎朝御拝を始めた。十一月二日に二条吉忠《にじょうよしただ》から即位《そくい》灌頂《かんじょう》の伝授を受け、翌三日に紫宸殿《ししんでん》にて即位の礼を挙行した。享保二十一年十一月十五日に女御の入内《じゅだい》があった。そして、在位一二年、延享《えんきょう》四年（一七四七）に二八歳で譲位し、上皇となり仙洞御所に移った。しかし、三年もたたずに亡くなり、桜町院と追号をおくられ泉涌寺《せんにゅうじ》内の月輪陵《つきのわのみささぎ》に葬られた。

2　天皇と禁忌

天皇と灸治

明治天皇に関わる旧蹟は、しばしば「聖蹟《せいせき》」とよばれる。天皇は神聖だからである。その神聖さを守るため、天皇はさまざまな禁忌《きんき》、タブーに包まれている。かつて昭和天皇が、手術をうけたときに、「玉体」にメスを入れたことそれ自体が話題になったことを記憶している。

江戸時代、たとえば灸治《きゅうじ》がある。後水尾《ごみずのお》天皇と東山《ひがしやま》天皇が、譲位を希望する理由に、療養のための針灸《しんきゅう》をあげていた。在位中はそれができないという説があったからである。その説とは、天皇の肉体、すなわち「玉体」に刃物などによりキズをつけてはならない、という掟のことである。後水尾天皇の時には、灸治は構わないという説もあったが、東山天皇も譲位を希望する理由として灸治をあげたので、やはり天皇である間は灸治もできない、という判断が常識だったのであろう。

日食・月食と天皇

日食・月食のとき、天皇の御所が筵《むしろ》（席）で包（裹《つつ》）まれる。黒田日出男『王の身体　王の肖像』によると、中世、とくに院政期からの触穢《しょくえ》観念の強まりを背景に、天皇の身体を穢《けが》れから守ることが、自然や社会の秩序維持、国土安穏・天下太平・五穀豊穣のために必要であり、それ故、天皇の身体が日食・月食の妖しい光により穢れないようにするための措置だったという。『禁秘抄《きんぴしょう》』には、

天子、ことにその光に当たらず、蝕の以前以後その夜光に当たらず、日月これ同じ、席《むしろ》をもって御殿を裹廻《つつみまわ》す、日蝕はいまだ明けざる前、月蝕はいまだ暮れざる前、月出ざる前、人びと参籠《さんろう》すべし、御持僧《ごじそう》あるいは他僧にても御修法《みしほ》を奉仕すべし、そのうえ御殿において御読経あり、

と書かれている。御殿を包み、護（御）持僧に祈禱させ読経をさせるという。江戸時代の天皇も、日食・月食のとき御殿を包んでいる。慶長《けいちょう》八年（一六〇三）四月一日は日食で「禁中へ極﨟《ごくろう》早朝に参る、日蝕につきて御殿をつゝみ了《おわんぬ》、例の如く了」（『言経卿記《ときつねきょうき》』）「四月一日日蝕、早朝御所裏みに参内」（『慶長日件録』）などと書き留められているように、天皇の御殿、御所が包まれている。同年十月十六日は月食だった。「月しょくにて、御所つゝみ、きよくろう人しらるゝ」（『御湯殿上日記《おゆどののうえのにっき》』）と、月食も同様に御所が包まれている。

御殿、御所を筵で包むとは、「常御所《つねのごしょ》をつつみ了、長押《なげし》より筵を懸《か》けてをく也」（『言緒卿《ゆう》記』）とあるように、天皇が日常生活をおくる常御殿《つねごてん》の長押から筵をかけることである。有職故実《そくこじつ》の研究者伊勢貞丈《いせさだたけ》は、「掃部頭《かもんのかみ》調進の筵薦をもって、極﨟ならびに女嬬《にょじゅ》ら常御殿を裹

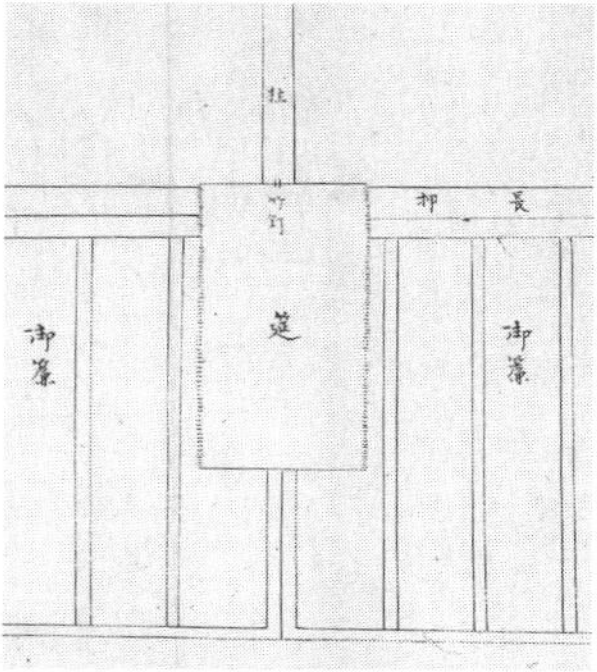

「日月蝕御殿裏之図」　長押から下げられた筵。東京大学史料編纂所蔵

みたてまつる、了《おわ》りてこれを撤《てつ》す、古来は蝕の時常の御殿みな包み給うなり、近代は蝕にあたる方の柱を包むばかりなり」(『安斎随筆《あんさいずいひつ》』)と解説している。古くは常御殿全体を包んだが、十八世紀後半では光の方向だけだという。東京大学史料編纂所蔵『恒例　諸公事指図　下』の「日月蝕御殿裏之図」をみると、筵が長押から下げられ、柱に釘らしきもので留められている。なおこの釘は竹釘である。御殿の包み方は、「中殿東西面　悉《ことごと》く下格子御簾下の毎に覆筵図面の如し、筵東面都合一五枚、西面九枚なり、但し中天蝕は東西面これを覆う、東天蝕は多分東面ばかりこれを覆う、西天蝕は西面ばかりこれを覆う」と解説があり、たしかに、光の方向に当たる面だけを覆っているらしい。東側は一五枚、西側は九枚の筵をかけるとあるが、筵の枚数は日記類をみると異同があり確定できない。たとえば、享保二十年(一七三五)九月一日の日食の時は、筵二五枚、竹釘五五本が調進されている。なお、筵は「近江表《おうみおもて》」だった(『師守記《もろもりき》』)。掃部寮《かもんりょう》で調進した筵を、蔵人頭《くろうどのとう》の指揮下に六位蔵人《くろうど》の極﨟が、下級の女官で道具類の管理にあたった女孺とともに常御殿にかけた。

『禁秘抄』では、護持僧による祈禱や読経もあったが、「御祈り、近代その沙汰なし、説くべからず、王法といい仏法といい零落《れいらく》の故か」（「義演准后日記《ぎえんじゅごうにっき》」）とあるように、江戸時代の初期には行われなかった。筵で包む対象は、常御殿だけだったが、寛政《かんせい》三年（一七九一）三月十六日の月食から、清涼殿を覆うことも再興された。朝儀再興・復古のひとつであった。上皇の住む仙洞御所は、宝永《ほうえい》六年（一七〇九）八月一日の日食を前に、日食のさいに仙洞御所の御殿を包むことはない、と極﨟が語っている（「院中番衆所日記《いんちゅうばんしゅうじょにっき》」）。しかし、享保二十年九月一日の日食では、「院中において御殿を裹まるべきものなり」（「宗建卿記」）と包むことになっており、文化五年（一八〇八）十月一日の日食のさいに、「洞中御殿裹、申《さるの》刻《こく》、常顕参勤」（「大江俊矩公私雑日記」）と、たしかに仙洞御所も御殿を包んでいる。仙洞御所は、遅くとも十八世紀初め享保期には行われるようになり、寛政三年には清涼殿を包むことが再興された。

天皇は日食の日は朝から、月食のさいは月の出前から、常御所の筵に包まれた御座所《ござしょ》に籠《こ》もっているため、当日の朝儀・節会は延期か、出席なしで行うことになった。

日食・月食と将軍

黒田日出男氏の研究によると、鎌倉将軍も室町将軍も、日食・月食のさいは御殿を包んだという。日食・月食の妖しい光に穢《けが》れるのを避けることは、王を象徴する行為であるから、中世には天皇と将軍という二人の王がいた、と主張する。将軍は絶えず行っていたのか不明なので、説の妥当性については留保せざるを得ない。

徳川将軍はどうであったのか。結論的にいえば、包まれるという行為はまったくみられず、江戸城における儀式も、皆既《かいき》日食のときは時間をずらすことはあっても、延期することはなかった。将軍が籠もらないのだから当然だろう。ただ、五代将軍徳川綱吉はいささか違いがある。元禄十三年（一七〇〇）、同十四年、宝永元年（一七〇四）一月一日の日食にあたり、綱吉の護持僧隆光《りゅうこう》僧正が祈禱を命じられている。祈禱の効験か、食の時に雲が出て、雨になったり雪になったりしたので、隆光はお褒《ほ》めの言葉をいただいている（『隆光僧正日記』）。さらに、元禄十六年十一月十五日の月食のとき、在府大名が江戸城に登城して将軍に挨拶する毎月十五日の「月並御礼《つきなみ》」はいつも通り行われたが、綱吉は出御しなかったらしい（「月蝕ゆえ成らせられず」『隆光僧正日記』）。歴代徳川将軍のなかで、綱吉は異例の将軍であった。

日食・月食のとき、天皇は常御殿を包み、将軍は居所を包まないという差異があり、黒田氏風にいうならば、江戸時代の王は紛れもなく天皇、ということになる。

3　江戸時代の女性天皇

女性天皇問題

秋篠宮《あきしののみや》家に親王が誕生してから議論は下火になったが、いまなおくすぶっているのが女性天皇問題である。現行の皇室典範《てんぱん》は、第一条で皇位継承者を皇統に属する男系の男子に限定し、第九条で天皇および皇族が養子をとることを禁止している。秋篠宮家に悠仁《ひさひと》親王が生まれる以前、皇太子家、親王家、宮家に男のお子さんがいなかった。皇室典範の規定に従えば、皇族の中に皇位を継承できる有資格者がいなくなる事態が、早晩やってくる。そのことは、千数百年も続いてきた天皇制度が消滅することを意味する。

二〇〇五年当時の小泉純一郎首相は、私的諮問機関「皇室典範に関する有識者会議」を発足させ、皇室典範改正により皇位継承の安定化を図ろうとした。有識者会議が、同年十一月に提出した報告書の核心は、皇室典範第一条の改正、すなわち女性天皇と女系天皇（女性天皇と天皇の血筋をひかない配偶者との間の子）の容認であった。なお、男女両方の子どもが出生しても、男女の性別を問わず第一子が皇位を継承することとしている。

この報告書が公表されるや賛否両論がわきおこったが、世論調査（朝日新聞の二〇〇五年十一月二十六、二十七日の調査）によれば、女性天皇と女系天皇の容認が七〇パーセントを超え、第一子優先は、容認が四七パーセント、男子優先が三九パーセントだった。世論は、女性天皇を圧倒的に支持するも、男女の子どもがいれば男子を優先させる案も一定の支持があり、国民の微妙な意識が表れていた。女性天皇に反対する議論の核心は、男系天皇は「二〇〇〇年」の伝統であり、女系天皇を認めると「万世一系」の皇統が断絶することである。具体的な対応策は、旧宮家（戦後皇籍離脱した旧皇族のこと）の男系男子と女性皇族（内親王）との結婚、あるいは養子縁組である。

歴史をさかのぼれば女性天皇がいたこと、それが女性天皇容認の論拠の一つとなっていた。推古《すいこ》天皇のような著名な天皇を含め、古代には八代六人（推古・皇極《こうぎょく》・斉明《さいめい》・持統《じとう》・元明《げんめい》・元正《げんしょう》・孝謙《こうけん》・称徳《しょうとく》天皇。皇極と斉明天皇、孝謙と称徳天皇は同一人物）の女性天皇が在位している。高等学校の日本史教科書に必ずその名が登場するほどよく知られている。江戸時代にも女性天皇がいたことはほとんど知られていなかったが、女性天皇問題によりその存在が知られるようになった。つまり、明正《めいしょう》天皇と後桜町《ごさくらまち》天皇の二人の女性天皇がいた。古代と違い、歴史教育の場で江戸時代の女性天皇を教えることはなく、一般には馴染みの薄い存在だろう。そのような現状をふまえ、江戸時代に女性が即位した事情、および同じ天皇でありながら男性天皇とは異なるいくつかの特徴を紹介したい。

女性天皇の即位事情

江戸時代最初の女性天皇は、明正《めいしょう》天皇である。寛永《かんえい》六年（一六二九）十一月に数え七歳で受禅、古代の称徳《しょうとく》天皇（在位七六四〜七七〇）以来、実に八六〇年ぶりの女帝登場だった。明正天皇は、すでに説明したような事情で即位した「つなぎ」役の天皇だった。なお、元正、孝謙・称徳天皇の先例を踏襲して生涯結婚しなかった。

古代に女性天皇がいたとはいえ、推古天皇が即位したのは三九歳、皇極天皇は四九歳、持統天皇は四六歳であり、もっとも若かった孝謙天皇でも三二歳だった。当時でいえば、壮年期あるいは老年期に入ろうという年齢である。判断能力や経験値の高い年齢だったのと比べ、明正天皇の七歳という幼女帝は「異常」といってもよい。

江戸時代二人目の女性天皇が、後桜町《ごさくらまち》天皇である。宝暦《ほうれき》十二年（一七六二）七月、数え二三歳で践祚《せんそ》した。すでに説明したような事情で即位し、男子の皇位継承予定者が成長するまでの「つなぎ」役だった。明正天皇と比べれば分別のある年齢といえるが、二三歳まで独身で、尼門跡《あまもんぜき》にも入寺しなかったのはいささか奇妙な感がある。なお、明正天皇と同じく生涯結婚することはなかった。江戸時代の女性天皇は、男子の皇位継承者が成長するまでの「つなぎ」の役であり、それ以上の積極的な意味はなかった。

女性天皇の特徴——摂政がおかれた

江戸時代の女性天皇には、男性天皇と決定的に異なる点がある。第一に、天皇が成人した後も摂政がおかれ続けたこと、第二に、天皇の肖像画が描かれなかったこと、第三に、女性であるがゆえの「穢れ」があったことである。

摂政とは、「摂政は宸儀《しんぎ》に異ならず」といわれたように、天皇に代わって政治を行う役職である。それと似た役職の関白は、百官の廷臣《ていしん》を率いて天皇を補佐し政治を行う。一般的には、天皇が未成年の時が摂政で、成人（元服）すると関白にかわる。その政治上の位置や権力の実質は、その時その時の状況にもよるが、天皇に代わって政治を行うのか、天皇の政治を補佐するのかという大きな差異がある。平安時代九世紀後半から明治維新で摂政・関白の制度が廃止されるまで、摂政か関白がおかれるのが通例だった。

摂政は古代にもいて、三例が確認できる。推古天皇には聖徳太子《しようとくたいし》、斉明《さいめい》天皇に皇太子中大《なかのおお》兄皇子《えのおうじ》、天武天皇には皇太子草壁皇子《くさかべのみこ》で、皇太子などが摂政になった。前二者が女性天皇なのでその事例が多いことになるが、それ以外の女性天皇には摂政がおかれなかったらしいので、女性天皇なら摂政をおくというわけではなかった。

明正天皇の場合、数え七歳で天皇になったのだからまず摂政がおかれたのは当然として、成人年齢に達しても関白に替わらず譲位するまで摂政がおかれ続けた。その事情は、女性天皇だからではなく、また朝廷の意向でもなく、すでに説明したように幕府の意向であった。後桜町天皇が即位したのは数え二三歳で、とうに成人に達していたにもかかわらず、その在位中ずっと摂政がおかれた。後桜町天皇の場合、明正天皇の先例に従ったからだろう。つまり、女性天皇だから摂政だったのである。江戸時代の女性天皇の場合、摂政が政務を代行したのである。

肖像画がない

京都市東山区にある真言宗泉涌寺《せんにゅうじ》は、「御寺《みてら》」と称し天皇家の菩提寺である。とくに江戸時代になると、歴代の天皇や皇后（中宮・女御）および女院などの皇族の葬儀が営まれ、泉涌寺内の月輪陵《つきのわのみささぎ》に葬られた。

江戸時代には、後水尾天皇から孝明天皇まで一四代の天皇が在位した。黒田日出男氏の研究によると、泉涌寺には江戸時代に即位した天皇一四人のうち一二人の肖像画が所蔵されている。天皇の死後に描かれた遺像で、年忌法要などの仏事のさいに掲げられたという。ところが、明正天皇と後桜町天皇二人の肖像画はない。黒田氏は、「近世の女帝とはどのような存在であったのかを論ずる上で重要な手掛かりとなるのではあるまいか」と指摘する。女性天皇二人だけ肖像画がないのは、もちろん偶然ではなかろう。このことは、摂政がおかれ続けた江戸時代の女性天皇の位置を象徴する事実だろう。

女性天皇と神事

天皇のもっとも重要な務めは「神事」だった。江戸時代でも、御所の日常はさまざまな儀礼や神事で埋め尽くされているといっても過言ではない。天皇・朝廷が執り行う神事は、たとえ絶大な権力と財力を誇る江戸幕府と将軍でも、とって代わることができない。その神事を執行し続けることが天皇と朝廷の存在証明といえる。神事こそ、まさに天皇・朝廷の存在意義であり、存在の根幹をなす。ところがその大事な神事が、女性天皇であるがゆえに安定

泉涌寺（上）と月輪陵（下）下は宮内庁書陵部提供

的に、あるいは十分な形で行えないという問題がある。その理由は女性であるがゆえの「穢れ」である。

元旦の早朝（午前四時ころ）から始まる四方拝《しほうはい》は、一年最初に天皇が自ら行う重要な神事で、廃絶した朝儀の多いなか、欠けることなく江戸時代まで続いてきたが、明正天皇が未成人のあいだ四方拝は行われなかった。寛永十四年（一六三七）に、成人に達し摂政を関白に替えようとしたとき、四方拝と毎朝御拝、節会、御神楽、小朝拝《こちょうはい》など、元日からの神事や儀式に天皇がどう関わるのかが議論になった。内大臣九条道房《みちふさ》は、古代女性天皇の先例を調べたうえ、いずれも明正天皇がその場に出るべきだと主張している。四方拝は必ず天皇自身が務めるべきだが、毎朝御拝は天皇に「御故障」があるさいは代理（摂政や神祇伯《じんぎはく》などが行う）が務めてもかまわないという。節会も「御障《おさわ》り」で出御《しゅつぎょ》しないことがあっても、三度に一度は出るべきだという。ここでいう「御故障」「御障り」とは、体調不良などかもしれないが、月経をさしている可能性が高い。

明正天皇は、摂政がおかれ続けたためか、在位中に四方拝や小朝拝を行うことはなかった。天皇の代理ができる朝儀は摂政らが務めたが、天皇自身が行うべきまさに天皇固有の神事は行われなかったのである。天皇存在の本質に関わる問題といえる。

聖性と穢れ

後桜町天皇については、大嘗祭《だいじょうさい》の日取りの決定が厄介だった。後桜町天皇の大嘗祭は、明《めい》和《わ》元年（一七六四）十一月に行われることになった。新嘗祭《にいなめさい》と大嘗祭は、十一月に二回、あるいは三回ある卯《う》の日のうち、中の卯の日、あるいは下の卯の日に行うのが恒例である。大嘗祭の日程を決めるにあたり問題になったのが、後桜町天皇の「月の御障り」、つまり月経である。摂政近衛内前《うちさき》は、挙行日を初めの卯の日である十一月八日に設定し、もしその日が「御障り」になったら後の卯の日である二十日に変更する、という二段構えの計画を立てている。ちなみに、後桜町天皇の大嘗祭は無事八日に行われた。これは、女性特有の出産や月経を「血穢《けつえ》」「穢れ」とみなす意識による。

なお、元旦の四方拝は、後桜町天皇が在位しているあいだその場を設けるものの、天皇が出御することはなかった。また、毎年十一月に行われる新嘗祭は、そのころは御所内で行われていたが、後桜町天皇は一貫して出御しなかった。成人に達した天皇にもかかわらず、天皇は多くの儀式や神事に出ていない。

天皇は、さまざまな禁忌やタブーに包まれ、「現人神《あらひとがみ》」としてその「聖性」を穢れから守っている。その隔絶した「聖性」こそ、天皇存在の本質、核心を形作っている。隔絶した聖性をもつ現人神天皇は、さまざまな神事や儀礼を執り行う主体だった。しかし、女性天皇には女性ゆえの「穢れ」がつきまとう。この「穢れ」意識が存在する限り、女性天皇は、天皇の本質的な部分で十分にその役を果たせなかった。江戸時代にたしかに女性天皇が二人存在したが、その本質は「つなぎ」役であり、政務は摂政が代行し、神事もきわめて不十分にしか行うことができなかった。いわば「半天皇」でしかなかった。

4　武家の官位

官位とは

官位《かんい》とは、官職《かんしょく》と位階《いかい》のことである。官職とは、律令制下の左大臣《さだいじん》、大納言《だいなごん》、薩摩守《さつまのかみ》などの役職であり、位階とは、正一位《しょういちい》、従二位《じゅにい》、従五位下《じゅごいのげ》などのことである。官位を授与する権限は天皇にあり、中世に入り武家も官位を授与されるようになっても変わらなかった。改元《かいげん》（元号）・改暦とともに江戸時代の天皇に残された数すくない権能のひとつとされてきた。その通説が正しいのか、武家への官位授与の実態から見直してみよう。

官職は現在でもある。たとえば文部科学事務官、文部科学技官などのように、中央官庁の役所名に事務官や教官・技官などの職名をつけて官職名としている。国家公務員の世界には官職が生き続け、その職務・存在が国家的、公的であることを象徴させている。位階も存在する。現在の勲章は序列がわかりにくいが、かつては勲一等、二等など順位が露骨だった。位階は、かつては生前から授与され、宮中儀式で座る順番はその高下で決まったらしい。そもそも、位階が高いほど天皇との距離が近いのである。現在のことは承知しないが、死去すると、申請により生前の履歴・職歴などに応じて、正五位とか正四位とかが授与されることは知られている。いずれにしても、名誉なことと勲章や叙位をうける方もいれば、人を序列化するものとして拒否する方もいる。

江戸時代、公家や地下官人は当然として、武家も、上は将軍から大名は全員、旗本の一部も天皇から官位を授与され、職人や芸能者、神職らにも官位を帯びる者がいた。

武家官位の授与者は誰か

武家に官位を授与するのは天皇であった。これは、誰もとって代わることのできない権能であった。しかし問題は、天皇が武家に自由に官位を授与することができたのかということである。結論をいえば、天皇にその権限はなかった。武家に官位を授与することを決定するのは将軍であり、天皇は将軍の決定を追認し、それを認証する叙位《じょい》・叙任《じょにん》の文書である位《い》記《き》・口《く》宣案《ぜんあん》を発行するだけであった。将軍が武家に官位授与を決定し、それを天皇・朝廷に取り次ぐ、この行為を「執奏《しっそう》」といい、将軍は、武家官位を執奏する権限、すなわち武家官位の執奏権を独占した。これにより、将軍は武家官位叙任の許認可権を独占したのである。なお、室町幕府の足利将軍も同様であり、徳川将軍はそれを継承した。ただし、天皇から口宣案や位記が発行されることによって武家官位の手続きが完了し、それによりその官位は初めて公的なものとなる仕組みが残されたことは、武家の官位に対する観念にとって重大な意味があった。つまり、つきつめると、あるいは名分論《めいぶんろん》からすると、官位は天皇から授与されたもの、という意識が残ったことである。

江戸時代の武家官位は、公家の官位とは別物であったことが重要である。諸法度第七条は「武家の官位は、公家当官のほかたるべき事」と規定した。これは、武家の官位は公家の現任者の定員外とする、という意味である。豊臣秀吉の時代以来、武家が大納言や中納言、秀吉のように関白職にまで就いたため、公家たちがなかなか高位高官に昇進できなくなってしまい、不満が高まった。たとえば、律令制度のもとでは大納言の定員は四名なので、武家の大納言が二名いると、公家は二名しか大納言になれない。そのため、その分だけ公家は昇任できず人事が停滞した。江戸幕府はこの問題を解決するため、武家の官位を公家のそれから分離させ、たとえば公家の大納言が定員一杯の四名いても、それと無関係に武家の大納言を何人でも叙任できる仕組みにしたのである。毎年作成される公卿の名簿『公卿補任《くぎようぶにん》』からも、武家の名が削除された。幕府は、公家の人事の停滞を解決できるとともに、武家の大納言を何人でも自由に叙任できるようになり、官位の高下による武家の序列化にいっそう利用できるようになった。

もともと、武家が大納言の官職についても、律令に定められた大納言の職務を果たすわけではなく、まったくの虚官である。旧国名をつけた安芸守《あきのかみ》などを受領名《ずりようめい》と呼ぶが、安芸国を本拠地とした毛利氏などが、戦国時代に安芸守に叙任されることはただの官職名というわけではなく、わずかに残る国司《こくし》(国の守《かみ》)の職務、「国務」を引き継いでいたのだから、まったくの虚官とはいえなかった。しかし、安芸国から長門国《ながとのくに》と周防国《すおうのくに》に移された後は、ただの虚官だった。島津《しまづ》氏の薩摩守などは、意識のうえでは虚官ともいえなかったろう。ただ、多くの受領は現実の「国務」とは無関係で、ただの虚官だったので、たとえば信濃守《しなののかみ》がある年に何十人いてもいっこうにかまわなかった。

官位授与の実態

武家官位でもっとも多かったのは、従五位下《じゅごいのげ》○○守で、「諸大夫《しょだいぶ》」といわれた。武家官位の具体的な授与の過程を、宝暦《ほうれき》十一年（一七六一）に従五位下、信濃守に叙任された盛岡藩南部利謹《なんぶとしのり》の事例で紹介しよう。十二月十七日に、明日四時《よつどき》（一〇時頃）に江戸城への登城を命じる老中奉書《ろうじゅうほうしょ》（将軍の命令を老中が伝達する形式の文書）が江戸藩邸へ届けられた。指定された十八日に登城すると、居ならぶ老中から「諸大夫仰《おお》せ付《つ》けらる」と将軍の命令を伝達された。これにより、南部利謹の従五位下への叙位が決まった。なぜなら、後日に朝廷から発行される位記《いき》・口宣案《くぜんあん》などの日付が、江戸城で申し渡された宝暦十一年十二月十八日になっているからである。この日付こそ、武家官位の授与を決定するのは将軍だったことを象徴する。官職名は、十八日に利謹の方から「信濃守」にしたいと幕府に願い出て認可された。官職も、実質的に将軍が授与したのである。この「信濃守」となることを「改名」といっていた。それは、南部利謹はそれまで「南部三郎」と通称でよばれていたが、これ以降は「南部信濃守」とよばれるから「改名」といったのだろう。また、途中で信濃守から大膳大夫《だいぜんのだいぶ》など官職名を変えることも「改名」と呼ぶ。職掌と無関係の官職は、武家にとってはただの「名」でしかなかった。

南部利謹は、宝暦十一年十二月十八日以降、南部信濃守とよばれた。しかし、利謹の官位の叙位叙任はこれで終わったわけではなかった。天皇・朝廷から位記・口宣案を頂戴しなければ完結しないからである。その手続きは以下のようなものだった。利謹が従五位下諸大夫になったことは、将軍が官位を授与した日付の所司代に宛てた老中奉書を年賀使（毎年、天皇へ将軍の年賀を伝えるために京都に派遣された使者）の高家《こうけ》が京都まで持参し、老中奉書を受け取った所司代が武家伝奏《ぶけてんそう》に示す手続きにより朝廷に伝えられた。朝廷は、位記・口宣案などの文書を作成して高家に渡し、高家はそれを持ち帰り南部利謹に渡す、ざっとこのような手続きで完了する。

諸大夫の場合、大名でも旗本でも、年賀使の高家に代理受領を依頼したが、従四位下《じゅしいのげ》（当時は「四品《しほん》」と呼ぶ）以上の官位の場合は、少し異なっていた。高家ではなく被叙任者の家臣が上京し、持参した所司代宛の老中奉書を渡す。所司代はそれを武家伝奏に示し、朝廷で作成された位記・口宣案などを家臣が受領して江戸に戻る、という手続きだった。

武家官位と朝廷

南部利謹は、高家織田信栄《おだのぶよし》へ朝廷に提出する「姓名書」（「従五位下　宝暦十一辛巳《かのとみ》年十二月十八日　南部信濃守源嵩信」と書いた書付）と「官金《かんきん》」を渡し、位記・口宣案の受領を依頼した。「官金」は「官物《かんもつ》」ともいわれ、利謹は、天皇へ進上する黄金一〇両とその他必要な金子三五両を織田に渡している。天皇への進上は「黄金壱枚」の場合もあり、これは大判金（金七〜八両相当）である。大判は金座の御金改め役後藤《ごとう》家で、金子の場合は両替屋でキズを点検してもらい、新品かキズのないものを進上したのである。現代でも祝儀、不祝儀に包む紙幣に気をつかうのと同じことである。

所司代から老中奉書と姓名書を受け取った武家伝奏は、朝廷側の官位叙任手続きに入る。武家伝奏は武家官位被叙任者の名簿を作って関白に見せ、ついで議奏《ぎそう》を通じて天皇に送る。天皇から、従来通りの手続きで叙任するように、という指示が議奏を介して武家伝奏に伝えられる。武家伝奏は、官位叙任の責任者「上卿《しょうけい》」を決め、そのもとで位記・口宣案などは地下《じげ》官人の内記《ないき》と外記《げき》により作成され発給される。そしてそれは、武家伝奏から高家や被叙任者の家臣に渡される。

朝廷の手続きは、将軍が武家官位叙任を決定したのだからただの形式にすぎない。しかし、天皇が許可する手続きを踏んでいることに注意すべきである。武家官位とはいえ、天皇が許可し、それを示す位記・口宣案などが作成され、被叙任者に交付されたのである。

「官金」「官物」は、朝廷内で配分される。天皇は、従五位下諸大夫ならば、大名でも旗本でも金一〇両を進上される。大納言ならば銀一〇〇枚、金に換算して約七〇両になる。上皇、皇太子、女院、中宮ら皇族も配分にあずかる。武家伝奏は、諸大夫なら金一両、大納言なら七両以上、上卿と職事は金一両が配分される。額は少ないものの、これに関わる地下官人たちにもなにがしかの配分があった。武家官位の授与数は、一年に三けた以上にのぼる。たとえば、単純に一〇〇件で、一件一〇両としても、年間で一〇〇〇両が天皇に進上され、武家伝奏なら年間一〇〇両になる。将軍の代替りや上級の官位叙任があれば、天皇、皇族、公家たちのかなりの収入になった。地下官人を含む朝廷構成員にとって、武家官位は経済的な「潤い」になる意味があった。

武家官位の意義

官位は武家にとってどのような意味があったのか。官位や勲章は、人を序列化し順位づける。将軍からみれば、将軍を頂点にして御三家などの親類や一門が高位にいて、その下に石高や由緒などさまざまな要素により大名らが序列化される。つまり、将軍を頂点とした武家の序列化が官位により行われるということである。官位は、古代律令制以来用いられ、序列化の尺度としては完成された制度だった。だから、豊臣秀吉も徳川家康も、武家の序列化に活用したのである。

序列づけられる大名にとって、どこに位置づけられるのかはきわめて重要であり、もっとも大きな関心事だった。なかでも大事なのは、高い官位が望ましいことは当然として、それよりも重大な関心を払ったのは他の大名家との上下、あるいは釣り合いだった。本家と分家(庶子家《しょし》)、同格とみている大名家との上下、釣り合いであり、これは「家の面子《メンツ》(面目)」に関わることだけに熾烈だった。本家と分家(庶子家)との関係で有名なのは、仙台伊達《だて》家と宇和島伊達家、岡山池田家と鳥取池田家の争いである。ともに家祖を同じくしながらも、独立した大名家に分かれたため、本家・分家意識がからんで、どちらが先に高位の官位に上がるかでしのぎを削った。大名家同士では、鹿児島島津家と仙台伊達家が有名である。とくに伊達家は島津家を同格の家とみていたため、官位に限らずことあるごとに幕府に島津家と同格の扱いを求めたことはよく知られている。

官位の高下は、参勤交代《さんきんこうたい》の大名行列や江戸城登城のさいの行列で、供に持たせる諸道具などに差を生む。行粧《ぎょうそう》は、その家の家格を人びとの視覚にもろに訴えるため、同格の大名に差をつけられるわけにはいかなかった。また、大名たちは、江戸城に登城すると、決められた大広間《おおひろま》、溜間《たまりのま》、雁間《かりのま》、帝鑑間《ていかんのま》、柳間《やなぎのま》などの部屋に控える。おおむね同格大名が控えるが、座る順序は官位の順、しかも同じ官位ならば早く昇任した順番だった。一年でも遅れれば、いつもその大名より後ろに座らなければならなかった。このような事情から、しばしば大名による官位昇進競争がおこった。

官位の高下は、大名本人にとってもその家臣団にとっても、「御家の面子（面目）」に関わることだった。「面目」こそ武家がもっとも大事にしたものなので、官位は武家を序列化するのに効果的だったといえる。しかも、将軍が武家官位の決定権を握り、大名の序列化に巧みに利用したのである。

白石と徂徠の危惧

江戸幕府にとって、武家官位は武家を序列化する道具として重宝であった。しかし、この武家官位に危惧を抱く学者もいた。新井白石《あらいはくせき》、荻生徂徠《おぎゅうそらい》という江戸時代を代表する大学者である。

新井白石は、武家政権の発展を叙述した歴史書である六代将軍徳川家宣への講義録『読史《とくし》余論《よろん》』（正徳二年〈一七一二〉成立。『日本思想大系35　新井白石』）の足利義満《あしかがよしみつ》の時代を論じたなかで、「我（義満）がうくる所も王官也、我が臣のうくる所も王官也、君臣共に王官をうくる時は、その実は君・臣たりといへども、その名は共に王臣也、その臣あに我をたつとむの実あらむや、義満の世、つねに反臣の絶えざりしは、不徳の致す所とはいへども、つねに又その君を敬ふの誠なきによれり」と書いている。義満とその臣下《しんか》は主従、君臣関係（義満―臣下）にあるのだが、義満もその臣下も同じく天皇から官位を授与されれば、同じく天皇の臣下（天皇―義満・臣下）となり、天皇の臣下という点では義満もその臣下も同列になるので、臣下は義満に心から従わず義満を尊ばなかった、だから反乱・謀反が絶えなかったと解釈する。実質的な日本国王になった義満が、その臣下と同じく天皇から官位を授与され王臣となったことの矛盾を指摘したのである。白石は、この矛盾を解決するには、公家、武家から人民に至るまですべてが足利将軍の臣下となるような制度を作るべきだったと主張している。足利家は律令制以来の官位制度から離れ、足利家を頂点とする独自の「官位」制度を作るべきだったという指摘は、江戸時代にも律令制以来の官位制度に従っている江戸幕府へ警鐘を鳴らしたのである。

荻生徂徠は、八代将軍徳川吉宗《よしむね》からうけた諮問に応えて書いた政治意見書『政談《せいだん》』（享保十一年〈一七二六〉頃）のなかで、

天下の諸大名皆々御家来《ごけらい》なれども、官位は上方《かみがた》（京都）より綸旨《りんじ》・位記《いき》を下さるる故に、

下心には禁裡《きんり》（天皇）を誠《まこと》の君と存ずる輩《やから》もあるべし、当分ただ御威勢に恐れて御家来分になりたるというまでの事、などと心得たる心根失せざれば、世の末になりたらん時に安心なりがたき筋もあるなり

と書いている。大名のなかには、官位を叙任する文書が天皇から出されるので、天皇こそ真の主君と考え、今は将軍の威勢をおそれて家来になっているだけだ、と思っている者がいる、と指摘している。新井白石と同様に、官位が持つ問題点を指摘し、官位は天皇との君臣関係を大名たちに想起させるので、徳川家の威勢が弱くなったときに危険だと警告したのである。

荻生徂徠は、律令制の系譜を引く官位制度から離脱し、武家には十二段階の独自の勲等《くんとう》制度を導入すべきだと提言している。白石の場合は、公家から武家、人民まですべてを含む位階制度の提案だったが、徂徠は武家のみに適用する勲等制度の提言だった。官位はただの「上の化粧」、つまりただの飾りとし、実質的に機能するのは勲等制度にすべきだという。白石と徂徠は、武家も官位を授与されれば、あくまでも形式だが名分論としては王臣となり、天皇の臣下、天皇との君臣関係を想起させるという官位制度に潜む問題を見抜き、徳川将軍家の将来に危惧を抱いたのである。

危惧の現実化

名分論からいえば、官位を授与されれば武家も王臣となり、天皇と君臣関係になる。一方、徳川将軍と武家との間には、領知《りょうち》を介して君臣、主従の関係が長く結ばれてきた。とくに譜代大名たちは、名分論からする「王臣」と徳川家との主従関係による「家臣」とのジレンマに苦しむことになる。慶応《けいおう》三年（一八六七）十月に大政奉還《たいせいほうかん》があり、政権は江戸幕府から朝廷に移った。十一月十四日に江戸城雁間詰譜代《ふだい》大名たちは、老中に願書を差し出した（「大日本維新史料稿本」）。その内容は、数百年来蒙《こうむ》ってきた徳川家の御恩《ごおん》は骨髄に徹し、片時も忘れられない、官位といっても将軍が朝廷に奏聞して天皇から授与されたもので、将軍との君臣関係、徳川家の家臣であることは確定しているので、今後とも将軍の命令に従う、という趣旨だった。官位といっても実質は将軍が授与したものである、という実質論により名分論を乗り越えようとした。

越後高田藩榊原政敬《さかきばらまさたか》は、慶応三年十一月二十六日に願書を老中に提出した（「大日本維新史料稿本」）。朝廷から諸大名へ、今後、大名からの伺いや朝廷からの命令などは武家伝奏《ぶけてんそう》が取り扱う、と指示がきた。この措置により朝廷は、徳川将軍家も榊原家も同列に扱うことになる。榊原政敬は、「徳川将軍家と同列になったのでは、徳川家との君臣・主従の名分が立たないので、官位を返上し無位の陪臣《ばいしん》となることも辞さない」と訴えた。

荻生徂徠が言うように、徳川将軍家の「威勢」が強い間は、官位はなんの問題もなくただの「名」に過ぎなかった。大名は、徳川家に忠誠を誓って官位をひとつでも上に、あるいは一年でも早く上げて「家の面目」を保つことに汲々《きゅうきゅう》としていた。名分論からは、官位を授与されれば天皇の臣下、王臣ということになるが、現実論では、徳川将軍家の「家臣」としての主従の関係が圧倒的だった。「王臣」か「家臣」か。だが、徂徠が危惧したように、まさに徳川将軍家の「威勢」に翳《かげ》りが出て衰えると、名分論が現実論を圧倒する。江戸時代の武家官位を通史的にみると、歴史のダイナミズムを目の当たりにできる。

5　江戸時代の改元と暦

元号の意義と改元

江戸時代の天皇に残された数少ない権能のひとつとされるのが改元、つまり元号《げんごう》（年号のことだが、ここでは法律用語である元号を使う）を定める元号制定権である。元号とは、皇帝が時間を支配するという中国の思想で、漢の武帝《ぶてい》の時（西暦紀元前一四〇年）に「建元《けんげん》」から始まるとされる（『広辞苑』ねんごう）。皇帝は、国土と人民のみならず時間をも支配し、それを象徴するのが元号だった。その思想を受容した日本では、天皇による時間の支配を象徴するものとなった。

昭和という元号が六四年もの長きにわたったため、多くの国民は改元に馴染みがなく、改元自体をあまり現実的なものと感じる機会がなかった。一九八九年（昭和六十四）一月七日に、時の小渕恵三《おぶちけいぞう》官房長官がテレビで「平成」と書いた紙を示し、改元、新元号の施行を発表したことは、多くの人びとに鮮明に記憶されている。一月七日とは、裕仁《ひろひと》天皇が死去した日であり、明仁《あきひと》皇太子が践祚《せんそ》した日である。天皇の死、新天皇の践祚、そして改元が同日に行われ、翌一月八日からは平成元年一月八日となった。天皇一代に元号ひとつ、これは一世一元制といわれ、明治時代に定められた。現在は、一九七九年に制定された元号法により、皇位継承があった場合に限り改元すると規定され、一世一元制が継受された。

日本の元号は、西暦六四五年の「大化」が最初である。元号は、さまざまな理由で改元されてきた。新天皇の即位（代始め）、祥瑞《しょうずい》（おめでたいことの前兆・吉兆《きっちょう》）、災異《さいい》（天変・地妖・水旱《すいかん》・疾疫《しつえき》・兵革《へいかく》・飢饉など自然災害や奇怪事件、内乱や戦争）などの臨時的な改元と、干支が辛酉《しんゆう》、甲子《かっし》にあたる年に改元する辛酉革命・甲子革令《かくれい》の定例改元とがあった。讖《しん》緯《い》説にもとづく陰陽五行説により、未来に来るべき吉凶を予言するものである。干支が辛酉の年には革命がおこる（辛酉革命説）、干支が甲子の年は変乱が多い（甲子革令説）とされるため、革命や変乱を避けるため改元してきた。そのためしばしば改元され、後醍醐天皇（一二八八〜一三三九）のように、約二一年の在位中に八回も改元した天皇が出たほどである。

改元手続きの変遷

江戸時代の元号がどのような手続きで制定されたのか、天皇の元号制定権の実態を検証しよう。平安時代の元号制定手続きは、大臣が改元についての天皇の指示をうけて年号勘文《かんもん》が始まり、式部大輔《しきぶのたいふ》、文章博士《もんじょうはかせ》らに元号案の提出を命じる（元号勘申《かんじん》）。勘申者は、中国の古典から良い字を組み合わせた元号に、その字の出典をつけて提出する。勘申者の提出した元号案は天皇に奏上《そうじょう》され、そののちに公卿《くぎょう》たちの審議が行われ、元号案の優劣を論争する（難《なん》陳《ちん》）。審議を尽くしたのち天皇に奏上され、天皇が決定した元号を詔書により公布する。つまり、勘申された元号を公卿が審議し、天皇が決定して改元が行われる、という手続きであった。中世に入ると武家政権が改元に介入し、朝廷独自で決定し施行するのは困難になってゆくが、手続き自体は維持された。

江戸時代の改元は、鎌倉や室町の幕府より江戸幕府の介入の度合いが大きくなった。諸法度は第八条に、元号は漢朝（中国）の年号の中から吉例を撰んで定めること、そして但し書きで、朝儀に習熟すればそれにこだわらず改元すべきである、と書いてある。当面は中国の年号の中から撰び、改元に慣れたら独自に、ということである。江戸時代の改元は、慶長《けいちょう》二十年（一六一五）を元和《げんな》元年と改元し七月十三日から施行したのが第一回である。慶長二十年五月に大坂夏の陣で豊臣氏を滅亡させた幕府が朝廷に改元を求め、中国唐代憲宗《けんそう》（七七八～八二〇）の年号「元和」（八〇六～八二〇）を内示したのではないかと、考えられている。つまり、改元それ自体も元号名も幕府の主導により行われた。これは、金地院崇伝《こんちいんすうでん》（一五六九～一六三三）が徳川家康の諮問に応え、「元号の字は、将軍がみて定め、改元の作法は従来どおり」と主張しているのに近い。将軍が元号を内定し、朝廷が勘文、難陳などの伝統的な手続きにより決定する、という方法である。元和の改元は、将軍が内定し朝廷が陣儀《じんのぎ》を経て決定したので、形式的、手続き的には天皇・朝廷が決定した。しかし、実質的には将軍が決めたのであり、天皇の元号制定権は江戸時代の初発から形式的なものだった。

　第二回は元和から寛永《かんえい》への改元だった。改元の有力な理由は、元和十年の干支が「甲子」、つまり甲子革令にあたることにある。甲子革令による改元は、永禄《えいろく》七年（一五六四）以来中断したが、寛永改元により復活した。その後は六〇年ごとに、貞享《じょうきょう》元年（一六八四）、延享《えんきょう》元年（一七四四）、文化《ぶんか》元年（一八〇四）、元治《げんじ》元年（一八六四）と改元されている。ちなみに辛酉革命による改元は、永禄四年（一五六一）辛酉の年に改元されず中断し、元和七年（一六二一）辛酉の年も改元されなかったが、延宝《えんぽう》九年（一六八一）辛酉の年に天《てん》和《な》と改元され、辛酉革命改元も再興された。そして、寛保《かんぽう》元年（一七四一）、享和《きょうわ》元年（一八〇一）、文久《ぶんきゅう》元年（一八六一）と、六〇年ごとの辛酉の年に改元している。

　なお寛永改元については、徳川家光が元和九年七月に三代将軍に就任したことから、将軍代替りによる改元の意味が込められているのではないか、という指摘もある。幕府が、将軍の代替りをきっかけに改元をめざしたらしいことはある。慶安《けいあん》から承応《じょうおう》への改元は、慶安四年（一六五一）八月に四代将軍徳川家綱《いえつな》の将軍宣下があったことから、この改元は将軍代始めを意識したものといえる。だが、これ以降、八代将軍徳川吉宗《よしむね》の享保《きょうほう》改元は微妙だが、将軍の代始めに改元しようとする積極的な動きは認められないので、将軍代替りによる代始め改元は定着せず、幕府も固執しなかったらしい。やはり、鎌倉・室町幕府の時代でも、将軍の死やその代替り、執権《しっけん》などの事情による改元は、基本的にはなかったという歴史的な事実が大きかっただろう。

寛永改元は幕府の発議によると思われるが、元号の字について幕府は、朝廷が提示した八字のうち、朝廷がとくに推薦した三字から天皇の意向で決定するように要請した。なお、当時の京都人の間では、元和年中に京都で大火があったので、元和という字は「ケムクハ」（煙い）と読む、と罵ったと噂された（『改元物語』）。

さまざまな改元

第三回は寛永《かんえい》から正保《しょうほう》への改元であった。寛永は二一年と長く、一元号に三代の天皇（後水尾、明正、後光明）が在位した先例はないという事情もあって改元の気運が高まった。それに加え、寛永二十年十月に後光明天皇が即位したこともあり、天皇の代始め改元が表向きの理由となった。なお幕府は、天皇の代始め改元に消極的だったといわれる。徳川秀忠《ひでただ》の外孫の明正天皇は寛永六年（一六二九）に即位したが、改元はなかった。後光明天皇の次に承《じょう》応《おう》三年（一六五四）十一月に即位した後西《ごさい》天皇の場合は、承応四年四月に明暦《めいれき》と改元しているので、代始め改元であった。しかし、その次の霊元《れいげん》天皇は寛文《かんぶん》三年（一六六三）一月に即位したが改元しなかった。このように、天皇の代始め改元は、幕府の消極的な姿勢により定着しなかったが、霊元天皇の次の東山《ひがしやま》天皇が貞享《じょうきょう》四年（一六八七）三月に即位すると、翌年に元禄《げんろく》元年と改元され、これ以降は、中御門《なかみかど》天皇の正徳《しょうとく》、桜町《さくらまち》天皇の元文《げんぶん》、桃園《ももぞの》天皇の寛《かん》延《えん》、後桜町《ごさくらまち》天皇の明和《めいわ》、後桃園《ごももぞの》天皇の安永《あんえい》、光格《こうかく》天皇の天明《てんめい》、仁孝《にんこう》天皇の文政《ぶんせい》、孝明《こうめい》天皇の嘉永《かえい》と、代始めごとに改元されているので、天皇代始め改元は貞享で定着したことになる。

　将軍徳川家光は、正保改元にあたり、朝廷から出された新元号の候補を見て「元号は、天下の人びとが用いるのだから、武家から定めるべきものである」と語り、「正保」という元号をみずから撰んだという（『改元物語』）。元号は将軍・幕府が決めるもの、という意識がみえる。なお、京都人は、寛永の字を「ウサ見ルコト永シ」と読むと噂したという。

　朝廷では、新元号の候補を天皇に見せるより前に幕府に送り、幕府が選択した新元号「正保」を、朝廷内の手続きに従って決定した。正保改元が江戸時代の改元手続きのうえで重要なのは、朝廷が提案した元号の候補から幕府が選択し、朝廷はそれを伝統的な改元手続きに従って決定する、という江戸時代の改元手続きの基本が確立したことである。

　災異改元もしばしば行われた。江戸時代最初の災異改元は、明暦から万治《まんじ》への改元だった。これは、明暦三年（一六五七）一月に江戸で起こった明暦の大火（振り袖火事）がきっかけとなり、明暦四年七月に万治に改元された。たんなる大火ではなく、江戸城が天守閣も含めて焼けたことが重要である。万治から寛文《かんぶん》への改元は、万治四年（一六六一）一月の京都の大火による御所の炎上が理由である。つぎの寛文から延宝《えんぽう》への改元も、寛文十三年（一六七三）五月に、京都の大火によりふたたび御所が炎上したことをきっかけにしている。元禄から宝永への改元は、元禄十六年（一七〇三）十一月の関東大地震による。なおこの時の改元は、朝廷は新元号候補を七つ幕府に伝えたが、幕府はいずれも拒否したため、朝廷では再度六つ、七つの候補をあげ、やっと幕府が宝永を選択し決まった。明和九年（一七七二）

目黒行人坂大火　安永への災異改元をもたらした。消防博物館蔵

の安永への改元は、後桃園天皇の代始め改元であるとともに、明和九年二月の江戸大火（目黒行人坂《ぎょうにんざか》大火）による災異改元でもあった。天明から寛政への改元は、天明八年（一七八八）一月の京都大火による御所の炎上、文政《ぶんせい》から天保《てんぽう》への改元は文政十三年（一八三〇）七月の京都大地震、天保から弘化《こうか》への改元は、天保十五年（一八四四）五月の江戸城本丸の焼失、嘉永《かえい》から安政《あんせい》への改元は嘉永七年（一八五四）一月のペリー再来航、四月の御所炎上など、安政から万延《まんえん》への改元は安政六年（一八五九）十月の江戸城本丸の炎上による。災異改元とはいえ、京都御所や江戸城の炎上という、天皇と将軍の居所の火事が多い。それ以外では、元禄関東大地震、文政京都大地震などもあるが、これも天皇と将軍の居住地の大地震だった。つまり、災異とはいえ、それは天皇と将軍に直接かかわる災異であり、それ以外の地の大火や大地震による改元ではなかった。

元号と吉凶

元号は、二字熟語としては意味をなさないが、一字一字はさまざまな意味をもつ漢字の組み合わせである。すべてが美号、美称であるものの、改元の事情によりふさわしいと思われる元号名が選択された。元和《げんな》、寛《かん》永《えい》という元号への人びとの噂を『改元物語』から紹介したように、元号はとかく吉凶と結びつけられた。そもそも「凶」を避けること、大規模な「凶」である災異が改元理由になっているのだから、当然のことである。

正徳二年（一七一二）十月、六代将軍徳川家宣《いえのぶ》が在職わずか四年弱で死去した。林《はやし》大《だい》学頭《がくのかみ》信篤《のぶあつ》は、このような凶事が起こったのは、元号に「正」の字を使ったからだ、と改元を老中に進言した。新井白石は、天下の治乱、人の寿命の長短は天運や人事によることで、元号の字は無関係だと批判した。「正」のつく元号とその時期の出来事を洗い出し、歴史的に論証している。元号の字により凶事が起こるのを心配するなら、元号のなかった古代のよううに元号などなくしたほうがよいとまで書いている。白石は目を世界に広げ、そもそも元号を使っている国は世界で二、三に過ぎず、天地開闢《かいびゃく》以来何千何百何十年などと言っていると知識を披瀝している。そのうえで、元号を使わなくとも凶事は起こるし、世の中がよく治まることもある、と視野の広い合理的な議論を展開している（『折たく柴の記』）。

なお、一世一元制は近代の所産だが、江戸時代中後期の儒学者で、大坂懐徳堂《かいとくどう》の学主中井《なかい》竹山《ちくざん》（一七三〇～一八〇四）は、老中松平定信の諮問に応えて寛政元年（一七八九）に書いた『草茅危言《そうぼうきげん》』のなかで、天皇一代に一元号を提言している。その理由は、元号が頻繁に変わることによる不便さであった。元号が持つ不便さは、早くも十八世紀末には指摘されていた。時間をはかる尺度としての元号にとどめようとする議論である。おそらくその背景には、経済社会の複雑化による頻繁な改元の不便さという問題があっただろう。

吉凶と元号を結びつけるくらいなら元号を止めた方がましだという議論、頻繁な改元は不便だから一世一元にすべきだという議論が出されていた。このように江戸時代には、元号の合理的な解釈が進んでいたのである。

改元と天皇

江戸時代の改元も、天皇の代始め改元、辛酉革命・甲子革令改元、災異改元など、古代以来の改元のあり方がしだいに再興されていった。しかも朝廷では、改元のための勘申《かんじん》、難陳《なんちん》、そして仗儀《じょうぎ》など、伝統的な手続きがとられていた。天皇の元号制定権は、一見すると揺るぎないかのようにみえる。

ところが、江戸時代の改元は、定例の改元以外はおおむね幕府の発意によることが多いうえに、朝廷が六つから九つの新元号候補を選んでそのうちの三つ程度を推薦し、幕府が候補を一つに絞り、朝廷は伝統的な手続きによりそれを新元号に決定する、という手順だった。朝廷が撰んだ新元号候補のなかに、幕府の気に入ったものがなければ突き返され、新たな候補を提案しなければならなかった。つまり、改元の主導権も実質的な決定権も将軍・幕府が握っていた。天皇の元号制定権とは、このような内実だった。さらに、改元の施行を全国に伝達するには、江戸幕府の全国支配の仕組みによらなければならなかった。朝廷は、決定した元号を全国に伝える機構をすでに失っていた。幕府は、全国を対象にした触書《ふれがき》を伝達する仕組みを作動させ、幕府直轄領は各地の遠国奉行《おんごくぶぎょう》と代官、私領は大名らにより日本のすみずみまで周知させたのである。

新井白石は、「わが朝の今に至りて、天子の号令、四海の内に行はるる所は、ひとり年号の一事のみこそおはしますなれ」(『折たく柴の記』)と書いている。天皇の号令が全国で執行されるのは年号だけだ、という意味である。しかし内実は、天皇・朝廷には新元号を決定する権限も、またそれを全国に伝達する力もなかった。ただいくつもの新元号の候補を考え、幕府が決定した新元号を古代以来の手続きによって認証したのである。それでもなお、天皇による時間の支配を意味し、天皇による国土と人民の支配・統治を象徴する元号が維持されたことは、現代に至るまで大きな意味を持ち続けた。

暦と天皇

中国では王朝の交代とともに改暦が行われ、暦は王朝、国家の象徴として重要視された。暦は国家の手で作成され、頒布《はんぷ》されるものだった。日本でも、古代律令国家の太政官《だいじょうかん》中務《なかつかさ》省《しょう》に属する陰陽《おんみょう》寮《りょう》に暦博士がいて、造暦《ぞうれき》に従事した。毎年作られた暦は、天皇に奏聞《そうもん》され、その後に各役所に頒布され利用された。暦の作成と頒布は、天皇・朝廷が行うべき国家事業だった。その後、律令国家の衰退とともに、具体的な造暦は賀茂《かも》家が独占し、室町時代に賀茂家が絶えると、かつて陰陽寮で天文道を司った安倍家(のちに土御門《つちみかど》家と称した)がその実権を握り、造暦の実務は土御門家の配下にあった賀茂家の支族である幸徳井《こうとくい》家があたっていた。

日本には独自に編暦する力量がなく、中国の暦を利用していた。なかでも、中国唐代に作られた宣明暦《せんみょう》は、貞観《じょうがん》四年（八六二）から使用され、独自に改暦する学問的な実力がなかったため、それ以降なんと八二三年間も使われ続けた。このため、実際とは二日ほどズレが生まれ、日食などの天文現象の予報に誤りが出てきてしまった。このことは、日食・月食と天皇の禁忌とも関わって重大事だった。しかし、朝廷、土御門家、幸徳井家には、改暦できなかった。中国では、元代の授時暦《じゆじれき》が一二八一年から利用され、この中国暦法の傑作といわれる授時暦は、江戸時代に入ってさかんに研究された。天文学者の渋川春海《しぶかわはるみ》（一六三九〜一七一五）は、この授時暦を研究し、日本と中国の経度差や具体的な観測も採り入れて日本に適合させ、新暦を作った。朝廷はこれを採用し、貞享《じょうきょう》元年（一六八四）に貞享暦への改暦を宣下し、翌年から使用された。

幕府は、渋川春海を幕府天文方に登用し、暦作成の天文学に関わる部分を天文方が行うようになった。このようにして、暦の作成は、朝廷ではなく幕府が重要な役割を担い、編暦の実権は幕府に移った。天文方が計算して作られた暦が京都に送られ、幸徳井家で日の吉凶などを書き込んだものを江戸に戻し、それが出版されることになった。貞享暦は、宝暦《ほうれき》四年（一七五四）まで用いられ、編暦の主導権をめぐり幕府天文方と土御門家との争いもあったが、宝暦五年に宝暦暦に改暦された。その後、寛政暦、天保暦と改暦された。

編暦の実権は朝廷から幕府に移り、形式的な手続きのみが天皇・朝廷に残された。これは、武家官位や改元とほぼ同じ仕組みといえる。また、中国との関係でいえば、中世までは中国で作られた暦を用いてきたのが、江戸時代には日本独自の暦を作成したことを意味し、国家の象徴ともいうべき暦の面でも「中国からの自立」を果たしたことになる。室町時代のある時期に中国と冊封《さくほう》関係に入っていたが、江戸時代にはその関係に入らず、政治的に「中国からの自立」を実現した。

さらに中世には中国の銭を通貨とし独自の貨幣をもたなかったが、江戸時代には寛永通宝《かんえいつうほう》を鋳造し、貨幣の面でも「中国からの自立」を果たしたことになる。冊封関係、通貨、暦などの面での「中国からの自立」、そして「万世一系」の天皇の存在は、江戸時代人の国家意識、中国観に大きな意義を持つことになる。

6　民衆と天皇

民衆と御所

私たちは、春と秋の一般公開の期間ならば、京都御所の中に入り、紫宸殿《ししんでん》や清涼殿《せいりょうでん》など主要な殿舎を拝観できる（現在は通年公開されている）。江戸時代の人びとは、臨時、恒例の儀式や行事のさい禁裏御所の中に入り拝見できた。恒例では、「節分」、一月の「後七日御修法《ごしちにちのみしほ》」、同十七日の「左義長《さぎちょう》」、七月十五日の「禁中御燈籠《きんちゅうごとうろう》」、十二月の「御神楽《みかぐら》」があり、臨時では、「即位礼《そくいのれい》」、「御能」、追善法要の「御懺法講《おせんぼうこう》」「御八講」（法華八講《ほっけはっこう》）などがあった。

森田登代子「近世民衆、天皇即位の礼拝見」によると、民衆は、最大の儀式である即位礼でも御所に入り、日華門《にっかもん》や承明門《しょうめいもん》付近から拝見できた。明正《めいしょう》天皇の即位礼には、「見物の貴賤庭上に充満」（「明正院寛永御即位記」）というように、かなりの人数が詰めかけたらしい。宝永《ほうえい》七年（一七一〇）十一月の中御門《なかみかど》天皇の即位礼にあたり、「明十一日御即位につき拝見に参り候儀、僧尼ならびに法躰《ほったい》のものはまかり成らず候条、この旨洛中洛外え触れ知らしむべき者なり」（『京都町触集成』）という町触《まちぶれ》が出ている。僧など仏教者以外は、拝見を許されていることがわかる。享保《きょうほう》二十年（一七三五）十一月の桜町《さくらまち》天皇の即位礼では、御所への入場券である「切手札」が発行され、その所持者は拝見を許されたのである。つぎの延《えん》享《きょう》四年（一七四七）九月の桃園《ももぞの》天皇の即位礼では、切手札が男一〇〇枚、女二〇〇枚発行された（いずれも『京都町触集成』）。切手札の発行により、しだいに人数が制限されてきたらしい。なお、即位礼で使われた旗《はた》や幢、さらに高御座《たかみくら》などは式後二日間展示され、人びとは拝見することができたという。ただ、幕府の管理強化により、しだいに拝見する場の規制や人数の制限が加わっていった。

岸泰子「近世禁裏御所と都市社会」によると、恒例でもっとも多くの人が集まったのは、節分の内侍所《ないしどころ》（御所内の賢所《かしこどころ》。神鏡を安置）参詣だった。人びとは節分の夜に内侍所へ参詣し、銭一二文を賽銭とし、追儺《ついな》の大豆をいただいて帰った。民衆の内侍所参詣は、十七世紀末の貞享・元禄期に始まり、年々さかんになり大勢の人が参詣したと言われる。『京都町触集成』に収録されている町触では、元禄十六年（一七〇三）の節分に関するものがもっとも古く、「来る正月内侍所え参詣人の儀、元日昼八つ時より七つ時までのうち参詣いたし候ように申し聞くべき事」と触れ出された。このように、禁裏御所内の内侍所が時間を限って開放され、かなり混雑するほどの参詣人だったらしい。この節分の内侍所参詣が、後に説明する「御《ご》所《しょ》千度《せんど》参《まい》り」の基礎になったのだろう。

この他には、櫻井秀『風俗史の研究』によると、人びとは、牡丹《ぼたん》拝見や御能拝見などに仙《せん》洞《とう》御所の中に入ることができたし、地方から上京してきた人びとが、地下《じげ》官人そのほかの手づるを使って御所を拝観することもしばしばだった。このように、禁裏御所は、神事の時を除くと民衆に閉ざされた空間ではなかったのである。

職人・芸能者の受領

大きな神社にある銅製の燈籠の後ろ側をみると、「従五《じゅご》位下《いのげ》越後守《えちごのかみ》藤原為次」など、製作した鋳物《いもじ》師らの名が刻まれ、大工にも同様の事例をよく見かける。また、人形操《あやつ》りの浄瑠璃《じょうるり》太夫《だゆう》などのなかには、「近江大掾《おうみのだいじょう》」などを名乗る芸能者がいた。「越後守」「近江大掾」などを受領名《ずりょうめい》（旧国名に守《かみ》、介《すけ》、掾《じょう》、目《さかん》などを付ける）とよぶ。鍛冶、筆師、絵師、小細工（人形細工）、香具師《こうぐし》、鏡師《かがみし》、菓子屋、白粉屋、墨屋、刀工ら多種多様な職人や医師、さらに芸能者と神職らには受領名を使う人びとが大勢いた。京都の職人では、貞享二年（一六八五）に一八二名、明和五年（一七六八）、六年に全国で一〇八八名もの職人が受領名を使っていた。これら職人や芸能者らは、受領名を通じて朝廷・天皇とつながっていた。ここでは、職人の受領をみてみよう。

職人でも芸能者でも、受領を名乗るには、公家を通して「小折紙《こおりがみ》」という申請書を朝廷に提出し、関白の内覧《ないらん》（事前点検）をうけて天皇の裁可を得るという正式な官位叙任の手続きが必要だった。例えば鋳物師なら、製作した香炉の他に金七両ほど官金《かんきん》・官物《かんもつ》を進上し、さらに、地方在住者は京都まで出向かなければならなかったので、かなりお金が必要だった。ところが、受領名を名乗っている職人が、みな正式な官位叙任手続きを経ていたわけではなかった。

職人らの受領には、大まかに三種類があった。①正規の受領、②勧修寺《かんじゅじ》・仁和寺《にんなじ》・大覚寺《だいかくじ》の三門跡《もんぜき》から出される永宣旨《えいせんじ》（特権を永久に付与する宣旨）による受領、③それ以外の公家などが出入り職人らへ与える国名・官名の「呼名《よびな》」（たとえば「相模守」から「守」をとって「相模」）の受領があった。正規の①でも、代替わりしたら跡を継いだ者が再度申請して叙任《じょにん》（継目《つぎめ》受領）される必要があったが、それをせずにそのまま名乗っていた者も多かった。①の場合、費用がかなりかかるので、継目受領をしなかったり勝手に名乗ったりが増えたのである。明和五、六年に受領を名乗る一〇八八名のうち、正規の手続きを経たのは一〇三名に過ぎなかった。

朝廷は、職人らの受領がいい加減になっていたので、明和三年に幕府に要請して触書を出してもらい、継目受領の徹底とそれ以外の受領を禁止した。効果があって継目受領の手続きをとる者が増え、官位制度の原則を正すとともに、朝廷は官金・官物の増収にもなった。しかし、②の受領も禁止されたことへ三門跡が抗議し、明和九年に三門跡の永宣旨による受領が認められた。①より費用も安く、容易に得られることもあり、江戸の職人の間では②の受領が多かったという。結局、職人の受領は①と②に限られた。

職人にとって受領を名乗る意義はどこにあったのか。江戸時代中後期では、受領を名乗った職人には、地主・家持《いえもち》という都市の上層町人ではなく、地借《じがり》・店借《たながり》という一段低い階層の者が多かった。たしかに職人としての技術への名誉心もあったろうが、やはり社会的な地位の向上、あるいは商売上の権利を主張するために受領を求めた者が多かったらしい。職人たちは、たんなる名誉ではなく、商売上の実益を受領、すなわちそれを授与する天皇・朝廷の権威に求めたのである。

7 外から見た江戸時代の天皇

西洋人の天皇観――二人の皇帝

西洋人の天皇観は、ペリー『ペルリ提督日本遠征記』序論第三項「政府」に記されたつぎのみかたが典型である。

日本は、同時に二人の皇帝を有するといふ奇異なる特質を有してゐる。御一人は世俗的な皇帝であり、他の御一人は宗教的な皇帝である。

天皇が「宗教的な皇帝」、将軍が「世俗的な皇帝」、日本には二人の皇帝がいるという認識である。ほかでは、「形式上の王」と「事実上の皇帝」とも書いている。天皇は、もともとは「世俗及び精神界両方面の単独の主権者」だったが、源頼朝以降しだいに将軍に圧倒され、徳川家康が「太閤《たいこう》（豊臣秀吉）が僅《わずか》に御残し申上げてゐた俗界の権力さへも奪ひ、嘗《かつ》てと同じく、単なる宗教上の主権を現はす独裁権に過ぎなくし奉つた」結果が、現在の天皇の状態だという。このような知識を持つが故にペリーたちは、開国交渉の相手として「世俗的な皇帝」将軍を選択したのである。西欧人にとって、「二人の皇帝」はヨーロッパの「教皇」と「皇帝」になぞらえやすかった。

二人の皇帝、世俗と宗教に二分するとらえ方は、ケンペル『日本誌』に始まるという。

今世紀すなわち十七世紀の初めに当たり、同じように征夷大将軍に任ぜられた若い公子が幕府を確立し、教界の朝廷とは全然別個の自己の権力を専有するに至った。かれは最高の君主権の完全分離を実現したのである。（中略）この先祖伝来の神聖な皇室から俗界政治の全権力を取り上げ、兵馬の権を完全に自己の手中に収めた。しかし、教界に属する事柄については、一切の権力を少しも損わずにこれを天皇に留保し、天皇は現にその権限を享有し、神々の正統な後継者として認められ、現つ神《あきかみ》として国民から尊敬されているのである。

将軍は「俗界」、天皇は「教界」、と君主権を二分したとする解釈は、もっとも詳細な日本研究をのこしたシーボルトまで引き継がれ、西洋人の天皇観の定型となった。

ロシア人の天皇認識

西洋人のなかにも、「二人の皇帝」観に疑念を抱いた者もいた。それは寛政《かんせい》十一年（一七九九）から一九年間も出島のオランダ商館長をつとめたヘンドリック・ドゥフである（以下『ヅーフ日本回想録』〈『異国叢書』〉）。「世間多くの著作者が言明する如《ごと》く、内裏は精神的皇帝にして、将軍は政治的皇帝なりといふに非ずして、内裏は本来絶対的主権者なりしこと」と、天皇「宗教的皇帝」説に疑問を呈した。その理由は、ロシア使節レザノフが文化元年（一八〇四）に来日したさい、幕府が朝廷の意見を尋ねたと聞き知ったからだという。ドゥフは、そこに天皇の世俗性を見たのである。

幕府が朝廷の意見を尋ねたというのは、文化二年三月に、オランダ通詞《つうじ》馬場《ばば》為八郎《ためはちろう》（一七六九〜一八三八）がレザノフへ、幕府がロシアの通商要求を拒否した経緯の「内幕」を語ったなかに出てくる（レザーノフ『日本滞在日記』）。

あなた（レザノフ）が日本に到着してすぐに、将軍は通商に同意することを明らかにしました。しかし一人の狡《ずる》い重臣、出羽さまの敵、つまりはロシアの敵が、将軍を思いとどまらせ、根幹に関する法令に関しては、まず天皇の同意をもらわなくてはならないと言い出したのです。今回は特に新しくキリスト教の強国を受け入れるかどうかに関わる大事な問題だと言うのです。さらに彼は天皇に対して、彼を精神的な皇帝といってもいいと思いますが、将軍が天皇の最後の権力を奪おうとしており、ラクスマンに許可書を渡したときも、天皇には何も知らせなかったと、働きかけたのです。実際に何も知らせなかったのはほんとうのことであり、決断力をお持ちだった出羽さまは、その時天皇に知らせる必要がないと見なしていました。ついに天皇はこの唆《そその》かしにのり、重要な案件を決定するには、幕府閣僚の同意が必要になったのです。集められた幕府閣僚たちは、この狡い重臣の策略に丸め込まれてしまったのです。

将軍はロシアに通商を許可する方針だったが、狡い重臣が、重大問題は天皇の同意が必要だと主張し、天皇に働きかけたところ天皇も唆しにのったため、幕閣全員の同意が必要となり、評議の場でその狡い重臣に丸め込まれ拒絶になってしまった、という内容である。国家の重大問題の決定に天皇の同意が必要ならば、たしかに天皇は「宗教的な皇帝」どころではない。しかし、幕府がレザノフへの回答について天皇・朝廷に意見を求めた事実は確認できないし、おそらくなかった。馬場為八郎の説明は、事実に反している。

ロシアのディアナ号艦長ゴロヴニンは、世界周航の途中、文化八年（一八一一）にクナシリ島で幕府役人に捕らえられ、箱館、松前に二年三ヵ月間も投獄された。ゴロヴニンは自著

『日本幽囚記』のなかで「日本国および日本人論」を展開している。「国家統治」のところで、「日本には二人の支配者がある。ヨーロッパ人はその一人を信仰上の皇帝と呼び、他を世俗の皇帝と称してゐる」と定型的な知識を語るとともに、世俗の皇帝を日本皇帝と称すべきだと主張する。そして、天皇と将軍との関係をつぎのように書く。

第一に信仰上の皇帝または禁裡様は、日常の国政や秩序の進行には、何ら関与されないのである。外部から風評でも伝はつて来ないかぎり、国内で何事が起つてゐるかさへ知られないのである。ただ最も重要な場合にのみ、世俗の皇帝は信仰上の皇帝のアドヴァイスを受けねばならない。例へば現行法を改正したり、新法を施行したりする場合とか、外国と国交関係を樹立したり、戦争を開始すると云つたやうな場合がそれである。

将軍は、新規の立法や法律改正、条約締結や戦争開始などの重要事項について、天皇の意見を求め承認を得る必要があると解釈している。現実の朝廷と幕府の関係とは異なるものの、「宗教的な皇帝」と「世俗的な皇帝」と二分する単純な理解より、日本の国制について深い認識である。ラクスマン、ついでレザノフと、二回にわたり使節が直接に幕府と交渉した国の故か。

朝鮮・中国の天皇認識

西洋人による日本研究、日本への関心と比較すると、隣国の朝鮮人と中国（清国）人のそれは乏しい。毎年多数の中国商人が貿易のために長崎に渡来していたが、清代中国人の天皇に関わる認識は、現在のところ紹介するに足るものがないほど、無関心に近い。近世日本が、中国の冊封関係に入らず正式な国交関係がなかったことにその原因があろう。朝鮮は、江戸時代を通じて交隣関係にあり、前後一二回の朝鮮通信使が来日、最後の一回を除き江戸城に登城して国書を交換している。朝鮮通信使が書いた使行録とかれらが持ち帰った日本関係書籍により朝鮮人学者の日本研究が行われた。天皇と将軍（関白と表現している）との関係を中心に、河宇鳳『朝鮮実学者の見た近世日本』から紹介しよう。十七世紀は、豊臣秀吉の朝鮮出兵の影響から日本への敵愾心《てきがいしん》と夷狄《いてき》視・野蛮視が強く、関心は乏しかったが、十八世紀に入ると、一部で関心がもたれるようになり研究が始まるという。伝統的な日本夷狄観は根強く、天皇を「倭皇」「偽皇」、天皇の勅書を「偽詔《ぎしょう》」などと表現することも多かった。そこでは、朝鮮国王の外交相手である日本国大君（将軍）の日本国内の地位に関心が集まり、朝鮮国王が天皇の臣下である「関白」（将軍のこと）と対等の外交関係を持っている問題点が強調されている。

享保四年（一七一九）に、八代将軍徳川吉宗の将軍就任を祝賀する通信使に製述官《せいじゅつかん》として参加した申維翰《しんいかん》は、紀行文『海游録《かいゆうろく》』を著した。江戸幕府将軍と朝鮮国王との外交のためか、天皇に関する記事は多くないが、「国名の由来と天皇」の中で、「昔、天皇が威福《いふく》を専擅《せんせん》したときにおいては、三公六官を置いて百工を治め、大将軍を置いて軍政を統理した。中世以後は、大将軍がみずから関白となって国命を執り、いうところの天皇は、その宮に形代《かたしろ》の如くに居し、号令が王城から出ることはなくなった。ただ、年号、暦書をもって国中に行ない」と、将軍が現実の政治を行い、天皇は関与しなくなったが改元と改暦の権限をもつと指摘する。

優れた実学者安鼎福《あんていふく》（一七一二〜九一）は、「一姓相ひ伝はり、今に至るまで已《や》まず。是中国聖王の能《よ》くせざる所の者なり。誠に異事たりて、封建の法は能く行はる」と、天皇が万世一系で続いてきた事実を、中国でもできなかったことと評価しているという。万世一系に価値をおく点で、日本の「皇国」論者に近い。また、天皇と将軍の関係について、

其の国中、東武・西京の相ひ仇敵と為ること久し、関白（将軍）は東都の江戸に在り、武事を主《つかさど》る。倭皇は西都の倭京に在り、文事を主る。倭皇は位を失ひしより関白は政《まつりごと》を専にし、以後両都は仇視《きゅうし》す、而《しか》れども力弱ければ敢《あ》へて動かず云々。亦《ま》た豈《あ》に忠臣義子の憤を積み、痛歎を含み、偽皇（天皇）の位を復するを欲して得ざる者無からんや。

将軍が「武事」、天皇が「文事」と分け合い、将軍が政治を独占している、西と東にわかれて対立、反目しているが、忠臣が出て天皇が将軍にとって代わる可能性を論じている。宗教と政治ではなく、軍事と文事に二分して理解しようとするところに、東アジア的な特徴を認めることができ、より実相に近いのではないか。

第五章　朝幕関係の転換――光格天皇の時代

1　光格天皇の政務運営

閑院宮家から天皇へ

光格《こうかく》天皇は、明和《めいわ》八年（一七七一）八月に、閑院宮典仁親王《かんいんのみやすけひと》の第六王子として誕生した。閑院宮家はすでに説明したように、宝永《ほうえい》七年（一七一〇）に創設された、東山《ひがしやま》天皇の第六皇子直仁《なおひと》親王に始まる新しい宮家である。典仁親王はその二代目である。光格天皇の幼称は祐《さち》宮《のみや》、誕生の翌年安永《あんえい》元年（一七七二）九月に、聖護院宮《しょうごいんのみや》忠誉法親王《ちゅうよほっしんのう》の付弟とされ、順調に行けば将来は出家し聖護院門跡《もんぜき》を継《つ》ぐことになっていた。ところが、安永八年（一七七九）十一月に、その運命は激変した。後桃園《ごももぞの》天皇が、皇位を継ぐ者がないうちに急逝したため、祐宮に白羽の矢がたったからである。なぜ閑院宮家の祐宮だったかというと、閑院宮家はもっとも新しい宮家なので天皇家と血が近く、また祐宮はまだ入寺していなかったという理由である。朝廷は、表向き後桃園天皇の死を伏せて幕府と相談し、十一月八日に、祐宮九歳が養子となり践祚《せんそ》することを発表した。江戸時代、宮家から皇統を継ぐ初めての事例となった。その翌日、実際の死から九日経って後桃園天皇の死が公表された。この九日間、天皇位は空白だった。なお、現在の天皇に至るまで、この閑院宮から出た皇統が続いている。

ところが、「よって御血筋も遠く相なりし故に、諸人軽しめ奉るには非ずといえども、何やらん御実子の様には存じ奉らず、一段軽きように存じ奉る族《やから》もこれありけり」（『小夜聞《さよのきき》書《がき》』。東京大学附属図書館南葵《なんき》文庫所蔵本は享和《きょうわ》元年〈一八〇一〉の写本）という噂があったらしい。閑院宮家から皇統を継いだため、天皇家の血筋、血脈としては遠くなったことから、公家や廷臣たちが、実子が跡を継いだ場合より軽く見る、軽く扱うところがあったという。天皇自身も、享和元年に伊勢神宮へ派遣した公卿勅使に持たせた宣命《せんみょう》に、「兼仁眇々《ともひとびょうびょう》たる傍支《ぼうし》の身にして 辱《かたじけな》く天日嗣《あまつひつぎ》を受伝へる事」「従傍支《ぼうしより》して皇統を続《つぎ》奉るは」と「傍支」と書き、寛政《かんせい》十二年（一八〇〇）八月の宸翰《しんかん》にも「愚は宗室《そうしつ》の末葉にして」と書き、傍系から出た天皇であることを意識し続けている。尊号一件《そんごういっけん》で、天皇の実父である閑院宮典仁親王が、世襲親王家であるが故に関白・大臣より下に座ることに耐えられない、といったのもその意識からであったろう。

学問奨励と規律の確立

後桜町《ごさくらまち》上皇は、なんとなく周囲から軽く見られ、幼少でもある光格天皇の行く末を案じたのか、天皇に熱心に学問するよう勧めた。その訓育の結果であろうか、上皇は、天明《てんめい》八年十月に、「御学文主上《しゅじょう》もっぱら好《この》ませ給《たも》うあいだ、下官どもにおいても学問出精しかるべし」（「輝良公記《てるよしこうき》」）と指示されているように、光格天皇は学問にいそしんだようである。「ことに

光格天皇像　御寺 泉涌寺蔵

御学文を好ませ給い、わが国の歌道、また有職の道に御こころをつくさせ給い」（『小夜聞書』）と、好学の天皇であると広く噂された。

寛政四年（一七九二）、光格天皇二二歳の年を例にとると、御前に近習衆を集め、三月二十七日・四月二日・同七日・同十六日・五月二日・六月二日・七月二十二日・同二十七日・八月七日・同十二日・九月二日・同七日・同十二日・十月二日に『十八史略』の会が開かれ、十一月四日から『貞観政要《じょうがんせいよう》』の会が始まり、同十二日・二十三日・十二月九日・同九日に開かれた。会の進め方は、近習衆が集まっておのおの好むところの読書をする後水尾《ごみずのお》天皇の「禁中御学問講」と異なり、「会読」「輪講」という形式をとり、ともに読んで「各論議」というように議論もしている。かわるがわる講義し議論するのだから、参加者は予習が必要だった。初回には、参加者に「縮緬一巻」が下賜され、読了すると「御会満つるにより酒肴を賜う」と宴会が開かれている。また、話の内容はよくわからないが、会の終了後に天皇を交えて「談話」することもあった。

他方、寛政八年八月には不行跡を咎《とが》め、前権大納言《ごんだいなごん》柳原紀光《やなぎわらもとみつ》、従三位《じゅさんみ》岩倉具選《ともかず》ら三人を永蟄居《えいちっきょ》、正三位西《にし》大路隆良《おおじたかよし》ら二人を蟄居、その他四名に遠慮を命じている。さらに十月には、遊興に耽って不行跡をしたことを責め、正三位土御門《つちみかど》泰栄《やすなが》に閉門、権大納言広幡前秀《ひろはたさきひで》、同徳大寺実祖《とくだいじさねみ》、同花山院愛徳《かざんいんよしのり》、同中《なか》山忠尹《やまただまさ》ら現職大納言を含む一六人の公家に差控《さしひかえ》、戒告などの処罰を加えた。さらに、権中納言庭田重嗣《にわたしげつぐ》、同四辻公万《よつつじきんつむ》ら三四人にも、遊興のかどで譴責《けんせき》を加えた。いずれも、厳しい処罰を下すべきところを「御憐愍《ごれんびん》」により軽い咎めにとどめたとはいえ、合わせて六〇人近い堂《とう》上《しよう》公家が、軽重はあるものの遊興など公家にあるまじき不行跡を理由に処罰を受けたのである。なお、参議綾小路俊資《あやのこうじとしすけ》は、院評定《いんのひようじよう》だったので上皇から罰が下されるはずの十月五日の当日に自害をはかったが、命を取り留めた（「実種公記」）。

そのうえで、十月五日に「条目《じようもく》」を出し、なお不法遊興があれば厳罰に処すこと、小番《こばん》を疎かにしないこと、官位の高下に従った礼節を守ること、そして家業に出精することを命じた（「実種公記」）。「条目」を出しただけではなく、十四日には、仁和寺門跡、妙法院門跡らの遊興について、さらに左大臣二条治孝《にじようはるたか》の不法についての調査を議奏《ぎそう》に命じ、「条目」の励行をはかっている。光格天皇は、公家に学問と家業および禁裏への奉公を要求し、それに反する公家を処罰するという、朝廷のトップとして公家に規律を求め、厳しい姿勢で臨んでいる。

政務の中心に座る

関白鷹司輔平《たかつかさすけひら》は、天明八年（一七八八）に老中松平定信《まつだいらさだのぶ》へ送った手紙のなかで、当時の朝廷政務のあり方について書いている。それによると、桜町天皇以来、天皇の寿命が短く、女帝の時もあったため摂政が続き、しばらく関白の時もあったが、天皇が幼主や病弱のため名は関白でも摂政と同様だったという。つまりこの三十数年のあいだ、天皇は在位しても政務に携わることはほとんどなかったらしい。ところが光格天皇は、一五歳になった天明五年（一七八五）に、摂政九条尚実《なおざね》が関白になり（「復辟《ふくへき》」という）政務代行から政務補佐の立場に変わったが、九条尚実が病気になったため、光格天皇は十七、八歳の頃から早くも政務に馴れ、一、二の近臣と相談しながら朝廷政務を処理しているという。光格天皇は、若くして朝廷の中心にしっかりと座っていたのである。これは近来稀な姿であり、鷹司輔平は「近代これ無き恐悦の折りがら」と悦びを語っている。

幕府への強い姿勢

当時の朝廷と幕府の関係について、左大臣一条輝良《いちじょうてるよし》は、天明六年九月十日の日記に、「ひとえにもって当時の時宜《じぎ》、武威《ぶい》天下に偏満《へんまん》す、何事も関東筋の儀盛ん、しかるべきなりと云々、如何の事、しかるべからざる世の風俗と云々」（「輝良公記」）と書いて、江戸幕府の権力が天下を覆い尽くしている状況だと、悲憤慷慨《ひふんこうがい》している。尊号一件を素材にした実録物『小夜聞書』には、「しかるに近代関東の権威強く、別して禁裏を恐れたてまつらず、万事関東の所存にまかせ取り量《はか》らい申されければ、当時衰微の禁庭《きんてい》なれば、いかがなされかたもなく、つねづね宸襟《しんきん》をなやましおはしましける、左右の賢臣もおのおの口を閉じて一言申す人もなく、誠に武家次第の世の中なりと歎かぬ人もなかりけり」と書かれている。幕府の圧倒

徳川家斉　東京大学史料編纂所所蔵模写

的な力の前にひれ伏している朝廷を、同情的に描いている。後水尾上皇が、後光明《ごこうみょう》天皇に与えた「御教訓書」に書かれていた、江戸時代前期の幕府の圧倒的な力と変わるところはない。

この状況にあって光格天皇は、幕府に強い姿勢で臨もうとしていた。寛政三年四月に、武家《ぶけ》伝奏《てんそう》の人事に関わって、「武家など禁中の義恐れ敬い候《そうろう》よう相成《あいな》る方よろしかるべきよし、御沙汰なり」（「輝良公記」）と、幕府が朝廷を恐れ敬うようになる方がよい、と関白に指示した。天明八年三月に、幕府から三ヵ年の倹約令が朝廷にも出て万端《ばんたん》省略が求められ、三年が経過した寛政三年十月に、所司代は倹約の励行により禁裏財政に剰余が生まれたので、その褒美として武家伝奏以下に物を贈ると申し出た。それに対して、光格天皇は、幕府の命令で倹約をしたわけではないと怒り、褒美の名目は筋違いだと受領を拒否させた。所司代は、必死に懇願し、なんとか受領してもらわざるを得なかった。

寛政四年三月には、天皇の意向（「御内慮」）を幕府に伝えるとき、武家伝奏は所司代宅へ出向き、所司代が伝奏宅へ来ることはない、という朝幕間の交渉スタイルに問題があるとし、所司代も伝奏宅に来るよう改善すべきだと指示している。また、勅使と武家が旅行の途中で出会った時は、儀制令《ぎせいりょう》が規定する国司《こくし》と郡司《ぐんじ》の礼を適用すべきだという（いずれも「輝良公記」）。これらは、朝廷と幕府の関係を対等のものに近づけようとする姿勢の現れで、光格天皇の幕府に対する強い姿勢が特徴的である。

それに対比して、幕府側の低姿勢が目立つ。たとえば、天明八年（一七八八）二月六日、将軍徳川家斉《いえなり》の「前髪執《まえがみとり》」儀式を、御所と二条城の炎上を理由に同月二十一日へ延期、同年春のうちに家斉の結納を行うことが公表されていたが、これも御所炎上を理由に四月十八日に延期、さらに同年十月、家斉の婚礼を来年挙行すると触れたが、家斉は御所造営が未着手なので「遠慮」し延期する意向を示した。御三家と老中の申し入れにより来年二月に挙行することにしたが、寛政元年（一七八九）二月四日の婚礼は、「御婚礼御内祝い」という内輪な式にとどめた。光格天皇と将軍徳川家斉の対照的な姿をかいま見ることができるのではないか。

君主意識・皇統意識

天皇は国王・君主と位置づけられ、天皇自身もその意識をもっていたことはすでに述べた。光格天皇は、人一倍強い君主意識の持ち主だった。後桜町上皇から与えられた教訓に応えた寛政十一年（一七九九）七月二十三日の宸翰《しんかん》に、つぎのように書いている（『宸翰英華《しんかんえいか》』）。

もっとも仰せの通り、人君は仁を本といたし候事、古今和漢の書物にも数々これ有る事、仁はすなわち孝、忠、仁、孝は百行の本元にて、誠に上なき事、常々私も心に忘れぬよう、仁徳の事を第一と存じまいらせ候事候、ことに仰せども蒙《こうむ》り候えば、なお更に存じ候事、（中略）仰せの通り身の欲なく、天下万民をのみ慈悲仁恵に存じ候事、人君なる物の第一のおしえ、論語はじめ、あらゆる書物に皆々この道理を書きのべ候事、すなわち仰せと少しも少しもちがいなき事、さてさて忝《かたじけ》なく忝なく忝なく存じまいらせ候、なお更心中に右の事どもしばしも忘れおこたらず、仁恵を重んじ候わば、神明冥加《しんめいみようが》にもかない、いよいよ天下泰平と、畏《かしこ》まり畏まり畏まり入りまいらせ候、（中略）仰せの通り、何分自身を後にし、天下万民を先とし、仁恵・誠信の心、朝夕昼夜に忘却せざる時は、神も仏も御加護を垂れ給う事、誠に鏡に掛けて影をみるがごとくにて候、

君主（人君）は「仁」を第一としなければならない、そして一身を顧みることなく天下万民に「仁」を施さなければならない、そうすれば神の加護により天下の太平を維持できる、という趣旨である。光格天皇は、みずからを君主とし、天下万民に慈悲・仁恵を施すことが務めだという。また、寛政十二年八月の石清水《いわしみず》八幡宮と賀茂社の臨時祭再興を願う「御趣意書」（『宸翰英華』）に、「ひとえに上は神明・宗廟《そうびよう》の和光同塵《わこうどうじん》の恩覆により、下は執柄《しつぺい》（関白）・幕府の文武両道の補佐をもって在位安穏なること、すでに二十有余年に及べり」と書いた。上は神々、下は関白と幕府という文武官の補佐をうけて在位する天皇、という天皇像

を抱いている。

また、強い皇統意識を持つとともに、文化十年（一八一三）十二月の後桜町上皇四十九日の供養として「真言八百遍」を書いた奥に、「大日本国天皇兼仁合掌敬白」（『宸翰英華』）と署名し、大日本国の天皇という君主意識を強く持っていた。

京都御所の築地塀　多い日は５万人がその周囲を巡り、「千度参り」をした

御所千度参り起こる

天明七年（一七八七）は、その夏頃に長かった天明の飢饉が最後のピークを迎える時だった。五月から六月にかけて、未曾有《みぞう》の激しい打ちこわしが、江戸、大坂をはじめとする各地の城下町など諸都市で頻発した。ところが、天皇のお膝元である京都では、六月初めから、多いときは五万人ともいう人びとが、禁裏御所を囲む築地塀《ついじべい》の周囲をぐるぐる廻り、南門などで拝礼して何事かを祈願する「千度参り《せんどまい》」をしていた。「参り」「詣り」の語で表現されているので、御所拝見ではなく御所参詣だった。他の大都市では打ちこわし、京都では御所千度参り、ということである。

千度参りは、六月五、六日頃から始まり、最初は一〇人、二〇人程度だったものが、十日ころから人数が増え、十一、十二日には、三万とも五万ともいう数に膨れあがった。その原因の一つは、御所千度参りへの参加を呼びかける「札」、今で言えばビラ、ポスターが市中の各所に貼られたことにある。「札」には、凶作で米の値段が高く、困窮した人が多くて難儀しているので、禁裏御所へ千度参りする志のある方は一緒に参加しよう、という趣旨のことが書かれていた。参加者は、京都市中のみならず近在からも、年齢・性別・身分の別なくやってきた。彼らは、築地塀の周りを廻り、紫宸殿《ししんでん》と相対した南門、清涼殿《せいりょうでん》に相対した唐門の前で拝礼し、願い事を書いた紙に銭一二文（節分の時の内侍所《ないしどころ》参詣と同じ一二文）を包んだ賽銭をなげた。その額は、四〇貫文（寛永通宝が四〇万枚）にのぼったという。一周すると一五〇〇メートルほどの築地塀の周りを一回ではなく何回か廻ったらしい。あまりにたくさんの人出なので、この人びとを目当てに、菓子や瓜、ところてん、酒肴を売る露店が五〇〇〜六〇〇も出たという。もはやお祭り気分である。

千度参りの目的

これだけの人が公家町に集まるのであるから、禁裏や仙洞御所、公家の間で大きな話題になった。禁裏では、御所の築地塀をめぐる溝を掃除させ、御所内の泉水の水を流し込ませた。仙洞御所は、この頃に熟す小リンゴを三万個用意し、一人に一個配ったところ昼までになくなったという。関白鷹司輔平《たかつかさすけひら》からは強飯《こわめし》、有栖川宮家《ありすがわのみや》・梶井《かじい》門跡からはお茶、堂上公家からは握り飯などが配られ、この千度参りに好意的だった。

人びとは、賽銭を包んだ紙に願い事を書いていた。なかには、屋敷筋つまり京都町奉行所のことを書いたものもあったという。米価の下落や豊作を願うほかに、京都町奉行所への不満や批判も書かれていたらしい。京都の市民は、米価が高騰して苦境に陥った事態の打開を、数度にわたり京都町奉行所に陳情したが、一向に埒《らち》が明かなかった。そこで、奉行所に歎願するのを止め、禁裏御所へ直接に訴願した、という経緯らしい。つまり、飢饉による苦境の打開を天皇に訴願した、これがこの御所千度参りの本質だった。

それを御所に大勢で押しかけるのではなく、千度参りという宗教的行為に託して行ったのである。所司代は、多人数の集団行動をやめさせようと朝廷に申し入れたが、上皇からは信心による参詣なのだから、そのままにするよう命じられ、天皇からも、そのままにと指示があったともいう。所司代は、宗教的行動であることと、天皇・上皇が抑止するなという意向であることとから、これを実力で禁止できなかった。

千度参りと天皇

御所千度参りのことは光格天皇の耳に入り、この事態を重くみて打開に動いた。天皇は「宸襟を労され」て、米を施したり、古代において飢饉などのさい、米や塩や布などを高齢者、鰥寡孤独《かんかこどく》、貧窮者、病人らに支給した賑給《しんごう》をしたりできないのか、また、幕府が救い米を出して貧窮者を救うことはできないのか、それを朝廷から指図できないのか、などと関白にしきりに指示を与えていたという。これは、天下万民に「仁」を施すという天皇の君主意識の現れである。関白は、天明七年（一七八七）六月十二日に、武家伝奏へこの件についての天皇の意向を所司代に伝えるよう指示した。同時に天皇は、困窮しているのだからと賽銭を出すのをやめさせた。

武家伝奏は、六月十四日に所司代と会い、天皇の意向を説明するとともに、間違いがあってはいけないので心覚えのために、といってその内容を書いた書付を渡した。天皇・朝廷が、飢饉で困窮した人びとの救済を幕府に申し入れるなど、江戸時代では前代未聞のことだった。関白以下は、幕府がどのような反応をするのかを恐れたのであろうか、朝廷側はおっかなびっくりの様子で所司代に申し入れた。所司代は、飢饉対策について幕府と相談しているところであり、なおよく考えて善処したいと回答している。

所司代は、朝廷の申し入れの背景説明と申し入れの書付を江戸へ送り、指示を仰いだ。老中からは、この朝廷の申し入れが届く以前に、京都へは五〇〇〇石、伏見へは二〇〇〇石を上限として所司代の判断で救い米を放出してよいと指示し、朝廷の申し入れをうけた後には、所司代が自身で対策を立てて手当をし、再度伺うようにと指示を与えている。これら老中の指示をうけた所司代は、七月八日に米五〇〇〇石の放出を京都町奉行に命じ、八月五日には、米一〇〇〇石の放出を京都町奉行に指示している。このように、御所千度参りは朝廷と幕府を動かし、救い米の放出という救済策を引き出した。そして、所司代および老中が救済策を実施するうえで、天皇からの申し入れが大きな力になったことも明らかである。天皇が幕府の政務に口を差し挟み、幕府はそれに応じて対処したという、江戸時代の朝幕関係では前代未聞の出来事だった。朝廷が恐れたような幕府からの対応は何もなかったが、この時の所司代戸田忠寛《とだただとお》は、多くの所司代在任者が後に老中に昇進するにもかかわらず、天明七年十二月に罷免《ひめん》され老中に昇進できなかった。おそらく、御所千度参り、天皇・朝廷の前例のない行動を許した責任を問われたのであろう。

なお、天明の飢饉時の困窮者救済申し入れは先例となり、天保《てんぽう》の飢饉のピークであった天保八年（一八三七）にも、朝廷は同様の申し入れを行っている。天明七年の時とはうって変わって、さも当然であるかのように申し入れた。

2　朝儀の再興・復古

再興と復古

光格天皇の時代には、中絶していた朝儀《ちょうぎ》を再興するだけではなく、それまでに再興されていても略式であったものをなるたけ古い形式に復古させる動きが強まった。「復古ブーム」とよんでもよい風潮が生まれた。光格天皇は、寛政十二年（一八〇〇）八月八日に、石清水《いわしみず》八幡宮と賀茂社の臨時祭の再興を求めた「御沙汰書」（『宸翰英華』）のなかで、

朔旦旬《さくたんのしゅん》・新宮旬《にいみや》などの再興、その他の諸公事《くじ》、節会《せちえ》より始めて巨細《こさい》の事に至るまで、お

のおの潤飾《じゅんしょく》を加うるもの、枚挙すべからず、幸甚幸甚、なんぞ毫端《ごうたん》を尽くさむや、朝廷の行事や儀式のうちで再興したもの、立派にしたもの、復古させたものは枚挙に遑《いとま》がないほどだと誇っている。再興・復古された朝儀や神事の数が多かったので、のちに『寛政再興年中行事』（東京大学史料編纂所蔵）という本が作られたほどである。光格天皇の時代は、後水尾《ごみずのお》・霊元《れいげん》・桜町《さくらまち》天皇の時代とならぶ朝儀再興のピークであるとともに、たんなる再興にとどまらず復古をめざしたのが、特徴的であり画期的であった。

天明六年（一七八六）十一月一日に、朔旦冬至旬《さくたんとうじのしゅん》が再興された。朔旦冬至とは、十一月一日が冬至にあたる（一九年に一回廻ってくる）日のことで、吉日として天皇が紫宸殿《ししんでん》に出て群臣らに酒肴を賜って宴をはったのを朔旦旬（旬政《しゅんせい》、旬宴《しゅんえん》とも）という。宝徳《ほうとく》元年（一四四九）以来というから、三三七年ぶりに再興された。九月頃に天皇から再興の叡慮《えいりょ》が示されたものの、十一月は前天皇（後桃園）の祥月《しょうつき》（命日のある月）だったため、一時は再興が危ぶまれたがかなり強引に再興した。

新宮（新所）旬は、新造内裏の紫宸殿で行われる最初の旬のことで、天明八年に焼けた内裏の造営工事が竣工した寛政二年（一七九〇）十二月に行われた。康正《こうしょう》年間（一四五五〜五七）以来の再興といわれる。

大嘗祭・新嘗祭の復古

光格天皇は、天明七年十一月二十七日に大嘗祭《だいじょうさい》を挙行した。左大臣一条輝良《いちじょうてるよし》はその日の日記に、「今日践祚《せんそ》大嘗会、主上兼仁《ともひと》、御十七、これを行なわる、もっぱら古儀を追わる、御再興の類、すこぶるもって多しと云々」（「輝良公記」）と書いた。古い形式を追求したので、再興された儀式が多かったという。それは、「貞享《じょうきょう》以来の形よろしからず、貞観《じょうがん》・延喜《えんぎ》などの式のごとく作進しかるべきか」（「輝良公記」）というように、貞享四年（一六八七）再興の大嘗祭は略式でよろしくない、という認識が朝廷に強かったからである。そこで彼らは、古代・中世において朝廷の政務と儀式、そして年中行事の典拠とされた貞観式、延喜式への復古をめざしたのである。

たとえば、大嘗祭に供される新穀《しんこく》を献じる二国を、亀卜《きぼく》により決める儀式である国郡卜定《ぼくじょう》は、貞享の再興以来八月に行っていたが、それを古来通りの四月に改めた。しかし、復古させたとはいえ、重要な御禊行幸《ごけいぎょうこう》の再興はなかった。

新嘗祭《にいなめさい》は、元文《げんぶん》五年（一七四〇）に再興され、安永七年（一七七八）以来ふたたび中絶してしまい、天明六年に光格天皇が再興させた。新嘗祭の本来の形式は、内裏の西に中和院《ちゅうかいん》という殿舎があり、その正殿を神嘉殿《しんかでん》といい、そこで天皇が親祭《しんさい》していた。現在の天皇も、皇居内の神嘉殿で新嘗祭を親祭している。ところが、元文再興以来の新嘗祭は紫宸殿で行われた。そこで光格天皇は、これを復古させるため、寛政《かんせい》三年（一七九一）に、幕府と相談することなく（「手沙汰《てざた》」）禁裏御所内に神嘉殿を造営した。ただし、中和院を再建したわけではなかったので、中和院代とか神嘉殿代と称していた。その年の十一月に、光格天皇は新造された神嘉殿に行幸して新嘗祭を親祭し、名実ともに復古させた。かなり強引なやり方だったため、幕府は光格天皇と朝廷に警戒の目を向けることになった。

禁裏御所の復古

天明八年一月三十日、京都では応仁の乱以来といわれる大火により、禁裏御所、仙洞御所を始め、公家の屋敷などもすべて焼け落ちてしまった。そして、寛政二年に造営された。現在、私たちが京都御苑で見ることのできる京都御所は、安政元年《あんせい》（一八五四）に焼けて再建された建物である。安政に再建された御所は、寛政に造営されたものとほぼ同じ（藤岡通夫『京都御所』）なので、現存の御所と寛政二年造営の禁裏御所は、ほぼ同じと考えてよい。

幕府にとって御所造営は、天皇を守護し、尊崇《そんすう》していることを示す機会だった。そのため御所の造営は幕府の責任で行われ、諸大名に御築地金《おついじ》を賦課《ふか》したり、お手伝い普請を命じたりして再建してきた。幕府は、三月に老中松平定信《まつだいらさだのぶ》を御所造営総奉行に、朝廷も同じ頃、議奏《ぎそう》中山愛親《なるちか》らを御造営御用掛に任命し御所造営事業に着手した。老中が総奉行に就任したことも、朝廷に造営掛が置かれたことも異例だった。今回の造営で一番問題になったのは、どのような御所を造るのかだった。幕府は当初、寛政の改革に取り組み始め、幕府財政再建の途上であることから、まず仮御所を造り、追って焼失前と同じ規模の御所を造営するという計画であった。ところが朝廷は、復古的な御所の造営をめざした。宝暦《ほうれき》事件に連座した公家の裏松光世《うらまつみつよ》（固禅《こぜん》）は、その約三〇年に及ぶ蟄居謹慎中に、文献や古絵図などを博捜して平安大内裏《だいだいり》の研究に心血を注ぎ、その成果を大著『大内裏図考証《だいだいりずこうしょう》』にまとめ上げた。朝廷は、裏松の謹慎を解いて参内を許し、御所復古のためにその研究成果を活用しようとした。裏松は毎日のように参内し、復古的御所の造営に献身した。

天皇は、関白や左大臣へ内裏造営に「古儀《こぎ》」を用いることの可否を勅問《ちょくもん》し、その同意を得て復古的な御所造営を方針として幕府との交渉に入った。まず所司代へ造営に関する天皇の意向を伝えた。天皇の意向とは、再興・復古させたさまざまな朝儀を執行するうえで、それまでの御所は狭いため朝儀の威儀に欠けるところがあったので、儀式を行う重要な殿舎である紫宸殿と清涼殿を平安時代の規模に復古させたい、というものであった。内裏造営の基本的な構想が、幕府と朝廷でまったく食い違ってしまった。

天明八年五月、老中松平定信は、新任京都所司代の引き渡しのため上京し、内裏造営について関白鷹司輔平と直接に交渉した。定信は、幕府財政が火の車で再建途中のため、復古的御所の造営はとてもできないと力説し、それでもやれと言われれば、大名に費用を負担させることになり、大名からその負担を転嫁される人民が苦しむことになるので、荘厳な復古的御所は人民の血と脂を搾《しぼ》って造営したのだと非難されてもよいのか、などと威したりすかしたりして幕府の当初の計画を朝廷側に納得させようとした。しかし、朝廷側は妥協せず突っ張った。その後も朝廷は、復古的御所造営のために図面（「指図《さしず》」）を作り続け、幕府にその実現を迫った。その結果、幕府は、早期の竣工を願う将軍徳川家斉《いえなり》の意向もあり、十一月に、天皇の日常の住居である常御殿《つねごてん》の建坪の削減など、若干の手直しはあったものの、ほぼ朝廷の要求通り復古的な御所の造営を認めた。

寛政二年十一月に新御所は竣工し、鳳輦《ほうれん》にのった天皇は、仮御所としていた聖護院《しょうごいん》から豪壮な内裏に、これまた華麗な行列を組んで戻った。この行列も、裏松光世の考証により、古式に則って行われた。いくつもの行列図が作られたのは、人びとに強烈な印象を与えたからだろう。また、考証学者藤原貞幹《さだもと》は、復古的御所について、六〇〇年前に生まれたような心地がすると手紙に書いている（『無仏斎手簡』）。幕府は、新規の要求を突きつけ実現を強硬に迫る朝廷のやり方に強く反発し、所司代へ、以後は新規の要望を受け付けないように指示したほどである。これは、つぎの尊号一件《そんごういっけん》の伏線となった。

空前の復古ブーム

復古的御所の造営を実現させたのは、天皇以下の復古への強い意思だが、復古の内実を支えたのは、裏松光世の平安大内裏の復元的研究だった。それをきっかけに、儀式書の古典などを読むことが公家たちの世界で流行した。藤原貞幹は、寛政元年（一七八九）三月に、「去る夏以来、内裡《だいり》式《しき》、貞観儀式《じょうがんぎしき》、江次《ごうし》第《だい》等の吟味はやり申《もう》し候《そうろう》、まったく復古御造営の響きとあい見え申し候、私もよんどころなき方三、四軒相手に出で申し候、かつまた通鑑《つがん》の素読、歴史綱鑑の下読みなど、よんどころなき方より御頼みにてあい勤め申し候、毎月廿余等に及び、草臥《くたび》れ果《は》て申し候」（『蒙斎手簡』）と書いている。儀式書読解のため公家の三、四家から呼ばれ、さらに『資治《しじ》通《つ》鑑《がん》』などの素読や下読み指導にも呼ばれ、月に二〇回も指導に出て疲れ果てたというほどである。寛政四年に欣子《よしこ》内親王の中宮《ちゅうぐう》立后御用を終えた裏松光世は、「近来は堂上《とうしょう》・地下《じげ》とも会読多く、御多事に候」（『無仏斎手簡』）と言われたように、堂上公家のみならず地下官人らの読書会も多く、引っ張りだこの様子が伝わっている。

　復古・再興の風潮に乗り遅れまいと、さかんに儀式書に取り組む公家たちの姿が浮かぶ。公家の屋敷に集まり勉強会も開いている。たとえば寛政三年には、権大納言一条忠良《ただよし》を中心に、同醍醐《だいご》輝久《てるひさ》、権中納言中山忠尹《なかやまただまさ》、参議園基理《そのもとまち》らが、『北山抄《ほくざんしょう》』の勉強会をしばしば催している（「忠良公記」）。儀式書にとどまらず、寛政四年正月から、『日本書紀』の読書会もひらかれている（『無仏斎手簡』）。このような古典的儀式書の学習が、大小さまざまな朝儀などを再興、復古させる学問的な背景になったことはいうまでもない。

　この動向は、十九世紀初めの享和《きょうわ》から文化期にかけても続き、公家の屋敷に集まって、あるいは学者を呼んで勉強会を開いている。取り上げられている書目を拾ってみると、『儀制《ぎせい》令《りょう》』『職員令《しょくいんりょう》』『西宮記《さいきゅうき》』『弁官抄《べんかんしょう》』などの儀式書、『民経記《みんけいき》』『実躬卿記《さねみきょうき》』『人車記《じんしゃき》』『長秋《ちょうしゅう》記《き》』『後愚昧記《ごぐまいき》』『権記《ごんき》』『山槐記《さんかいき》』などの古記録が見える。

　寛政二年十二月に藤原氏の氏長者《うじのちょうじゃ》が用いる「藤氏長者印《とうしちょうじゃのいん》」が再興され、寛政三年二月に、近衛経熙《このえつねひろ》の子基前《もとさき》が童殿上《わらわてんじょう》を許され、五〇〇～六〇〇年ぶりといわれる童殿上が再興された。享和元年（一八〇一）は辛酉《しんゆう》革命の年にあたるので改元され、さらに伊勢神宮へ公卿勅使が派遣された。勅使は正二位権大納言花山院愛徳《かざんいんよしのり》が務め、前三回の勅使の官位が、従《じゅ》三位《さんみ》参議、正四位参議だったのに比べて格段に高官だった。これは、中世の公卿勅使と同等の官位へ復古させたのである。それと同時に、伊勢神宮内宮・外宮に神宝《しんぽう》が奉納され、さらに荒祭宮《あらまつりのみや》へ金銀の獅子形が奉納された。嘉暦《かりやく》三年（一三二六）以来のことで、伊勢公卿勅使も復古した形式になった。文化五年（一八〇八）に、太政官印《だいじょうかんのいん》（外印）が再興された。朝廷は、六位以下の位記《いき》には外印を捺すべきところ、それがなかったために天皇璽《てんのうじ》を用いてきたのは恐れ多いという理由で再興した。

石清水・賀茂社臨時祭の再興

このように大小さまざまな朝儀の再興・復古があったのだが、光格天皇は、寛政十二年頃から石清水八幡宮と賀茂社の臨時祭の再興に取り組んだ。両社の例祭は再興されていたが、石清水八幡宮の臨時祭は、天慶《てんぎょう》五年（九四二）に、平将門《たいらのまさかど》・藤原純友《ふじわらのすみとも》の乱（承平《じょうへい》・天慶の乱）平定の御礼として始まり、永享《えいきょう》四年（一四三二）以来中絶し、賀茂社の臨時祭は、宇多《うだ》天皇が神のお告げをうけ、寛平《かんぴょう》元年（八八九）から始まり、応仁の乱後中絶したままであった。とくに石清水臨時祭は、国家の危機にさいして天皇と国家の安泰を祈ることから始まった朝廷にとって特別に重要な神事だった。

光格天皇は、十五、六歳の時から賀茂社臨時祭の再興を関白と相談していたという。光格天皇は、寛政十二年八月に議奏《ぎそう》を招き、「内々の御旨あり、宸翰《しんかん》拝見、石清水八幡・賀茂等社臨時祭再興せらる　叡慮《えいりょ》の旨なり、武家に仰せらるべきあいだ、まず議奏存知すべし、ただし内々の儀、他言すべからざるあいだ命ぜらる、おのおの拝見、恐惶《きょうこう》これに過ぎざるよし申し入れおわんぬ」（「国長卿記」）とあるように、石清水・賀茂両社の臨時祭再興に関する宸翰を内々で渡し、幕府と交渉する意思を表明した。

この宸翰は「御沙汰書」といわれ、朝廷にとって特別に重要な両社の臨時祭の廃絶は、「まことに敬神の意に背き、実に発端の旨をあやまれり」であり、「再興せずして須臾《しゅゆ》も五内《ごだい》を安んずべけむや」と、再興は急務であることを力説した（『宸翰英華』）。

石清水臨時祭御禊之図　「公事録附図」より。宮内庁書陵部蔵

幕府が緊縮財政をとっていた時期だったので、一番問題になったのは経費だった。老中は、臨時祭再興にかける天皇の意思には格別のものがある（「禁中格別の御懇願」）と認識し、拒否ではなく経費の削減と祭礼挙行の頻度が焦点となった。結局、文化十年（一八一三）三月十五日に約三五〇年ぶりに石清水八幡宮臨時祭、そして翌年十一月二十二日に賀茂社臨時祭が再興され、以後は両社隔年の挙行となった。ついに光格天皇の石清水・賀茂両社臨時祭再興の悲願は達成された。この結果、大嘗祭、新嘗祭、伊勢神宮の神嘗祭《かんなめさい》、石清水八幡宮・賀茂社の例祭と臨時祭という朝廷の重要

神事が、ほぼすべて再興された。

3　朝幕関係の緊張――尊号一件

親王の座次

尊号一件《そんごういっけん》とは、光格天皇が実父の閑院宮典仁親王《かんいんのみやすけひと》に太上天皇《だいじょう》（上皇）の称号、すなわち尊号をおくろうとしたのに対して、幕府はそれを認めず、公家数人を処罰した事件のことである。太上天皇は、一般的には天皇が譲位するとおくられる称号である。閑院宮典仁親王は世襲親王家の当主であり、現天皇の実父とはいえ天皇の位に就いたことはない。にもかかわらず光格天皇が、あえて実父に太上天皇の尊号をおくろうとしたのは、典仁親王の御所内での席順の問題であった。諸法度の規定により、天皇の実父とはいえ親王であるため、関白はおろか三公（太政大臣、左大臣、右大臣）より下に座らなければならず、光格天皇はこれに耐えられないと嘆き、太上天皇号をおくることによってこの問題を解決しようとしたのである。

光格天皇は、早くも天明二年（一七八二）に動き始め、所司代に内談させた。尊号の件は実現しなかったが、典仁親王一代に限り閑院宮家領を一〇〇〇石増して二〇〇〇石とする、経済的な優遇措置を引き出した。天明七、八年は大嘗祭《だいじょうさい》や御所の焼失があったため、天明八年四月に、議奏《ぎそう》中山愛親《なるちか》に太上天皇の先例調査を命じた程度であった。寛政元年（一七八九）八月に、天皇の実父への孝心と先例の存在を根拠に尊号宣下を求めた天皇の「御内慮」が、幕府へ伝えられた。朝廷がより所とした、天皇にはならなかったが太上天皇の尊号をおくられた先例は、後高倉院《ごたかくら》と後崇光院《ごすこう》の二件あった。鎌倉時代の承久《じようきゆう》の乱（一二二一年）の結果、天皇は廃帝、三人の上皇は配流となり、幕府の指示で後堀河《ごほりかわ》天皇が即位したが、当時は院政が常態だったので、後堀河天皇の父で高倉天皇の子守貞《もりさだ》親王（出家し行助法親王《ぎようじよ》）が、太上天皇の尊号をおくられて院政を敷いた。これが後高倉院である。伏見宮家《ふしみのみや》の貞成《さだふさ》親王の子彦仁《ひこひと》親王が、正長《しようちよう》元年（一四二八）に践祚《せんそ》（後花園《ごはなぞの》天皇）し、文安《ぶんあん》四年（一四四七）に実父貞成親王へ太上天皇の尊号がおくられた。これが後崇光院である。

幕府は、二例はいずれも承久の乱と応仁の乱という混乱期の事例であって、悪しき先例は先例たりえないと主張し、朝廷へ「いま一応厚く御評議」、つまり再考を求めて拒否した。光格天皇は、幕府との交渉を強化するため、寛政三年八月に、幕府と協調的な関白鷹司輔平《たかつかさすけひら》を実質的に更迭して一条輝良《てるよし》に代え、同年十二月には武家伝奏《ぶけてんそう》を久我信通《こがのぶみち》から正親町公明《きんあき》に代えた。一条と正親町は、幕府への強い反発や反感をしばしば日記に書き付けている公家だった。これにより、光格天皇の意思の通りやすい状況が朝廷内部につくられた。

なお鷹司輔平は、実は閑院宮直仁《なおひと》親王の第三王子で閑院宮典仁親王の弟にあたり、光格天皇の叔父だった。その鷹司輔平が、尊号宣下に反対した真意はよくわからない。

天皇の強硬要求と幕府の断固拒否

光格天皇は、寛政三年十二月に、「大宰帥親王《だざいのそち》（典仁親王）尊号宣下あるべき哉」との勅問を、四一名の公家（現任の参議以上と前官の三公、および前官だが現任と同じ待遇をうけている者）に下した。勅問は五摂家だけに行われるのが通常なので、今回のように幅広い公家への勅問は異例である。回答の内訳は、尊号宣下に賛成が三六名、反対・保留が五名という結果で、圧倒的な賛成を得た。明確な反対は、前関白鷹司輔平・政熙《まさひろ》父子だけだった。公家の圧倒的支持を背景に、朝廷はふたたび尊号宣下を要求する「御内慮書」を幕府に伝えた。そこでは、尊号宣下について上皇も公家の大多数も賛成し、先例もあることを理由にあげ、それでも幕府が認めないならば、天皇にも考えがある（「このうえ深き思召《おぼしめし》も在《あ》らさせられ候あいだ」――思召が、宣下の強行なのか譲位なのか不明）と幕府に迫った。さらに、太上天皇の御所（新院御所となる）は閑院宮邸の建て増し、御料は四、五〇〇〇石（通常は七〇〇〇石）でよいとの譲歩を提案した。この交渉スタイルは内裏造営の場合と似ていて、それまでにない強硬なものだった。

しかし幕府は、寛政元年と同じ理由をあげ、なお再考するよう朝廷に求め続け、寛政四年八月には、とうとう「尊号宣下の儀は、決して御無用に遊ばさるべき旨」、つまり尊号宣下は無用、ときっぱり回答した。これに怒ったのか業を煮やしたのか、光格天皇は、十一月上旬を目処《めど》に尊号宣下を実行する、と一方的に宣言する強硬手段に訴えた。この背景には、典仁親王の病状悪化もあったらしい。

幕府は、この朝廷の動きを「容易ならざる儀」と判断し、強硬手段をとることに決めた。幕府は、尊号宣下を強行するならば関白を辞職させ宣下を撤回させる、という腹づもりで朝廷に厳しい姿勢をとった。尊号宣下を見合わせること、そして武家伝奏正親町公明と議奏中山愛親、同広橋伊尹《ひろはしこれまさ》の三名を江戸に召喚すると朝廷に通告した。光格天皇も、幕府の強硬な姿勢に折れて尊号宣下の延期を表明し、公家三名の召喚には応じないと突っぱねたうえ、今年の新嘗祭《にいなめさい》の親祭《しんさい》は中止すると不快感を露わにした。しかし幕府の強い意思を感じ取ったのか、十一月には尊号宣下の中止を決定し、新嘗祭も親祭し、さらに公家二名の召喚を認めざるを得なかった。尊号一件では、幕府の勝利だった。

公家の処罰

寛政五年春、武家伝奏正親町公明と議奏中山愛親は江戸に下向し、老中松平定信らの厳しい尋問をうけた。光格天皇こそこの一件の主唱者なのだが、天皇を追及できないため、天皇に諫言《かんげん》せず事態を紛糾させた職務上の責任を問い、正親町と中山はこれに屈服した。幕府では、公家に罰を科すことになったが、その手続きで紛糾した。

当時、官位を有している公家や官人を処罰するときは、解官《げかん》という措置をとってから処罰していた。解官とは、幕府が事前に官人の処罰を朝廷へ通告すると、朝廷は処罰期日以前にその官人から官位を剝奪し平人にする処置をとり、そのうえで幕府が処罰する手続きのことである。ただ、同じく官位を帯びていても、武家を処罰するときに解官の措置をとることはなかった。慣行に従えば、今回も解官の措置をとることになるのだが、老中松平定信は、武家も公家もともに王臣（天皇の臣下）であるにもかかわらず、処罰の手続きに差異があるのは王臣を差別することになり、天皇に対して不敬だという論理を振りかざし、解官の措置をとることなく直接に処罰すべきだと主張した。

結局、幕府は、武家伝奏正親町公明と議奏中山愛親に閉門《へいもん》・逼塞《ひっそく》の罰を科し、武家伝奏と議奏という役職の罷免は朝廷の責任で行うこと（朝廷がやらないならば幕府が行う）に決定した。天皇の強い意思で実現を迫った尊号宣下を阻み、公家を解官の措置をとることなく直接に処罰したことは、まさしく幕府の勝利であった。ひさびさに朝廷の攻勢を打ち破ったようなものである。しかし、この事件を素材にしたたくさんの実録物『小夜聞書』『反汗秘《はんかんひ》録《ろく》』『中山問答記』『中白問答』などが流布し、その多くは中山愛親が松平定信を論破し、意気揚々と京都へ帰ってくる、つまり朝廷側の勝利という筋書きになっている。朝廷側が世間の贔屓《ひいき》をうけるという、幕府にとっては朝廷の扱いがいっそう難しくなったことを示す結末だった。しかも、後水尾《ごみずのお》の時代、霊元《れいげん》の時代とも異なる天皇・朝廷の姿が現れ、朝幕関係の転換期を象徴する一件でもあった。

4　大政委任論と江戸後期の天皇観

大政委任論とは

大政委任論とは、天皇・朝廷が政務を徳川将軍・幕府に委任している、とする政治論であり、天皇権威によって江戸幕府の政治支配を肯定する役割を果たした。

将軍が大政委任されたのは文久三年（一八六三）とよくいわれる。しかし、その年三月に相次いで参内した将軍名代の徳川慶喜《よしのぶ》と将軍徳川家茂《いえもち》は政務委任の確認を求めたが、朝廷からの文書には、政務全般ではなく「征夷将軍」すなわち軍事指揮権の委任のみが書かれていたので、事実誤認である。なお、元治元年（一八六四）四月の勅書には、「幕府へ一切御委任」と記されているものの、「国家の大政大議は奏聞を遂ぐべき事」と条件付き大政委任だった。

松平定信の大政委任論

幕府老中松平定信は、天明《てんめい》八年（一七八八）八月「将軍家御心得《しょうぐんけおこころえ》十五ヵ条」（『楽翁公伝』）を書き、当時一六歳の将軍徳川家斉《いえなり》に差し上げた。そのなかで、天皇・朝廷との関わりを論じた箇条がある。

古人も、天下は天下の天下、一人の天下にあらずと申し候《そうろう》、まして六十余州は禁廷《きんてい》より御預かり遊ばされ候御事《おんこと》に御座候《ござそうら》へば、かりそめにも御自身のものと思《おぼ》し召すまじき御事に候、将軍と成らせられ天下を御治め遊ばされ候は、御職分に候、（中略）御養生遊ばされ候て、無疆《むきょう》の寿を御保ち遊ばされ、永く天下を御治め遊ばされ候御事、皇天《こうてん》及び禁廷

えの御勤め、御先祖様方へ御孝心に当たらせらるべく候、

松平定信像　『日本歴史図録』より

松平定信は、「六十余州」すなわち日本の国土と人民は天皇・朝廷から将軍に預けられたもので、それを統治するのが将軍の職分（職責）であり、長期にわたって統治することが天皇・朝廷への義務であり、徳川家先祖への孝心だと説く。徳川将軍は国土と人民を天皇から預かって統治する、という解釈は大政委任論の一つである。幕府職制のトップ老中が、幕府政治を天皇・朝廷の権威により正当化する大政委任の思考を持っていたことは注目すべきである。しかも、このような考え方は当時として必ずしも特殊ではなかった。

伊勢貞丈の説

伊勢《いせ》貞丈《さだたけ》（一七一七〜八四）は、知行三〇〇〇石の旗本で、家学（家職）ともいうべき武家の有職故実《ゆうそくこじつ》を研究し、『貞丈《ていじょう》雑記』『安斎随筆』など多数の著作を遺した。天明元年（一七八一）の著作である「幼学問答」（『安斎随筆』）のなかで、つぎのように書いている。

日本にては、国常立尊《くにのとこたちのみこと》より以来今日に至るまで、天子を亡《ほろぼ》し王位を奪ひ、国号を立てたる事は曾《かつ》てこれ無く候、東照宮も天子を亡し給《たま》はず、王位を奪ひ給はず、国をば天子より預り給ひ、国の政《まつりごと》を行ひ給ひて国号は改め玉《たま》ひし事なければ、（中略）今天下の政は悉《しつ》皆《かい》将軍家より執り行はせられ候へ共《ども》、将軍職は天子より宣下《せんげ》せられ候へば、将軍家は臣下にて候、

日本の国のかたち、君臣の秩序を論じたもので、徳川家康は天皇から日本国を預かって国政を行い、歴代将軍は天皇から任命されて国政を担当していると解説する。幕府の支配を天皇により正当化する、という主張が主題ではなく、徳川家康が君臣の秩序を守ったことを讃えたものである。それでも、大政委任論の一つである。文章で、しかも幕臣が大政委任の考え方を書き残した点では、もっとも古いものであろう。

本居宣長の御任論

大政委任論でもっとも有名で、通常、大政委任論といえば国学者の本居宣長《もとおりのりなが》（一七三〇〜一八〇一）の説である。宣長は、天明六年に執筆し寛政元年（一七八九）に刊行した『玉くしげ』のなかで、つぎのように論じている。

さて今の御代《みよ》と申すは、まづ天照大御神《あまてらすおおみかみ》の御はからひ、朝廷の御任《みよさし》によりて、東照神御《あずまてるかんみ》

祖命《おやのみこと》より御つぎ〳〵、大将軍家の、天下の御政《みまつりごと》をば、敷行《しきおこな》はせ給《たま》ふ御世にして、その御政を、又一国一郡と分《わけ》て、御大名たち各これを預かり行ひたまふ御事なれば、その御領内〳〵の民も、全く私の民にはあらず、国も私の国にはあらず、天下の民は、みな当時これを、東照神御祖命御代々の大将軍家へ、天照大御神の預けさせ給へる御民なり、国も又天照大御神の預けさせたまへる御国なり、

天照大神《あまてらすおおみかみ》（天照大御神）が東照大権現《とうしょうだいごんげん》（東照神御祖命）へ委任して（「御任」）国と天下の人民を預け、東照大権現の子孫である徳川将軍が天下の政治を行っている、という天皇・朝廷から将軍への大政委任論を展開している。宣長の説は、幕府の支配、幕藩体制という支配機構の正当性を、天皇権威により理論づけ正当化したものである。松平定信の大政委任論へ影響を与えたのかどうか、具体的にはよくわからない。

儒学者・蘭学者

大坂懐徳堂《かいとくどう》の儒者中井竹山《なかいちくざん》（一七三〇〜一八〇四）は、老中松平定信の求めに応じて寛政元年（一七八九）に執筆した『草茅危言《そうぼうきげん》』のなかで、「聖天子（天皇）宇《う》に当たらせ給い、関東賢治委任を専らにせさせられ」と、天皇から将軍への政治の委任を語っている。

『蘭学事始《らんがくことはじめ》』の著者として著名な蘭学者の杉田玄白《すぎたげんぱく》（一七三三〜一八一七）は、文化三年（一八〇六）秋から始まったロシアとの蝦夷地における紛争の解決策を論じた『野叟独語《やそうどくご》』

のなかで、「兼ねて知れたる弱兵を以て立向ひ、一時に大敗を取ては末代迄の御恥辱、殊《こと》に天子より御預りの土地を一寸なりとも穢《けが》され玉《たま》ひては、以《もって》の外相済《ほかあいすま》ざる事なり」「夷狄《いてき》の鉄砲玉壱《ひと》つ下民の頭の上を越《こえ》させ給ひては相済まざる御事」と書いている。蘭学者玄白もまた、将軍は天皇から国土と人民を預かっている、という認識を持っていた。

「皇国」の普及

渡辺浩『東アジアの王権と思想』によれば、十八世紀の末、寛政期頃から、「皇国」「皇朝」の語がしきりと使われるようになる。「皇国」の普及を同書から見てみよう。「皇国」とは、「天皇の統治する国の意」と『広辞苑』に説明がある。「皇朝」とは、「皇国の朝廷。日本の朝廷」と『広辞苑』にある。渡辺浩氏によると、「皇国」とは「自国を天皇なるものを戴く類例のない国と自己規定し、さらにそういうものとしての自国を諸外国に対して誇る意味合いを、構造上、含んでいる」という。「皇国」とは、天皇を頂点にいただく世界に冠たる国、という誇りの意識を表現する語である。

「皇国」の早い使用例は賀茂真淵《かものまぶち》（一六九七～一七六九）で、「皇《すめらみかど》朝」「皇国《すめらみくに》」を多用し、元文三年（一七三八）以降、入門者に提出させる誓詞に、「皇御国《すめらみくにの》廼上代《かみよ》乃《の》道《みち》」という文言が入っていた。そして、本居宣長『玉くしげ』以降は、儒者も「皇国」と書くようになったという。事実、寛政の三博士とうたわれた儒学者の尾藤二洲《びとうじしゅう》（一七四七～一八一三）は、『静寄余筆』（天明七年〈一七八七〉）のなかで「皇朝」を用い、松江藩儒者の桃西河《ももせいか》（一七四八～一八一〇）は、『坐臥記《ざがき》』のなかで、「其書（本居宣長『馭戎慨言《ぎょじゅうがいげん》』）に曰《いわ》く、唐土を中華と名づけて貴ぶは僻言《ひがごと》なり、皇国こそ万国第一の尊国なり、此事《このこと》真に然り」と書く。中国を「中華」とする儒学者も、世界一の国として「皇国」を用いている。

儒者のみならず、蘭学者も用いている。越村美久羅《こしむらみくら》は、寛政十年（一七九八）に書かれた蘭学者大槻玄沢《おおつきげんたく》『蘭説弁惑』の跋文《ばつぶん》に「皇国」を用い、「鎖国」の語を初めて使って有名な志筑忠雄《しづきただお》『鎖国論』（享和元年〈一八〇一〉）は、「皇国ハ其無数の島嶼《とうしょ》を以て地球の万国あるに応するなれは」「是《これ》また　皇国の皇国たる所以成《ゆえんな》るへし」と書いている。

国学者は当然として、儒学者から蘭学者までが自国を誇る「皇国」を用いるようになった。まさに「皇国」の普及である。

自国を「皇国」と誇る理由は、王朝がしばしば交代する中国との対比で、万世一系の天皇が持続している国家の安定性への誇りである。それは、山鹿素行《やまがそこう》らが十七世紀後半にすでに主張した万世一系の天皇の存在を誇る意識と同じである。この「皇国」意識は、その後一九四五年（昭和二十）まで、国家的な、あるいは民族的な危機に直面すると、国家的統一や民心統一のスローガンとして強調された。幕末の対外的危機の深刻化とともに、「皇国」は氾濫し、それに支えられて天皇は政治の頂点に押し上げられた。その前提は十八世紀末から始まるのであり、おもむろながら天皇・朝廷の政治的浮上を支え、朝幕関係の変化を生みだす。大政委任論の「普及」も、その変動のあらわれの一つなのである。

松平定信の天皇観

ここでは、大政委任論を表明した老中松平定信の天皇観に触れておこう。尊号一件の渦中で、朝廷側の要求を拒否するよう所司代に命じた、寛政四年（一七九二）九月の文書（所司代を通して朝廷に伝えられる）のなかで、その天皇観を述べている（「松平定教文書」）。

いわんや神民の主、万乗《ばんじょう》の御位《ぎょい》は天神地祇《てんじんちぎ》の　御眷《ごけん》をこうむらせられ候御事にて、億兆臣《おくちょうしん》民《みん》を子となされ、聖祖神皇の宝位にて候えば、（中略）名器ひとたび動けば、社稷蒼生《しゃしょくそうせい》の興廃安危《こうはいあんき》にもかかわり候事にて、甚《はなは》だもって御大切の義に思《おぼ》し召《め》し候、

「神民の主」とは、日本が神国であることを前提とした人民の主、「億兆臣民を子となされ」とは万民を子（赤子）とする存在という意味であり、また「神皇」とは、神代の神々に連なる神武天皇以来の歴代天皇ということであろう。天皇は、神国日本の人民の主であり、その地位は天地の神々の守護をうけているという。これは、神国観念という他ない。天皇は神国日本の主、という天皇観であり、まさに「皇国」観念である。

また、尊号一件のところで触れたように、幕府は、公家の処罰にあたって通常はとるべき解官の措置をとらなかった理由を朝廷に説明した（『徳川禁令考』）。

いずれか王臣にこれなき者これあるべきや、五位以上位記《いき》・口宣《くぜん》を下し賜《たまわ》り候《そうろう》儀《ぎ》にて、

関東武家とてももっとももって隔《へだ》てこれなき事に候、（中略）その罪せられ候儀、たとい甚だの重科に至り候とも、叡聞《えいぶん》に達せられ候儀はこれなく、（中略）王臣隔てなくその善悪によりて抑揚賞罰これあり候はば、すなわち御職掌を重んじられ候ところ敬われ候ところ、御崇敬《ごすうけい》第一の御事に候えば、堂上《とうしょう》の人のみ叡聞に達せられ候ようにては、王臣の隔てこれあるとも、これまた御不敬の至りにこれあるべく候、

武家も公家もともに王臣、すなわち天皇の臣下であり差異はない。また、将軍の（天皇から与えられた）職掌は善悪により賞罰を厳密に下すことである。だから、公家には解官《げかん》の措置をとり、武家にはそれをしないのは、天皇の臣下を差別扱いすることになる。公家も解官の措置をとらずに処罰することが天皇を崇敬することになる、という趣旨である。

このように、老中松平定信を中心とする寛政期の幕閣は、天皇は神国の主であり、公家も武家もともに天皇の臣下（王臣）である、という認識を示していた。そして、将軍はその天皇から政務を委任されている、と解釈したのである。

渡辺浩氏は、「皇国」の普及は、内外の危機の産物ではなく、太平、安定が持続したが故に誇る意識である、と主張される。国学者らはそうであったとしても、松平定信ら江戸幕府の幕閣はどうであったろうか。十七世紀末の新井白石のような、天皇・朝廷は武家の都合で立てたもの、という冷徹な認識から大きく転換していることは疑いない。十八世紀末には、天明の凶作・飢饉が引き金となった深刻な政治・社会不安と動揺がひろがり、それにともな

う幕府権威の低下が現実化し、ロシアの蝦夷地接近に示された対外的な危機も予感された。つまり、十八世紀末の幕藩制国家は、内外の矛盾に直面し初発的ながら体制的危機を迎えたのである。この情勢のもとで、将軍・幕府の権威と支配の正当性を再強化する必要にせまられ、天皇観や天皇・朝廷との政治的関係について新たな解釈を打ち出してきた、と私は理解している。幕府は、「皇国」が普及する思想状況を政治的に取り込んだ、ということもできるだろう。

第六章　幕末政争と天皇の政治的浮上——孝明天皇の時代

1　光格上皇にすりよる幕府

将軍実父の官位上昇

朝廷と幕府の関係は、寛政《かんせい》期に明らかに変化が認められ、それはさらに進行する。それを、将軍を先頭に官位を上昇させようとした動きにみてみよう。

一一代将軍徳川家斉《いえなり》の実父である一橋家の徳川治済《はるさだ》（一七五一〜一八二七）は、目覚ましい官位上昇を遂げた。将軍家一族である御三卿《ごさんきょう》（田安《たやす》・一橋《ひとつばし》・清水《しみず》家）当主の官位は、元服して従三位《じゅさんみ》中将、参議を経て権中納言《ごんちゅうなごん》を極官《ごっかん》としていた。ところが徳川治済は、寛政十一年（一七九九）に従二位《じゅにい》権大納言になり早くも極官を越え、文政《ぶんせい》三年（一八二〇）に従一位《じゅいちい》、そして文政八年には准大臣《じゅんだいじん》にまで昇進した。死後の文政十一年に内大臣、翌十二年には太政《だいじょう》大臣《だいじん》が追贈され、とうとう歴代徳川将軍の官位と並んでしまった。これらは、もちろん治済本人の願望だったのだろうが、実子である将軍家斉が朝廷に「歎願」した結果である。文政八年に准大臣に昇進したとき、「一橋入道一位（治済）准大臣のこと、大樹《たいじゅ》（将軍家斉）歎願内存心所司代より示談」（「鷹司政通《たかつかさまさみち》記草」）と関白の日記に書かれているように、家斉の

「歎願」として所司代から関白へ直接伝えられた。出家した人物、しかも将軍ではない者を准大臣にする難点は大きかったが、関白らは、将軍の「歎願」、将軍の実父という点を考慮して認めたのである。権大納言広幡基豊《ひろはたもととよ》は、「大樹すらなお難きとなす、況《いわん》や他家においてをや、傍若無人《ぼうじゃくぶじん》の所為か」（「基豊公記」）と、傍若無人の振る舞いだと眉をひそめた。家斉が実父治済の異例に高い官位を「歎願」した姿は、光格《こうかく》天皇が実父閑院宮典仁《かんいんのみやすけひと》親王へ太上天皇の尊号《そんごう》をおくろうとした姿とダブって映る。

将軍の太政大臣就任

将軍家斉は、文政五年に従一位左大臣、文政十年三月には太政大臣に昇進した。家康は、将軍在職中は従一位右大臣であり、大御所《おおごしょ》として亡くなる直前に太政大臣に昇任した。秀忠《ひでただ》も、将軍在職中は従一位右大臣、大御所となった寛永三年（一六二六）八月に太政大臣に昇進した。家光《いえみつ》は、在職中は従一位左大臣、在職中の寛永十一年七月に太政大臣就任を朝廷から要請されたが辞退し、そのままで終わった。以後の将軍は、在職中は正二位《しょうにい》右大臣あるいは内大臣にとどまり、死後に正一位太政大臣を追贈されるのが常態となった。現職将軍が太政大臣に就任するのは、家康にもなく、家光に至っては辞退したほどであり、鎌倉・室町幕府の将軍にもなかった。まさに、先例のない現職将軍の太政大臣就任だった。

　文政九年七月に、所司代松平康任《まつだいらやすとう》がひそかに関白鷹司政通の屋敷を訪れ、将軍家斉の要望を伝えた。家斉の「所存」は、「内々願い申さる、在職四十年、年齢明年五十五歳、足利にも四十年在職これなし、かつ勤め向き闕《か》かず、何とぞ賞され、何ぞ昇進のこと願い申さる」（「鷹司政通記草」）というものだった。つまり、将軍在職四〇年は足利将軍にも例がなく、そのうえ将軍としての務めを欠いたこともないので、誉めていただきたい、ついては官位の昇進をお願いしたい、という趣旨だった。天皇に功績を誉めてもらい、その印として官位を昇進させてもらいたい、という内密の歎願である。

関白鷹司政通は、天皇・上皇と協議し、太政大臣か准三后《じゆさんごう》を家斉に選択させることになり、家斉は太政大臣を選択した。しかし、事実経過とはまったく逆なのだが、朝廷から家斉に太政大臣就任を要請する手続きにし、しかも一回目の要請は辞退し、二回目でやむなく受諾する、という形式をとることで合意した。まったくの茶番劇である。それにより家斉は、文政十年三月に晴れて前例のない太政大臣に昇進した。実父と自身にとどまらず、御台所《みだいどころ》は文政五年に従二位に叙位され、六代家宣《いえのぶ》や一〇代家治《いえはる》の御台所が従三位《じゆさんみ》だったのに比べて異例に高い位階にのぼった。世嗣《よつぎ》である家慶《いえよし》は、文政五年二月に正二位内大臣に昇進し、同十年二月に従一位に叙位され、それまでの将軍が就任前に従二位権大納言だったことからすると、異例に高い官位についた。家斉の孫で、一三代将軍になる家定《いえさだ》は、五歳で元服し従二位権大納言に叙任され、早くも将軍就任前の官位にのぼった。

官位を極限まで高めたこの措置は、天皇・朝廷の権威により将軍と将軍家一族を権威づけ、荘厳化するものだった。将軍の露骨な「歎願」は、朝幕関係の変化を示すひとつの現象である。この動きを、家斉の御台所の実父であり、徳川治済と懇意な島津重豪《しまづしげひで》が見逃すはずはなかった。島津家は従四位上中将《じゅしいのじょう》が極官であったが、働きかけにより天保《てんぽう》二年（一八三一）に異例にも従三位へあがった。その頃から、家斉の子女と縁組みした大名が、その家の官位の極官を越えて昇進し、将軍家と姻戚関係はないもののその家と同格と見ていた大名も、幕府有力者に多額の金品を贈りながらやはり官位の昇進を遂げていった。つまり、十九世紀前半の文政から天保期にかけて、将軍を先頭にして官位バブルが発生したのである。将軍以下諸大名が、天皇権威によりかかり自らを権威づけようとした。

修学院離宮　文政７年に再建された上離宮の隣雲亭

朝廷の諸要求

朝廷は、将軍の前例のない官位昇進「歎願」を、苦慮しつつも先例をこじつけて認めてきた。だが、唯々諾々《いいだくだく》と応じていたのではなく、当然のことながら幕府に見返りを求めた。文政五年の家斉従一位左大臣、家慶正二位内大臣昇進への御礼として、後水尾上皇の時代に別荘として造られ、同上皇がしばしば訪れた修学院《しゅがくいん》への光格上皇の御幸《ごこう》が、文政七年の初年に銀六〇貫（金一〇〇〇両）、それ以降毎年銀二〇貫（約金三四〇両）という幕府の経費負担により実現した。修学院御幸の再興であった。さらに朝廷は、家斉の太政大臣昇進への見返りとして、第一に、まだ再興されていない朝儀《ちょうぎ》や行事、とくに朝覲行幸《ちょうきんのぎょうこう》の再興を要求し、第二に、天皇以下諸公家の窮状の救済を求めた。幕府は、文政十年閏六月に、天皇へは使途を特定せず一年限りながら二〇〇〇両を贈り、光格上皇へは毎年銀一〇〇貫（約金一七〇〇両）を進上し、関白鷹司政通へは、他の摂家より家禄が少ないという理由で在職中米五〇〇俵を増額し、太政大臣昇進の御礼とした。この時期に、幕府の朝廷権威依存が強まることにより「近来公武ことに和懇」（「鷹司政通記草」）という公武合体《こうぶがったい》の良好な朝幕関係が生まれていたのである。

朝覲行幸の再興

天保八年（一八三七）、幕府は朝覲行幸の再興を認めた。朝覲行幸とは、天皇が一月（三日、四日が通例）に父母の上皇・皇太后《こうたいごう》の御所へ行幸し、年賀の挨拶をする儀式である。孝道思想の表れで、正月以外に即位や元服のあとにも行われたという。天皇が鳳輦《ほうれん》に乗り行列を従えて行幸するのが通例であった。大同《だいどう》四年（八〇九）に、嵯峨《さが》天皇が（兄である）平城《へいぜい》上皇のところへ行幸したのを初発とし、院政期には年中行事になったが、鎌倉時代に入ると減少し、元亨《げんこう》三年（一三二三）に、後醍醐《ごだいご》天皇が後宇多《ごうだ》上皇へ朝覲行幸したのを最後に廃絶していた。

江戸時代に入って、寛永十二年（一六三五）と同十七年に明正《めいしょう》天皇による後水尾上皇の仙《せん》洞《とう》御所への朝覲行幸が行われた。ただ、前者について摂政九条道房《くじょうみちふさ》は、「朝覲の礼にあらず、ただ臨時の行幸なり」（「道房公記」）、前関白近衛《このえ》信尋《のぶひろ》は「朝覲の礼にあらず」「つねの御かたたがえ（方違）」（「本源自性院記《ほんげんじしょういんき》」）と、朝覲行幸ではないとするし、後者も、女院付武家の記録には「御方違の行幸」（「大内日記」）と書かれ、当時の日記には朝覲行幸ではないとされている。慶安《けいあん》四年（一六五一）の後光明《ごこうみょう》天皇による後水尾上皇への行幸は、当時の記録（「忠利宿禰日次記」）でも朝覲行幸とされている。鳳輦に乗った天皇が公卿らの行列を従えて通る道筋には、桟敷《さじき》なども造られて多くの市民が見物したらしい。それ以降は、まったく行われていない。

朝廷は、文政十一年に、朝覲行幸の再興を幕府に申し入れた。しかも一回かぎりではなく毎年挙行という内容だった。第一回目の経費は、米三三〇七石、銀七三四貫、あわせると金一万五五四〇両という巨額に見積もられた。幕府は、拒絶することはなかったものの、勘定奉行の反対などもあり、その経費が障害となりなかなかまとまらなかった。朝廷は経費を減額して一万両の支出を求め、幕府は五〇〇〇両をめどとするなど、金額と支給の方法をめぐって長期にわたる交渉が続いた。天保五年（一八三四）に老中水野《みずの》忠邦《ただくに》が意見書を出し、経費の問題で結論が長引くことは望ましくなく、「公武御為第一」すなわち朝幕関係の安定を第一に考え、朝廷尊崇を示すために（「（朝廷）尊崇の条理顕然」）朝覲行幸の再興を認めるべきだ、と主張した（「朝覲行幸存念書」）。結局幕府は、天保五年十一月に、朝覲行幸再興のため一万両支出することを決定した。幕府と朝廷は、天保八年七月に最終合意に達したが、一回限りということになった。こうして、朝覲行幸は再興されることになったが、実際に挙行する前に光格上皇が亡くなったために実施されなかった。予定された一万両は、朝廷に支給され、予備費や臨時経費に充当された。

幕府が一万両もの巨額の負担をしてまで朝覲行幸の再興を承認したのは、「公武御為第一」「尊崇の条理顕然」など、とにかく公武合体、良好な朝幕関係の維持を優先したためであり、天保期の朝幕関係の現実をよく示している。

天皇号の再興

近代では、たとえば生前は裕仁《ひろひと》天皇であり、死後は昭和天皇と呼ばれる。江戸時代の天皇は、「禁裏《きんり》」「禁中《きんちゅう》」「主上《しゅじょう》」などと表記され、「天皇」と記されることはまずない。まったく書かなかったわけではなく、即位宣命は「天皇」と書いて「すめらみこと」と読んでいる。また、譲位した天皇は「太上天皇」とおくられた。しかし、亡くなると「後水尾天皇」ではなく、「後水尾院」と院号をおくられた。だから、亡くなった天皇は「後水尾天皇」ではなく、「後水尾院」と呼ばれた。ちなみに、将軍も公式に「将軍」と書かれることはほとんどなく、将軍宣下が済むまでは「上様《うえさま》」であり、宣下が済むと「公方様《くぼうさま》」と表記される。亡くなると、八代将軍吉宗のように「有徳院《ゆうとくいん》」と院号をおくられ、「有徳院」と呼ばれた。なお、将軍の院号は幕府の依頼により朝廷が選定した。

歴代天皇の死後の称号は、康保《こうほう》四年（九六七）に亡くなり村上《むらかみ》天皇と天皇号がおくられたのを最後に、正暦《しょうりゃく》二年（九九一）に亡くなり円融院《えんゆういん》とおくられて以来、ずっと院号であった。また、天皇号や院号の前につく「○○院」には、諡号《しごう》と追号《ついごう》の違いがある。桓武《かんむ》のように生前の功績を讃えておくる美称を諡号といい、冷泉や一条のように生前の御所名や山陵名で、生前を賛美する意味を含まないのを追号という。桓武天皇のような「諡号＋天皇号」は、仁和《にんな》三年（八八七）に亡くなり光孝《こうこう》天皇とおくられたのを最後に中絶した。「追号＋天皇号」も、康保四年の村上天皇が最後だった。ところが、天保十二年（一八四一）閏一月に、前年十一月に亡くなった兼仁《ともひと》上皇に「光格《こうかく》天皇」とおくられ、「諡号＋天皇号」としては九五四年ぶり、天皇号としては八七四年ぶりに復活したのである。「諡号＋天皇号」の再興は、復古の最たるものだった。

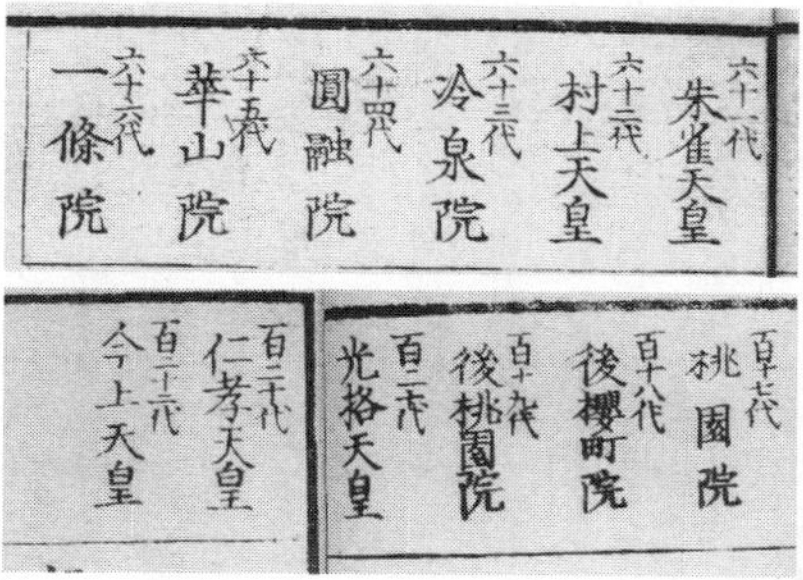

復活した天皇号　村上天皇以来、絶えていた天皇号（上）は、光格天皇（下）から復活した（『雲上明覧』）。『幕末の天皇』より

仁孝《にんこう》天皇は、天保十一年十一月に兼仁上皇が亡くなると、天皇号の再興を公家へ勅問し、賛成を得て幕府と交渉し実現した。ついで諡号の第一候補を示しつつ五つの候補を幕府に伝え、幕府の選択により、朝廷が選定した第一候補「光格」に決まった。天皇号を望んだ朝廷側の理由は、さまざまな朝儀や行事を復古・再興させた功績を讃えたいという趣旨である。幕府は、仁孝天皇の「叡《えい》慮《りょ》」を重視し、かつ故上皇が質素を重んじた点を

幕府もよく承知しているので、今回は「格別の御訳柄」で承認した。その後の朝廷と幕府のやり取りで、諡号でも追号でも「天皇」とおくること、諡号の場合は幕府に問い合わせ、追号でも決められないときは幕府に問い合わせることなどが取り決められた。この結果、これ以降は諡号でも追号でも天皇号がおくられることに決まった。近代以降は「元号＋天皇」になったが、天皇号をおくることは天保十二年に再興されたのである。

天皇号再興の意義

儒学者の中井竹山《なかいちくざん》が、天皇号の意味について「院号は、諸侯大夫より士庶人迄も用ゆる事なれば、帝号に極尊の意かつてなし、勿体《もったい》なき事なるべし」（『草茅危言《そうぼうきげん》』寛政元年〈一七八九〉の著作）と明瞭に語っている。院号は大名（将軍も）から一般庶民までが使っているので、天皇が「極尊」であることを表現していないという。天皇号を復活させれば、天皇が日本でもっとも尊い存在であることを明示できる、ということである。竹山は、諡号も復活させ、院号だった方には在位中の元号を諡号にして、「元号＋天皇」とおくり直すべきだと主張している。院号では天皇と将軍は同格だったが、天皇号再興により、死後の称号という点でも、天皇は明確に将軍の上位に立ったのである。

なお、野村玄「江戸時代における天皇の葬法」によると、安永《あんえい》八年（一七七九）十月に亡くなった後桃園《ごももぞの》天皇の葬儀にあたり、「そもそも今度山陵を船岡山に造らるべし、かつ天皇・諡号あるべきよし、摂政計らい申すとうんぬん、しかれども関東不承引のあいだ」（『柳《やなぎ》原《わら》紀光《もとみつ》日記《につき》」と、天皇号・諡号、および山陵を再興しようとする動きがあったが、幕府が認めなかったために実現しなかったという。事実であれば、諡号・天皇号の再興は後桃園天皇の死の時期にその動きがあり、光格上皇の死の時に実現し、山陵は孝明《こうめい》天皇の死の時に再興されたことになる。

仁孝天皇と公家の歴史学習

十八世紀末ころから、公家の間で古典的儀式書の勉強会が開かれ、なかには『日本書紀』の読書会も開かれていたことはすでに述べておいた。諡号・天皇号が再興される知の前提として、そのような学習があった。光格天皇の時と同じように、仁孝天皇の御前でも近習を集めた読書会がさかんに開かれていた。文政年間では、読書会の書目として『貞観政要《じょうがんせいよう》』『令　義解《りょうのぎげ》』『史記年表《しきねんぴょう》』『通俗漢楚軍談《つうぞくかんそぐんだん》』『続日本後紀《しょくにほんこうき》』『漢書《かんじょ》』などの書名がみえ、その合間には、『論語』や『日本書紀』神代巻の講義があった。

仁孝天皇像　御寺 泉涌寺蔵

天保八年（一八三七）には、一月二十九日に「日《に》本紀《ほんぎ》御会《ごかい》あらせらる」（「基豊公記」）のように、仁孝天皇の御前で『日本書紀』の読書会が月に二ないし三回開かれ、漢御会も定期的にもたれている。天保十年になると、『日本書紀』を読み終えたのであろうか、和御会では『続日本紀《しょくにほんぎ》』の読書会が始まり、漢御会では『資治通鑑《しじつがん》』が始まっている。その読書会の風景は、「今日続紀《しょつき》御会読なり、（中略）中斜《なな》め御会、御前に召し、読み上げ・評論など例のごとし」（「定祥卿記」天保十年十一月十三日条）のように、仁孝天皇の御前で『続日本紀』のある部分を読み上げ、それについて議論するという形式で進んだらしい。『続日本紀』の読書会はずっと続き、読了（「満会」）したのは天保十三年十一月二十三日のことであった。翌天保十四年からは『逸史』の読書会が始まり、天保十五年七月二十五日まで続いて読了した。そして八月二日からは、『続日本後紀』の読書会が始まった（「今日続日本後紀御会開巻」「基豊公記」）。

しかも、『続日本紀』の読書会に参加した公家は、「官巻」すなわち東山御文庫《ひがしやまおぶんこ》収蔵の本と、版本あるいは自家がもち伝えた写本を校合《きょうごう》する作業も行っている。たんに刊本で読書会をするにとどまらず、東山御文庫収蔵本と校合し、それをもって読書会に参加したのである。その背景には、東山御文庫の蔵書の充実があった。

公家たちは、朝儀や儀式がもっとも整備された十世紀前後の儀式書を学ぶだけではなく、「日本」の成り立ちや古代のあり様を記す『日本書紀』を始めとする六国史《りっこくし》を学習するに至った。それにより得られたであろう彼らの歴史意識、認識は、朝廷復古にとって重要な意味をもったのではないか。諡号・天皇号の再興は、その一つの成果であろうし、原点への復古の動きであろう。さらに、光格天皇の時期から始まり仁孝天皇にまで続く天皇の御前における和漢の読書会は、弘化《こうか》四年（一八四七）に、公家の教育機関である学習所（学習院《がくしゅういん》）の創設に至った。幕府の昌平坂学問所《しょうへいざかがくもんじょ》の創設に約半世紀遅れたものの、朝廷にも学問所が生まれたのである。

2　ペリー来日と朝廷

孝明天皇の即位

孝明天皇は、天保二年（一八三一）六月に、光格天皇の子仁孝《にんこう》天皇の第四皇子として誕生し、名を「統仁《おさひと》」という。父仁孝天皇が、弘化《こうか》三年（一八四六）一月に急死したため、一六歳で践祚《せんそ》した。当時の公家の回想によると、孝明天皇は立派な体格だったという。肖像画を見ると、祖父や父の相貌と異なり、顔立ちは細おもてで、目が多少つりあがり気味、全体として温和というよりはやや厳しい性格を窺わせる。孝明天皇の在位中は、とくに欧米列強の開国・開港要求による対外的な危機、そして国家的民族的危機が深刻化し、それへの対応を巡って国論を二分した国内の政争が激化したため、孝明天皇が望むと望まざるとにかかわらず、政治的焦点に浮上していった。

孝明天皇が公家や武家へ送った宸翰《しんかん》は、江戸時代の歴代天皇と比べて圧倒的に多量である。旧宮内省が編纂した孝明天皇の伝記である『孝明天皇紀』に収録されている宸翰は、安《あん》政《せい》三年（一八五六）から慶応二年（一八六六）までの一一年間で一一五通にのぼる。しかもその多くが、そのときそのときの政治情勢の判断や天皇の考えを披瀝した内容である。孝明天皇は、江戸時代から近代へ移行する激動の時代を天皇として能動的に生きたのである。

対外的危機と天皇

天保十年（一八三九）から始まった中国（清国）とイギリスの戦争であるアヘン戦争は、中国が敗北し、天保十三年に南京条約が締結されて上海ほか五港の開港と香港の割譲で終わった。これは、日本を含む東アジア世界の激動の始まりであった。イギリスを先頭とする欧米列強は、日本を資本主義的世界市場へ強制的に編入するため開国・開港、とくに自由貿易を要求し、近世日本は深刻な対外危機に直面することになった。弘化三年（一八四六）閏五月にアメリカ東インド艦隊司令官ビッドルが浦賀へ、六月にはフランスインドシナ艦隊司令官セシーユが長崎へやってきた。

弘化三年八月二十九日、朝廷は突如として幕府へ勅書を下し、海岸防備（海防）の強化を命じた（『孝明天皇紀』。以下同書からは出典を省略）。天皇が、幕府に海防強化（それに限られないが）を命じるなど前代未聞である。勅書には、近年異国船がときどき来航する噂を内々に聞いているが、幕府は厳重な海防態勢をとっていると聞いているので心配はしていないものの、異国船渡来情報があまりに頻繁なので気がかりである、幕府は、異国を侮らず畏《おそ》れずいっそう海防を強化し、「神州の瑕瑾《かきん》」（日本国の恥）にならないよう対処し天皇を安心させるようにせよ、という趣旨のことが書いてあった。

それと同時に、最近の異国船渡来に関する対外情勢を報告せよと幕府へ要求した。要求できる根拠として、「異国船の儀、文化度の振り合いもこれ有り候につき、差し支えこれ無き事柄は、近来の模様あらあら申し進め候ようには相成るまじき哉」と、「文化度」の先例を持ち出している。その先例とは、文化四年（一八〇七）に、幕府が折からの蝦夷地におけるロシアとの軍事的紛争を朝廷に報告したことをさす。幕府は、朝廷の要求に応え、文化四年の先例に従い弘化三年の異国船渡来状況を報告した。

朝廷は幕府へ対外情勢の報告を要求でき、幕府にはその義務があるという慣行は、文化四年を先例として弘化三年に確認された。だから、幕府は朝廷へペリー来日と大統領国書を報告したのである。たんに報告を求めるのみならず海防強化を命じた弘化三年の勅書は、朝廷が幕府の対外政策に口出しできる、介入できる途《みち》を開いたという点で画期的だった。対外的危機の深刻化、国家的・民族的危機を迎え、天皇・朝廷が政治的に浮上する契機となった。

孝明天皇像　御寺 泉涌寺蔵

天皇は神仏に祈るだけ

だからといって天皇・朝廷に何が出来るわけでもなかった。ただ国家と国土、そして天皇の安穏を神仏に祈るだけだった。しかし、そのような宗教的機能こそ、もともと幕府から託されていた役割であった。

勅書により海防強化を命じた翌年の弘化四年は、石清水八幡宮《いわしみず》臨時祭を挙行する年にあたっていたが、孝明天皇の即位礼がまだ済んでいないため、その執行には否定的だった。しかし朝廷は、臨時祭が「乱逆取り鎮め《らんぎゃく》の祭り」という性格だから、異国船の頻繁な渡来という情勢に鑑《かんが》み、幕府に申し入れてあえて挙行した。石清水八幡宮の神前で読み上げた宣命《せんみょう》には、つぎの「辞別」――「ことわく」といい、特別に神に願うこと――があった。

近時相模《さがみ》国御浦《みうら》郡浦賀《うらが》の沖に夷《えびす》の船の著《つき》ぬれば、その来由《らいゆ》を尋ぬるに、交易を乞《こ》うとなむ申す、それ交易は、昔より信を通ぜざる国に濫《みだり》に許し給《たま》うことは、国体にも拘《かか》わりぬれば、たやすく許すべきことにもあらず、許し給わず衣糧を支給し、船舶は飛帆《ひはん》して却《しりぞ》き還《かえ》りぬ、また肥前国《ひぜんのくに》にも来着などなむ聞《きこ》し食《め》す、利を貪るの商旅《しょうりょ》が、隙《げき》を伺うの姦賊《かし》が情実の知りがたきを如何にやはせむと、寤《さめ》ても寐《ね》ても忘れ給う時なし、掛けまくも畏こき大菩薩、この状を平く安く聞こしめして、再び来るとも飛廉《ひれん》風を起こし、陽侯浪を揚げて速やかに吹き放ち、追い退《しりぞ》け攘《はら》い除《の》け給《たま》い、四海異なく、天下静謐《せいひつ》に、宝祚《ほうそ》長く久しく、黎民《れいみん》快楽に護り幸い給い、恤《あわ》れみ助け給うべし、恐れみ恐れみも申し給わくと申す、

祖法としての鎖国を破ることは、「国体」（国家体制）すなわち国家のあり方の根幹にかかわるので、寝ても覚めても心配でたまらない、そこで異国船が渡来したら神風をふかせて撃

退し、国家と国民、そして天皇を護って欲しいと八幡大菩薩に祈っている。ここには、朝廷が深刻な対外的危機感を持っていたことが示されている。嘉永《かえい》二年（一八四九）も異国船の渡来が相次ぎ、十二月に幕府は全国の諸大名へ海防の強化を命じるとともに、武士以外の諸身分にも応分の協力を求める触書《ふれがき》を出したほどである。これをうけて朝廷は、嘉永三年四月に、「宸襟《しんきん》穏やかならず」ということで、「万民安楽、宝祚長久御祈り」を七社七寺へ命じた。七社とは、伊勢・石清水・賀茂・松尾・平野・稲荷・春日《かすが》、七寺とは、仁和寺《にんなじ》、東大寺、興福寺《こうふくじ》、延暦寺《えんりやくじ》、園城寺《おんじようじ》、東寺、広隆寺《こうりゆうじ》のことである。たとえば東大寺は嘉永三年以降、朝廷の命令で「異国撃攘《いこくげきじよう》」「夷狄調伏《いてきちようぶく》」を主題とする攘夷《じようい》祈禱を繰り返した（富田正弘「近世東大寺の国家祈禱と院宣・綸旨」）。その後、祈禱を命じられる寺社の数も増えていく。

なお、嘉永三年十一月に老中松平乗全《まつだいらのりやす》が上京した機会をとらえて、「神州の瑕瑾これ無く」と申し入れた。口頭ではあるが、朝廷はふたたび幕府に海防強化を要求した。

ペリー来日と朝廷の対応

嘉永六年六月、アメリカ東インド艦隊司令官ペリーが浦賀に来航した。嘉永三年頃からオランダ情報でその動静は伝えられ、とくに前年八月に、オランダ風説書《ふうせつがき》はペリー艦隊の来日と開国要求を報じていた。その情報は、前水戸藩主徳川斉昭《なりあき》から関白鷹司政通《たかつかさまさみち》（斉昭の妻の実家）に伝えられ、公家たちも薄々は知っていたらしい。

幕府は、六月十五日にペリー来日情報を、七月十二日にアメリカ大統領国書の翻訳文を朝廷に伝達してきた。朝廷は早速、七社七寺に祈禱を命じた。ついで、関白鷹司政通と両役は対応策を協議し、七月二十一日に「当時関東へお任せの儀、左右《そう》はあらせられず候《そうら》えども、右書翰（アメリカ大統領国書）の返答尋ね来たり候時、いかがの処置に相成《あいな》るべきや、御祈念の叡慮《えいりょ》もあらせらるのあいだ、右内々《うちうち》申し越すべきよう」と、幕府に申し入れた。政務委任だからとやかく幕府へ指図はしないが、アメリカへの回答について内々知らせて欲しい、という内容だった。しかし、幕府から何も連絡がなかったことから、将軍家慶《いえよし》が六月二十二日に死去し、一三代将軍家定《いえさだ》の将軍宣下《せんげ》のため勅使が江戸へ行く機会をとらえ、幕府に申し入れをさせた。勅使の武家伝奏《ぶけてんそう》三条実万《さねつむ》は、「神州の一大事」であるから力をあわせて「国《こく》辱後禍《じょくこうか》」のないようにせよ、という孝明天皇の叡慮を老中に伝達した。これに対して老中首《しゅ》座《ざ》の阿部《あべ》正弘《まさひろ》は、穏便な解決をめざすが、アメリカが武力に訴えるならば一致協力して対抗するつもりであると回答し、つぎのように三条実万へ語ったという。

叡慮に、かよう遊ばれたくと申す思《おぼ》し召《め》しもあらせられ候わば、御遠慮なく仰《おお》せ出《いだ》され候よう、左候わば、またその思し召しにて御取り計らいも仕《つかまつ》るべく候と申すこと、再応申し述べらる、もし直の御沙汰も如何にもあらせられ候わば、両人より申し越し候ようにと、ずいぶん懇切に申さるなり、

極論すれば、幕府は天皇の意向を尊重して問題に対処します、という趣旨である。老中阿

部の発言の真意はともかく、直面している重大問題の打開に天皇を利用しようとしていることだけは明らかである。将軍権威の強化や荘厳化ではなく、幕府による現実政治への天皇の利用である。

幕府は、ごく一時期を除き渡来する異国船へ慎重に対応し、穏便に退去させる方針を一貫してとってきた。とくにアヘン戦争以来、「清国の二の舞」を回避することを対外政策の基本方針に据えていた。それはすなわち、欧米列強との紛争、戦争を避けることであった。ギリギリまで相手の要求を拒み、なんとか退去させてきた。しかし、ペリー艦隊の前にもはやその対応策は通用しなかった。アメリカを始めとする欧米列強の要求をのむことによってしか、戦争を回避できなくなったのである。

問題は、幕府の選択を諸大名らが納得し支持を与えるかどうかだ。幕府が、諸大名らにアメリカ大統領国書を公表し対応策を諮問したのは、合意獲得のための手続きで、幕府は、それまでの独断専行の専制的な政治運営から、諸大名らとの合意、あるいは折り合いをつけながら政治を運営する方向に転換しつつあった。天皇・朝廷と折り合いをつける、合意を得ることは勿論であるが、それ以上に、諸大名との合意、さらに大きくは対外政策のあり方についての国論形成に天皇・朝廷が利用されていく。

朝廷内部の対立

大きくは対外的危機、直接的にはアメリカの開国要求への対応策をめぐり、朝廷内部にも

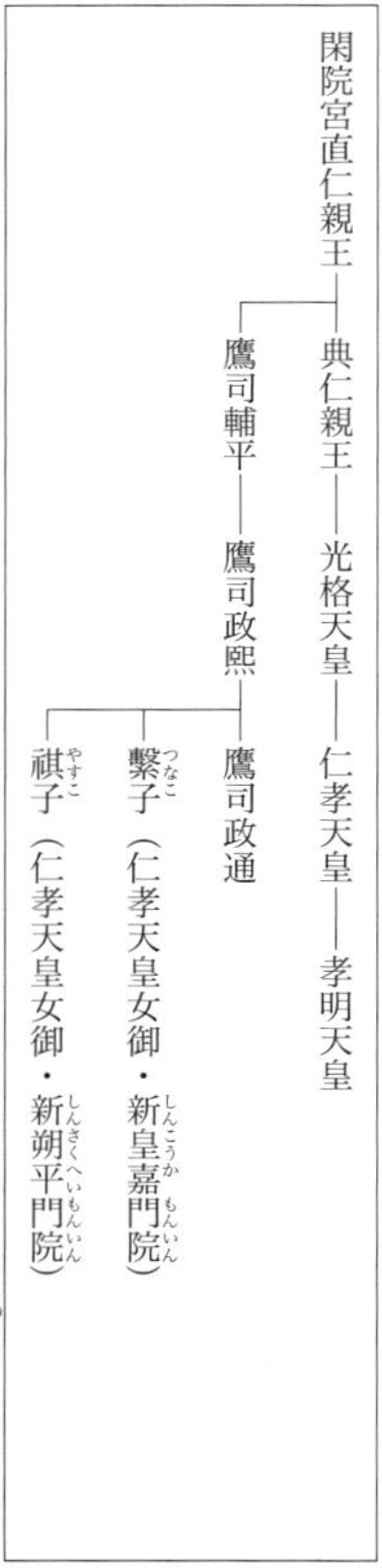

孝明天皇と鷹司政通の関係　ともに閑院宮家の血筋だった

対立が生まれ始めていた。当時の関白鷹司政通は、朝廷内で天皇を凌《しの》ぐ絶大な力を持っていた。孝明天皇と鷹司政通は、同じく閑院宮《かんいんのみや》家の血を引いていた。祖父輔平《すけひら》は、天明《てんめい》七年（一七八七）から寛政三年（一七九一）まで、父政熙《まさひろ》は、寛政七年（一七九五）から文化十一年（一八一四）まで約二〇年間も関白を務め、政通は、文政六年（一八二三）以来、嘉永六年当時すでに関白在職三〇年を超えていた。孝明天皇と血筋を同じくし、しかも関白在職三〇年、年齢も六五歳、老練、老獪《ろうかい》のうえ「気魄雄渾《きはくゆうこん》、容貌魁偉《ようぼうかいい》」と評された剛胆《ごうたん》な公家で、朝廷内の議論をリードする最高実力者だった。

鷹司政通は、実は開国論者だった。政通のところには、対外情勢に関する多量の情報や書籍が集められ、それなりに対外情勢や海外事情に通じていた。彼は、アメリカ大統領国書は、穏当で思いやりが込められている、「近代」は他国との通商を禁止しているが、「往古《おうこ》」は広く諸外国と関係をもっていたのだから、貿易開始に問題はなく、長崎港に限定すればよい、臆病な武士では外国に太刀打ちできないのだから、戦争より貿易で利益をあげるほうが得策だ、との考え方だったという。また政通は、政務委任の枠組みを前提に、朝廷内の意見は関白と両役の執行部でとりまとめる、という方針だった。

しかし、朝廷内部には、政通のこのような姿勢や方針に批判的な、あるいは反発する公家たちもいた。武家《ぶけ》伝奏《てんそう》三条実万は、「執政の臣（関白）として異類の虚偽に沈溺《ちんでき》せらる、嘆くべし悲しむべし」と政通の開国説を厳しく批判していた。そして、三条実万に共鳴する公家、たとえば議奏《ぎそう》の烏丸光政《からすまるみつまさ》や権大納言久我《こが》建通《たけみち》らが、三条の屋敷に来て内談していた。鷹司政通や幕府の対応への公家たちの不満は、マグマのように朝廷の「地下」に溜まり始めていた。朝廷では、嘉永六年十二月二十八日に、公卿《くぎょう》をはじめとして六位蔵人《くろうど》や地下《じげ》官人を管《かん》掌《しょう》する廷臣に対して、アメリカの要求と幕府の対応策を説明した。この措置は、朝廷内部で対外関係に関する議論が大衆化するきっかけとなり、数年後に不満のマグマが大噴火することになる。

日米和親条約締結と朝廷

幕府は、嘉永七年（一八五四）三月三日に日米和親条約を結び、下田と箱館の二港を開港した。八月に日英和親約定、十二月に日露通好条約を相次いで締結した。幕府は、国防態勢が不備なので、寛大な措置として日米和親条約に調印したことを、四月二十九日に朝廷へ報告した。後の日米修好通商条約の時とは違って、事後報告だった。朝廷は、国防態勢が不備では条約調印もやむを得ないと同意し、幕府の措置を了承した。それと同時に、朝廷は幕府へ、このまま推移すると国家は疲弊し将来が不安だという天皇の憂慮を伝え、「神州の瑕瑾」なきようにと申し入れた。

朝廷の実力者でしかも開国論者の関白鷹司政通が、朝廷内部の議論をリードして、幕府に事後承認を与えたのだろう。しかし、議奏の東坊城聡長《ひがしぼうじょうときなが》は、幕府の措置に納得していない武家もかなりいて、自身も納得できないと日記に書き、さらにアメリカに屈服して条約に調印した幕府の行為は、日本を汚し（「神国を汚す」「皇国の汚辱これに過ぎず」）、神々に顔向けできない（「神明《しんめい》に対し何顔これ有るや」）と、幕府への激しい怒り（「徳川家の政事ここに極まる」）を書き連ねた。幕府への反発と鷹司政通への公家の不満は鬱積していった。

恐怖におののく朝廷

嘉永七年に入ると、朝廷は矢継ぎ早に神仏に祈った。二月九日に伊勢神宮へ「夷類退帆降伏・国家安全」の祈りを七日間、同月二十二日には伊勢神宮のほか畿内の二二社、伊雑宮《いざわのみや》以下畿外の一一社へ「神州を汚さず、人民を損なわず、国体安穏・天下泰平」を祈らせ、これを五月と九月にも行わせた。さらに、四月に派遣した日光東照宮例幣使《れいへいし》、十一月二十日の賀茂社臨時祭にも外患撃攘《がいかんげきじょう》を祈らせた。これは、江戸時代の朝廷が求められている本来の機能ともいえるが、幕府から直接に依頼を受けたわけでもなく、朝廷自身が強い不安を抱いていたためである。

天皇・朝廷は、何に恐れおののいていたのか。それは、異国・異国人から生じるかもしれない天皇と公家らの安全への不安感だった。直接には、外国艦船が京都の近海、すなわち大坂湾や若狭湾に渡来することだった。京都防備、京都警衛策が不安になり、関白は、尾張藩や彦根藩が京都警衛総督になって異国人から京都を守ることが望ましいと幕府へ伝えた。関白と両役は、外国艦隊が大坂湾や若狭湾に渡来した場合を想定し、どこかの城に避難することを検討していたほどである。関白は、皇統を絶やさないことを第一にして対処すると主張していた。

この朝廷の心配は現実のものとなった。嘉永七年九月にロシア使節プチャーチンの乗艦ディアナ号が、大坂湾天保山《てんぽうざん》沖に突如として現れたのである。朝廷は大騒動となり、ロシア軍艦の行動次第で彦根城へ「遷都」する用意をすすめた。天皇の疎開が現実化してきたのである。天皇・朝廷が恐れおののいたのは、外国勢力、「異類」「夷賊《いぞく》」により天皇の安全が脅かされることであり、天皇の安全こそが最大の関心事だった。

御所の焼失

対外的緊張が高まるなか、嘉永七年四月六日に禁裏御所以下が全焼した。幕府は、対外関係が大変な事態ではあるが、なにはさておいても御所を「速成」するという方針をたて、朝廷は、対外的危機に直面していることに配慮し、焼失以前と同じ御所の再建で構わない、という意向だった。その結果、寛政の内裏造営のときは、完成に約二年一一ヵ月かかったが、今回は、嘉永七年（十一月に改元し安政元年）四月に焼け、安政二年十一月には竣工したので、工期一年七ヵ月という早さであった。

なお、御所の造営費は約五〇万両に及んだ。加賀前田家が一五万両を献上、幕府は一〇万五〇〇〇両を負担し、残りは通常ならば五万石以上の大名に御築地金《おついじきん》という名目のお手伝いを命じるところだったが、海岸防備を強化するためという名目で免除し、その代わり高松松平家、阿波蜂須賀《はちすか》家、彦根井伊《いい》家など一四大名に負担させた。

3 日米通商条約勅許問題——明治維新への転換点

幕府の通商条約締結方針

アメリカ総領事ハリスが、安政《あんせい》三年（一八五六）七月、下田に着任した。ハリスは早々に幕府へ通商条約締結を提起し、江戸へ行き将軍に謁見して大統領書簡を提出し、ついで通商条約交渉に入ることを要求した。幕府は、安政四年十月に「世界の形勢変革」を理由にハリスの出府を許可し、さらに「寛永以来外国御取扱いむきの御制度御改めこれ無く候《そうろう》ては相《あい》成《な》るまじく」と、「鎖国」撤廃の方針を示した。通商条約締結を決定して具体的な交渉に入り十二月には妥結した。幕府は、欧米列強の圧力に屈し、自由貿易を骨子とした通商条約を結び、資本主義的世界市場のなかに組み込まれる途《みち》を選択した。

それまで長崎で行っていた貿易は、その規模や取引形態などに国家（江戸幕府）の規制、介入が厳しい長崎会所《かいしょ》による会所貿易と呼ばれるものであった。今後は、商人と商人同士の自由な取引が原則の貿易になる。まさに「二百年余の御制禁を変えられ候儀」、つまり「鎖国」から開国・開港への大転換である。幕府にとって最大の問題は、この大転換が「列侯《れっこう》折り合い」、すなわち諸大名の支持を得られるのかどうかだった。

幕府は、安政四年十一月十一日、ハリスとの交渉内容を三家・溜間詰《たまりのまづめ》・大廊下《おおろうか》詰《づめ》大名、十五日にその他の大名へ提示し、意見を求めた。大名たちの回答は承認と拒絶が半ばした。

将軍家定に謁見するため登城するハリス一行　九条家蔵

さらに幕府は、十二月二十九、三十の両日に諸大名を登城させ、条約を締結せざるを得ない情勢を説明し、「御国内《ごこくない》人心一《いち》和《わ》」「御国内一統気を揃《そろ》え」の必要性を説いて合意を形成しようとした。幕府は条約締結に賛成が七割と判断したが、なお反対論も根強かった。なお幕府は、所司代から朝廷へ、条約を結び「御国勢挽回」のため「鎖国」を撤廃する方針と、「人心折り合わざる節は内外何ようの禍端引き出し申すべくも計《はか》らい難い」と伝えた。さらにこの件を朝廷に説明させるため、林大《はやしだい》学頭復斎《がくのかみふくさい》と目付《めつけ》津田正路を京都に派遣した。両名は、十二月二十九日に武家伝奏《ぶけてんそう》と会談し、条約締結のやむを得ざる事情を説明し、「鎖国」撤廃の了解を求めた。

尾張・仙台・鳥取・阿波の藩主らから、朝廷の許可、すなわち勅許《ちょっきょ》を求めるべきだという意見が出された。幕府は、大名のなかの条約反対論を押さえ、幕府方針への異論を封じるため、条約勅許を得ることにした。つまり幕府は、「鎖国」撤廃から開国への国論統一を天皇に、すなわち勅許に頼ろうとしたのである。孝明天皇は、「国体」に関わる難しい選択を迫られるとともに、自らの政治的権威を急浮上させる契機をも摑んだ。

幕府の勅許要請

幕府側はハリスに対し、勅許はただの形式、儀式だと説明していたことから、簡単に勅許を得られるものと判断していたらしい。所司代は、対外関係の大変革には「人心の折り合い」が必要なので、この件について「叡慮《えいりょ》」を伺うため、老中堀田《ほった》正睦《まさよし》が上京することを通告した。

この通告をうけた朝廷にも、対外政策に確たる考え方があったわけではない。堀田が上京する前に朝廷では、安政五年一月十四日に太閤《たいこう》鷹司政通（安政三年八月関白辞職）の指示により、「鎖国の法大変革の事」について、三公と武家伝奏・議奏《ぎそう》の一二人が意見を提出することになった。人心の折り合いが重要なので「三家以下諸大名の存意とくと尋問に及ばるのうえ所置《しょち》これ在《あ》り候《そうろう》よう仰《おお》せ下さるべき哉」、つまり人心の折り合いをつけるため、幕府は三家以下諸大名の意見を徴《ちょう》したのちに決定すべきだという意見は、左大臣近衛《このえ》忠熙《ただひろ》、右大臣鷹司輔熙《たかつかさすけひろ》、内大臣三条実万《さんじょうさねつむ》、権大納言一条忠香《いちじょうただか》、武家伝奏広橋光成《ひろはしみつしげ》、議奏万里小路《までのこうじ》正房《なおふさ》、同坊城俊克《ぼうじょうとしかつ》の七人で、多数派である。やむを得ないという前提つきながら、条約に賛成しているのが議奏裏松《うらまつ》恭光《ゆきみつ》、畿内近国に開港地・開市地を認めないという条件付きで賛成しているのが議奏久我《こが》建通《たけみち》・同徳大寺《とくだいじ》公純《きんいと》の二人、条約拒絶論は権大納言二条《にじょう》斉敬《なりゆき》・武家伝奏東坊城《ひがしぼうじょう》聡長《ときなが》の二人である。

右大臣鷹司輔煕は、「総《すべ》て国政・武備《ぶび》向きは関東へ任《まか》せられ候《そうろう》」、議奏徳大寺公純は「元来御政務においては東武へ御倚任《いにん》の儀、いっさいお構《かま》いは在《あ》らせられず候《そうら》えども」、議奏坊城俊克は、「もっとも政務東武へ御任せ有らせられ候事」というように、政務は幕府に委任しているという大政委任の枠組みを前提に議論をしている。

公卿の意見

武家伝奏広橋光成は「公家においては三公および公卿群議」、一条忠香は「官家においても諸臣ら議論に拘《かか》わるべき人びとへはひろく御評議在らさせらるべき哉」、議奏万里小路正房は「朝廷にては三公諸卿の群議《ぐんぎ》を召《め》され」など、摂家と関白・両役だけではなく、広く公家の議論を集約することを要求する意見が出てきた。

孝明天皇は、一月十七日に、関白九条尚忠《ひさただ》に宸翰をおくり、この問題についての天皇の意見を伝えた。通商条約締結問題は「天下の一大事」と認識するものの、その可否については触れず、意見集約のあり方について述べている。①三公と両役が太閤・関白へ率直な意見を出せるようにすべきである、②公家たちが金品で幕府に買収されてしまう（「目くらみ」）と「天下の災害」をおこすので、天皇自身も今回は一切受け取らない、③意見を提出させる対象を、現任の公卿や有志の公家にまで広げるべきではないか、④武家については、「三家始め大小名へ存意《ぞんい》尋ね出で候わば、またまた列侯国主の存《おもい》のほどもよろしかるべき哉」と、幕府への意見提出の対象を全大名に拡大すべきではないか、と書き、とくに③と④は、この問題に関する朝廷の結論を方向づけることになる。

天皇の指示により、一月二十五日には現任の公卿全員（位階が三位《さんみ》以上か官職が参議以上）に意見を出すよう指示があった。二三人の回答書があり、単純な容認論と拒絶論も少数いたが、正月十四日の諮問に応えた三公と両役の多数派と同じように、「人心の折り合い」が重要なので、三家以下諸大名の意見を聴取したうえで判断すべきだという者が多かった。つまり公卿の多数派は、幕府は三家以下の諸大名の意見を集約して決定すべし、という意見だった。

公卿たちに確固とした定見があったわけではないが、多くの公卿たちが期待した「人心の折り合い」の落ちつく先は、条約に反対し現行の「鎖国」が維持されることであった。その根底には、アメリカ（広く異国）は「蛮夷《ばんい》」であり、彼らが神国・皇国日本に入り込むことは皇国を汚すことになる、という感覚的な拒否反応があった。条約締結に賛成、あるいは人心が折り合うならば条約締結に賛成する公卿もいたが、多くは幕府が締結しようとしている条約に危惧、あるいは漠然とした恐れから、そのますんなりと勅許することには否定的だった。

なお、アメリカが通商条約拒否を納得しなかった場合の措置について、中山忠能《なかやまただやす》は「彼より兵端《へいたん》を開き候《そうら》わば、是非の論に及ばず打ち払い、人心一致し防禦《ぼうぎょ》」、広幡忠礼《ひろはたただあや》は「衆人一同気合いのうえは撃《うち》払いしかるべき哉」と、アメリカとの戦争も辞さず、正親町実徳《おおぎまちさねあつ》・中院《なかのいん》通冨《みちとみ》などは「弘安の旧 蹤《きゅうしょう》」、すなわち元寇を持ち出して戦争を想定している。

孝明天皇の意見

孝明天皇は、一月二十六日に関白九条尚忠へ宸翰をおくり、通商条約締結についての自らの考え方を伝えた。結論は、老中が上京し「開港・開市」を説得しようとも「固く許容これ無《な》く」、つまり「鎖国」をやめる条約に反対だった。その理由は、アメリカの要求により鎖国を止めては天下が大変なことになり、伊勢神宮を始めとする神々に申し訳ない、という理由だった。なお、先の一月十七日の宸翰では、その理由を「私の代よりかようの儀《ぎ》に相成《あいな》り候《そうろう》ては、後々迄《のちのちまで》の恥の恥に候わんや、それにつきては伊勢始めの処は恐縮少なからず、先代の御方々へ対し不孝、私一身の置き処《どころ》なき至りに候あいだ、誠に心配 仕《つかまつ》り候」と書いていた。日本の神々と歴代天皇への孝明天皇の畏《おそ》れと責任感こそが、通商条約反対の理由だった。つまり、国際情勢と日本の置かれた状況、国内の動向などを認識して反対しているわけではまったくなかった。幕府への回答は、「三家以下諸国大小名総《すべ》て勅問《ちょくもん》あり、各々覆蔵《ふくぞう》なきところ勅答あるべきよう申し渡されしかるべき事」、すなわち全国の大名に勅問し、腹蔵なく回答するように命じる、というものだった。アメリカが納得しなければ、「打ち払いしかるべき哉と迄も愚身《ぐしん》においては決心 候《そうろう》事」、つまり戦争すら決意していた。孝明天皇の意思は、明らかに鎖国攘夷だった。孝明天皇の鎖国攘夷の意思は、尊王攘夷派を勇気づけるとともに、そのための行動を天皇の名で正当化し、開国論者も天皇の意思を前に表立って反対もできず、これ以後の政治過程にきわめて重い意味を持ち続ける。

孝明天皇が、自身の意見を通すうえでもっとも心配だったのは、太閤鷹司政通の存在だった。鷹司政通は、開国論者であり、孝明天皇の意見に反対することは目に見えていた。しかも、鷹司政通と面と向かって議論すると、言い負けてしまう（「与（天皇）一言に太閤（政通）多言にて申しきりに成り候《そうら》はんと、その段深く心配候」）という。そこで天皇は関白九条尚忠に、私が条約締結に絶対反対だということをよく承知して、太閤に負けないよう精一杯頑張ってくれ（「遠慮なくきっと御《お》きばり無《な》くては如何かと心配候事」）と申し入れた。そこに、三十数年間関白・太閤として朝廷政治に君臨し七〇歳になる鷹司政通に太刀打ちできずにおびえる、二八歳の孝明天皇の姿がみえる。

通商条約に反対、広く諸大名の意見を聴取、アメリカが納得しないなら戦争、これらは公家にとって「正論」だった。しかし、老中堀田正睦《まさよし》の入京直前に、「正論」を貫くことの困難さを認識していたのが内大臣三条実万《さねつむ》だった。三条実万は、公家中の「怜悧《れいり》円熟」第一の人と称され、日米和親条約にすら反対した対幕府最強硬派の公家であった。堀田が入京する前日に左大臣近衛忠熙へ送った手紙のなかで、困惑した状況を吐露した。「正論」で突っぱればよいと考えていたが、武家側の状況を調べるとそんな単純なものではなく、「賢才」「傑出」の人物と期待していた越前藩主松平慶永《まつだいらよしなが》は、通商条約に賛成らしい、通商条約に反対と見られた尾張藩主徳川慶勝《よしかつ》、さらには前水戸藩主の徳川斉昭《なりあき》らも、条約はやむを得ない情勢と判断しているらしいなどなど、頼みの綱の大名らも一枚岩ではなく、そう一筋縄ではいかないということが分かってきた。

堀田正睦の上京と説得

安政五年二月に入京した堀田は、十一日に宿舎の本能寺へ武家伝奏と議奏を招き、条約案文を示して通商条約締結の必要性を説いた。国際情勢は激変し、通商条約を拒絶すれば欧米列強と戦争することになり勝利する可能性はない、とすれば、資本主義的世界市場に参入することによって国家と国勢の挽回を他日に期すしかない、と力説した。この説得的な説明を聞いた武家伝奏東坊城聡長は、もともと条件付きで条約を容認していたが、すっかり納得してしまった。堀田は、太閤鷹司政通のほか武家伝奏の支持も獲得し、条約勅許の展望が見えた。彦根藩主井伊直弼《いいなおすけ》の腹心長野義言《ながのよしとき》は、朝廷は幕府に一任という結論になるだろうと、楽観的な見通しを直弼に伝えたほどである。

孝明天皇は、二月十六日に議奏から得た情報をもとに、現状についての宸翰を左大臣近衛忠煕に送った。太閤鷹司政通と右大臣鷹司輔煕は条約に賛成し（条約について政通は、一月下旬に天皇へ「堀田申し上げ候上にて御よろしく存じたてまつり候」と回答した）、武家伝奏も堀田正睦の説得により賛成に廻りそうで大変に心配だ、関白を無視して太閤のところで決着をつけようとする動きが武家伝奏あたりにあるらしく、幕府への回答は、天皇や公卿の多数意見と違うものになりそうだ、と天皇は悲観的な見通しを書いている。同月二十六日の関白九条尚忠への宸翰では、関白へ「天下のため」と思って精一杯頑張る（「頓と頓と御遠慮なう御きばり」）ことを求めるとともに、太閤が参内する時は、見計らって関白も参内して欲しいと頼んでいる。それは、「太閤と差し向き応対になり候《そうろう》ては、私なかなか存念《ぞんねん》のほど一寸も申されず」というように、太閤と一対一で議論するととても勝てないし、太閤は何事も自分の思い通りにしなければ済まない性格なので、天皇と意見が違っても、「天皇は私と同じ考えだ」などと言いかねないという。

朝議の決定

二月二十一日に朝議《ちょうぎ》が開かれ、ここでは天皇と公卿の多数意見通りの結論が出た。すなわち、「人心の折り合い」が重要なので、三家以下諸大名の意見を提出させ、天皇の御覧に入れるように、という趣旨だった。幕府は、幕府の決定への異論を封じるため勅許を求めたのに対して、朝廷は大名に異論があるようなので大名の意見を聞きたい、と応えたのである。とりあえず勅許は出さないことになった。これを知った太閤鷹司政通は御所に乗り込み、朝議を覆そうとしたが、天皇と関白の意思は変わらず、幕府はひとまず勅許の獲得に失敗した。

ところが、老中堀田正睦は巻き返しを図り、関白の切り崩しにかかった。井伊直弼の懐刀長野義言は関白九条尚忠に面会し、条約を締結せざるを得ない情勢を説いた。関白は態度を豹変させ、条約を勅許する方向へ朝議を動かし始めた。江戸の老中からも、「人心の折り合い」は幕府が責任を持つと伝えてきたのをうけ、関白は強硬な反対派を排除する挙に出た。青蓮院宮尊融法親王《しょうれんいんのみやそんゆう》（仁孝天皇の養子となり、のちに青蓮院門跡を相続。時勢について勅問をうけるなど、孝明天皇の信任が厚かった）、内大臣三条実万、左大臣近衛忠熙の三名が会合することと、青蓮院宮の参内を禁止した。強硬派の連携を強引に断ち切ろうとした措置である。

関白の動きを左大臣近衛忠熙から知らされた天皇は、三月六日に近衛忠熙に宸翰を送り、自身の考えを伝えた。幕府が人心の折り合いの責任を持つといっても、「愚昧《ぐまい》」の将軍が厳命だといって押しつけても諸大名は納得しない、また、関白の真意がわからない、と困惑した様子を書いている。そこで、近衛忠熙に期待を寄せ、最後に「私一身ここに極まり、不慮の発念計らい難く」と、天皇自身が何を言いだすかわからないとまで書いている。譲位の意思表示であろうか。

関白らに反発する公卿たちの動きが、しだいに表面化してきた。三月三日には、議奏の久我建通が抗議の意を含めて辞表を提出し、同月七日には、権大納言中山忠能ら七名が連名で、条約は「神国の汚穢《おわい》・御瑕瑾《かきん》」だと激越な調子の反対論を展開した意見書を武家伝奏に提出した。天皇も三月七日に、勅答案ができたら現任公卿に見せ、意見を聴取したうえで考えたい、と関白に伝えた。関白と両役で決めてしまうのではなく、公卿の合意を得て決定するよう求めたのである。

勅答案は、三月九日に関白九条尚忠のところで作成され、三公とそれ以外の摂家を御所に呼んで勅答案を決定しようとした。しかし、左大臣近衛忠熙と内大臣三条実万が欠席したため、決定できなかった。十日の夜に、天皇の指示通り現任公卿に提示された勅答案は、その末尾に「なんとも御返答の遊ばれ方これ無く、この上は関東において御勘考あるべくよう、御頼み遊ばれたく候事」と書かれていた。朝廷は判断できないので、幕府の方でよく考えてくれと依頼する内容で、幕府への白紙委任に近いものだった。天皇も十一日の時点では、「むざとあまり強く申し候ては、堀田の身体にかかわるべし、左候ては不憐愍《れんびん》の至り、かつは大樹《たいじゅ》に対し申しわけ無く、間柄にもかかわるべくの次第」（左大臣近衛忠熙宛の宸翰）と、堀田の立場や将軍との関係を考慮し、とりあえず勅答案をやむを得ないものと判断した。三月十一日に、関白以下が同意のうえで確定し、十四日に堀田正睦へ伝達する手順に決まった。

公家の「一揆」

ところが、関白らの方針に反対する公家の活動が活発化した。三月九日夜、御所から帰宅途中の議奏徳大寺公純《きんいと》が、何者かに輿から引きずり下ろされ危うく斬られそうになる物騒な事件が起こった。関白と組んで幕府寄りになった議奏東坊城聡長《ときなが》を「国賊《こくぞく》」として斬るという計画があり、徳大寺は東坊城と人違いされたらしい。

三月十一日には、勅答案を見た公家から続々と修正案があがってきた。権大納言中山忠能《ただやす》と中納言正親町三条実愛《おおぎまちさんじょうさねなる》が連名で差し出した修正案の末尾は「この趣《おもむき》関東において深く御熟察、厚く勘考《かんこう》これ有るべくよう遊ばれたく候事」、中納言三条西季知《さんじょうにしすえとも》と参議野宮定功《ののみやさだいさ》連名の修正案の末尾は「この上は、関東において再応深く御勘考これ有り候よう、ご沙汰に候事」と記されていた。幕府はなおよく考えるように、と命じる趣旨になっている。つまり、関白作成の勅答案の「御頼み遊ばれたく候事」は、幕府一任を意味したので、その一文の削除を要求したのである。

そして十二日、権大納言中山忠能を筆頭に現任の大・中納言、参議の一三人が連名し、勅答の変更を要求する修正案を武家伝奏に提出した。文末を「なお関東において叡慮を安んぜられ候よう、厚く勘考これあるべくと思《おぼ》し召《め》し候《そうろう》事」と改めるよう求めた。さらにその日の午後には、八八人もの堂上《とうしょう》公家が御所に集まり、幕府一任の文面削除を要求する願書に署名して武家伝奏に渡し、集団で関白邸へ押しかけて勅答案の撤回を要求するという、前代未聞の公家の強訴《ごうそ》が起こった。まさに公家の「一揆」だった。八八人には、中山忠能を筆頭に、中納言、参議から四位、五位などの若年の公家がいた。彼らは、十四日に四ヵ条の申し合わせを作成し、変心する者の除名などを取り決めた。「同志連名の人びと」と称し

岩倉具視　堂上公家の「一揆」の首謀者といわれる。（財）岩倉公旧蹟保存会蔵

同志的な結合の形成に向かい、家格や門流を乗り越えた堂上公家の横の結合が生まれた。まさに「囂々《ごうごう》寔《まこと》に未曾有《みぞう》の事」「稀代の珍事」だった。なお、この行動の首謀者は不明ながら、当時従四《じゅし》位上《いのじょう》侍従の岩倉具視《いわくらともみ》（三四歳）ではないかといわれる。

太閤鷹司政通によると、この公家たちの中には王政復古を唱える者が何人かいたらしい。議奏で権大納言の久我建通、権大納言の万里小路正房らの名が具体的に出ている。「王政御回復」を唱える者が出てくるところに、公家たちがいかに高揚した気分になっていたか、その雰囲気を感じ取ることができる。

勅答案に反対する動きは、堂上公家にとどまらなかった。十三日には鴨脚秀名《いちょうひでな》以下三六人、十四日には松尾房恭以下一九人の非蔵人《ひくろうど》（賀茂社、松尾社、稲荷社などの社家から出て、無位無官ながら御所の雑用を務めた者）が、勅答案の撤回を求める意見書を、武家伝奏邸と関白邸に押しかけて提出した。非蔵人の「一揆」である。少し遅れるが、外記《げき》方、官方、蔵人《くろうど》方の三催《さんもよおし》の地下《じげ》官人ら九三人も、三月十七日に集会を持ち、広く意見を聴取し、神国を汚さず人民が納得する措置をとることを求める文書を武家伝奏に提出した。関白らの勅答案への反対運動は、公卿から非蔵人、さらに地下官人に至る朝廷構成員全体に広がり、朝廷は条約反対の大合唱に包まれた。孝明天皇がその頂点に立っていた。

諸法度に「関白・伝奏ならびに職事ら申し渡す儀、堂上・地下の輩相背くにおいては流罪たるべき事」と規定されている朝廷の執行・統制機構は、堂上公家、非蔵人、地下官人の集団行動、「一揆」により乗り越えられ機能しなくなった。

勅答の変更

公家の行動を知った天皇は、勅答の変更を示唆した。勅答の変更へ朝廷の流れは決まった。背後に、三月十一日までに条約反対に廻った太閤鷹司政通の存在があった。天皇は、「これまでの存念《ぞんねん》と表裏《ひょうり》強くなされ候事、誠にもって珍重、不審ながら」（十一日付宸翰）と、歓迎しつつも不審がっていた。朝廷は、関白と両役に三公を加えた「外夷一件御評議御用掛」を設け、条約勅許問題を評議することになった。

三公も加わって作成された新たな勅答案は、十九日に現任の公卿と先の八八人の中の公卿ではない者まで参内させて見せた。新しい勅答案の末尾と、これを見た「同志連名の人びと」のうち八二名の公家が連名で提出した修正案の末尾を並べてみよう。

〔新勅答案〕なお三家以下諸大名へも台命《たいめい》（将軍の命令）を下され、宸襟《しんきん》を安んぜられ候《そうろう》よう、再応衆議これ有るべく仰《おお》せ出《いだ》され候事、

〔同志意見〕叡慮の趣をもって三家已下《いか》諸大名へ台命を下され、再応衆議これあるべく候、その旨聞こしめされ候うえ聖思を定めらるべき旨、仰せ下され候よう願いたてまつり候、

新勅答案は、諸大名の意見を聴取して再度議論し、天皇が安心するようにせよ、とだけ将

軍に命じる内容だった。同志意見は、天皇のお考えに従って、将軍は諸大名の意見を聴取して再度議論し、天皇はその結論を聞いてから勅許の可否を決定する、というものだった。前者は将軍が主体であり、後者は天皇が主体という決定的な差異があった。

堀田、条約勅許に失敗

朝廷は、三月二十日に堀田正睦らを御所に招き、条約勅許についての回答を申し渡した。「今度条約の趣《おもむき》にては御国威立ちがたく思《おぼ》し召《め》され候《そうろう》、かつ諸臣群議にも、今度の条約ことに御国体にかかわり、後難《こうなん》測りがたきの由言上《よしごんじょう》候《そうろう》、なお三家已下《いか》諸大名へも台命《たいめい》を下され、再応衆議のうえ言上あるべく仰《おお》せ出《いだ》され候事」という内容であり、同志意見の趣旨に沿ったものとなった。堀田は、そして幕府は、条約勅許に失敗してしまった。

堀田は、関白に勅答の変更を要請した。堀田は、「和親《わしん》もなく戦争もなく、外交を絶ち独立して昇平《しょうへい》を楽しむ国は一国もこれなし」「四面海を環《めぐ》らす孤独の国、世界万邦を皆仇敵に引き受け、殺戮《さつりく》絶える間なく、いつまでも持ちこらえらるべき筈《はず》もこれ無く」「全世界を敵にして国中無《む》辜《こ》の民を永く塗《と》炭《たん》に苦しましむるにて、いつ五大州に羽翼を伸ばし、宇《う》内《だい》統一の期これ有るべき」と、「鎖国」して平和を楽しむ国は地球上に一国もなく、「鎖国」を維持しようとすれば全世界と戦争になり、そうなれば酷い戦争により大変な惨禍に見舞われることになると、諄々《じゅんじゅん》と説いた。しかし、朝廷を翻意させることはできなかった。堀田は、「実に堂上方《とうしょうがた》正気の沙汰とは存ぜられず」（田辺太一『幕末外交談』）と手紙に書いたが、公家の

「頑迷固陋《がんめいころう》」にあきれ果てた堀田の本音だったろう。

天皇・朝廷が、通商条約締結という重要な幕府の政治決定に対して、それと反対の意思表示をしたことは、江戸時代の政治史にとってまことに重要な出来事だった。そもそも、幕府が条約締結について天皇の許可を貰おうとすること自体が前代未聞であるが、それを不許可にした天皇の行為もまた前代未聞であった。幕府自ら政務委任という大原則から逸脱し、関白・両役による朝廷統制機構が、公家の「一揆」により機能しなかったことも重大だった。さらにもっと重要なことは、開国・開港、通商条約という国家の重要政策をめぐって、幕府は開国和親、朝廷は鎖国攘夷と意見が分裂し、国論が二分されたことである。この二分された国論の統一、すなわち開国和親で統一するのか、鎖国攘夷で統一するのかをめぐって激しい政治闘争が展開してゆくことになった。どちらの政治勢力も、ともに天皇を自己の陣営に取り込もうとしたため、天皇はまさに政治の焦点に浮上していった。通商条約勅許問題は、幕末大動乱の幕開けであった。

4　幕末政争と孝明天皇

条約調印と天皇の逆鱗

条約勅許を土壇場で覆した天皇は、伊勢神宮など三三社へ異国調伏《ちょうぶく》祈禱を命じる一方、両役と決起した堂上《とうしょう》公家、および非蔵人の行動を讃えた。そして、安政五年五月一日、武家伝《ぶけてん》

井伊直弼像　豪徳寺蔵

奏《そう》に万里小路《までのこうじ》正房《なおふさ》、議奏に中山忠能《なかやまただやす》という、対幕府強硬派の公家を据えた。また、天皇は、さかんだった酒宴、宴会を停止して朝廷経費を削減し、軍備の費用に廻すよう指示した。そうして幕府の回答を待った。

　当時の幕府は、通商条約と将軍継嗣《けいし》という二大問題を抱えていた。一三代将軍家定《いえさだ》は病弱で跡を継ぐ男子もいなかったため、後継をめぐって、一橋家の徳川慶喜《よしのぶ》（前水戸藩主徳川斉昭の子）を推す一橋派と紀伊徳川家の徳川慶福《よしとみ》（後の将軍家茂《いえもち》）を推す南紀派とに、大名と幕臣が分かれて争っていた。条約調印をめぐる朝廷と幕府の対立、将軍継嗣をめぐる大名・幕臣の対立という難局を乗り切るため、安政《あんせい》五年（一八五八）四月二十三日に、南紀派の輿望《よぼう》を担って彦根藩主井伊直弼《いいなおすけ》が大老に就任した。その強権のもとで、六月十九日に日米修好通商条約に調印し、二十五日に将軍継嗣に徳川慶福を決定した。これ以降、反対派の切り崩しと弾圧、そして安政の大獄《たいごく》へと進む。

　井伊直弼の大老就任を知った天皇は、暗い見通しを読みとったのか、五月十三日に、関白と三公に条約問題での決意は不変であると伝え、さらに、六月に入ると、伊勢神宮、石清水《いわしみず》八幡宮、賀茂社への公卿《くぎょう》勅使《ちょくし》に宸筆《しんぴつ》の宣命《せんみょう》を持たせ、神の加護による異国撃攘《げきじょう》を願い、条約反対の決意をいっそう固めていた。幕府の回答は六月二十七日にもたらされた。諸大名の意見を集約し天皇の判断を仰ぐという内容ではなく、条約に調印したという報告に過ぎなかった。この報告は天皇の逆鱗《げきりん》に触れた。

譲位の意思を表明

即日、天皇は関白へ宸翰《しんかん》を送り、「うかうか致《いた》しおり候《そうろう》時節にあらず」と、三公と三条《さんじょう》実万《さねつむ》、権大納言二条斉敬《にじょうなりゆき》を集めて「大評」することを求めた。二十八日に、幕府は外国と戦争して勝てないなど征夷大将軍として失格のことを言っているが、政務委任なので強く言っては公武関係が壊れてしまう、もはや「了見」もなく「身体ここに極まり手足おくところを知らざる」事態なので譲位したいと意思表示し、後継には、祐宮《さちのみや》（後の明治天皇）は幼少なので世襲親王家をあげた。幕府の措置に怒り、抗議のために譲位を表明するのは、実に後水《ごみずの》尾《お》天皇以来のことである。この事は、朝廷と幕府との間に新たな事態が生まれたことをよく示している。天皇は、難局から判断不能に陥り、天皇位を投げ出したともとれるが、譲位の意思表示をすることによって決意のほどを示そうとしたのだろう。ここで重要なことは、孝明天皇は、激怒したとはいえ、あくまでも幕府への政務委任と朝幕融和（公武合体）という原則、江戸時代の朝廷と幕府の枠組みを大事にしていることである。

関白は、天皇を宥《なだ》め、幕府には三家または大老が上京し説明することを求めた。しかし幕府からは、七月十四日にロシア、ついでイギリス、フランスとも条約を結ぶ方針であること、十八日には、三家は謹慎中、大老は多忙を理由に説明のための上京延期を連絡してきた。天皇の神経を逆なでするようなこの連絡に、「主上《しゅじょう》逆鱗、御扇をもって九条殿下の頭をしたたか御打擲《ちょうちゃく》」（『井伊家史料』）とあるように、天皇は怒りのあまり、関白九条尚忠《ひさただ》の頭を扇子で強く叩いたという。そして、再び譲位の意思を表明し、引き籠もってしまった。

この頃、井伊直弼が孝明天皇を彦根城に押し込めて祐宮を即位させる、兵四〇〇〇を率いて入京するなど、不穏な噂が飛び交った。天皇への圧力だろうか。

戊午の密勅

天皇は、八月五日に、自らの考えを幕府へ申し入れるようにと「御趣意書」を関白以下に提示し、勅答を求めた。これまでの幕府の「届け棄て」のような措置は、「厳重に申せば違《い》勅《ちょく》、実意にて申せば不信の至り」と非難し、これを捨て置いて「朝威」は立つだろうか、「政務関東に委任の時」ながらも、天下国家危急存亡の時に、「公武間柄」ばかりに配慮して「関東の横道《おうどう》」をそのまま承認してよいのか、と「政務委任」と「公武合体」の枠組みを尊重しながらも、幕府への強い抗議と条約の撤回を求めた。

そして、八月八日付で「勅諚《ちょくじょう》」が幕府と水戸藩へ出された。これは、安政五年の干支が「戊午《ぼご》」だったので、「戊午の密勅《みっちょく》」と呼ばれている。勅諚は、大老以下諸大名が条約問題を群議評定して天皇を安心させろ、というのが骨子である。それは、「国内治平、公武御合体御長久のよう徳川家を扶助これ有り、内を調《ととの》え外夷《がいい》の侮《あなど》りを受けざる」ためだという。つまり、天下太平と公武合体を護るため、徳川家を助けて国内の体制を整え外国と対峙せよという。幕府へは、文面には公武関係にとってとげとげしい箇所もあるが、天皇が大変に心を悩ませているので率直に申し入れたまでで、悪しからず処置して欲しい、と申し添えた。

さらに、「今度仰《おお》せ進められ候《そうろう》趣《おもむき》、御三家始め相心得候よう、別段《べつだん》水戸中納言へ仰せ下され候、この段御心得のため申し入れ候事」と、水戸藩にもこの「勅諚」を渡し、御三家以下に伝えるよう命じたと、付け加えた。水戸藩へは、「同列の方々（三家）・三卿《さんきょう》・家門《かもん》の衆以上隠居に至るまで列藩一同にも御趣意相心得られ候よう、向々へ伝達これ有るべく」と、御三家から家門大名にまで伝達するように命じ、「勅諚」を水戸藩京都留守居《るすい》鵜飼幸吉《うがいこうきち》へ渡した。武家と姻戚関係のある公家にも「勅諚」の写しを渡し、伝達するようにと指示した。これは、朝廷が幕府を介することなく大名へ直接に命令を下す行為であり、「政務委任」「公武合体」からの明確な逸脱であった。

安政の大獄

事ここに至っては、というところであろうか、大老井伊直弼は強烈な反撃にうって出た。「安政の大獄」と呼ばれる強権政治で、尊王攘夷派と将軍継嗣問題で対抗した一橋派への大弾圧である。安政五年九月の小浜《おばま》藩浪士梅田雲浜《うめだうんぴん》逮捕を皮切りに、京都や江戸で尊王攘夷派の逮捕が続き、十月には越前藩士橋本左内《はしもとさない》まで拘禁された。

老中間部詮勝《まなべあきかつ》が、九月に通商条約調印の事情説明のため上京した。間部は、条約調印は政務委任の枠組みのなかで行ったことであり、天皇は勝算のない戦争も辞さないというが、大半の大名は避戦論である、と説明した。さらに十二月に、幕府重職の中に開港・貿易を好む者は一人もおらず、条約を拒絶できずやむなく調印したまでで、軍備が整えば鎖国に復帰するのでそれまで猶予が欲しい、と申し入れ、同時に、朝廷内に「陰謀」を企てる者がいるので取り調べると脅した。この威《おど》しは効いた。天皇は間部に、

大樹已下《たいじゆいか》大老・老中役々にも、何れ蛮夷《ばんい》においては叡慮《えいりよ》の如《ごと》く相遠《あいとお》ざけ、前々御国法通り鎖国の良法に引き戻さるべく段《だん》、一致の儀聞《き》こし召《めし》めされ、誠にもって御安心の御事に候《そうろう》、しかる上は、いよいよ公武合体にて何分早く良策を廻《めぐ》らし、先件の通り引き戻さるべく候、やむを得ざる事情においては、つまびらかに御氷解《ひょうかい》あらせられ、方今《ほうこん》のところ御猶予の御事に候、

条約調印の事情は了解できたので幕府への疑念は「氷解」し、公武合体して鎖国への復帰を態勢が整うまで猶予する、と伝えた。孝明天皇の一歩後退である。だが、「公武合体して鎖国復帰」は、天皇の一貫した立場であった。

天皇の「氷解と猶予」により、条約問題での朝幕間の不一致を当面修復した幕府は、「戊午の密勅」などの責任を追及し、左大臣近衛忠熙《このえただひろ》、右大臣鷹司輔熙《たかつかさすけひろ》、前関白鷹司政通《たかつかさまさみち》、前内大臣三条実万《さんじょうさねつむ》の落飾《らくしょく》（出家）、青蓮院宮、内大臣一条忠香《いちじょうただか》以下公家多数を謹慎に追い込んだ。さらに水戸藩に下された「戊午の密勅」の返納も命じられ、安政六年八月には、前藩主徳川斉昭《なりあき》に国元永蟄居《えいちっきょ》、藩主徳川慶篤《よしあつ》に差し控え、一橋家の徳川慶喜《よしのぶ》に隠居・謹慎、水戸藩

家老以下三名に切腹・死罪という処分が下った。梅田雲浜は牢死、頼三樹三郎《らいみきさぶろう》・橋本左内・吉田松陰は死罪、一橋派の川路聖謨《かわじとしあきら》・岩瀬忠震《いわせただなり》・永井尚志《ながいなおゆき》ら幕府役人は左遷、まさに大獄だった。

この処置に水戸藩内は騒然とし、安政七年（一八六〇）三月三日に桜田門外《さくらだもんがい》の変を引き起こした。幕府の専制的で強権的な政治運営は、大老井伊直弼暗殺により行き詰まった。幕府は、朝廷との協調、すなわち公武合体へと政治運営の舵を大きくきる。欧米諸国との関係は、安政七年正月に遣米特使が派遣され、四月には日米修好通商条約批准書が交換された（なお、咸臨丸《かんりんまる》がアメリカに渡ったのもこの時である）。横浜、長崎、箱館が開港されて貿易が始まり、さらに他のヨーロッパ諸国との条約締結や外交官の来日が相次ぎ、急速に国際社会への仲間入りが進んだ。鎖国から開国への大転換は、国際的には後戻りできない段階に至った。ところが、鎖国攘夷、尊王攘夷を主張し、幕府にその実行を迫る勢力が日増しに増大し、国内政治を席巻していった。

公武合体の象徴・皇女和宮降嫁

井伊直弼暗殺後の幕府は、弾圧から融和へ転じ、万延元年四月に、公武合体の実を示すため皇女和宮《かずのみや》（仁孝《にんこう》天皇の皇女。孝明《こうめい》天皇の妹で万延元年に一五歳）の将軍徳川家茂《いえもち》への降嫁を求めた。天皇は、幕府の露骨な政略と和宮が有栖川宮熾仁《ありすがわのみやたるひと》親王と婚約済みであったことから難色を示したが、「公武合体」のためにと承諾した。しかし、幕府が和宮を人質にして諸大名を押さえつけ、ついで孝明天皇を廃帝にする計画だという噂が広まり、天皇は激怒して譲位の意思を表明した。将軍からは、幕府にそのような考えはないとの返答書、老中からは悪意の虚説との請書を提出させて矛を収めた。ごたごためたが、和宮は文久《ぶんきゅう》元年(一八六一)十月京都を発ち、翌文久二年二月に婚儀が行われた。「公武合体」「公武一和」を演出してみせ、朝廷と幕府との関係はひとまず安定をみた。しかし、政治が安定したわけではなかった。

内外の難局を乗り切るための政治と政策のあり方をめぐって、さまざまな勢力が激しくぶつかる政治闘争が繰り広げられた。主要には、中央政府としての強力な幕府をつくるため幕政改革を迫る運動と、幕府に条約を破棄し鎖国攘夷を迫る運動が、国論を二分しながら激しく衝突した。明快に二分できるわけではないものの、これを公武合体運動と尊王攘夷運動とよんでいる。その主張や立場に揺れを繰り返しながら、薩摩藩や長州藩などの西南諸藩が中央政局に乗り出し、他方で尊王攘夷を唱える下級武士や、百姓・町人身分や神職、地方知識人などから出た草莽《そうもう》の志士たちが、テロなどの過激な実力行使も伴って政治の表舞台に登場してきた。天皇は公武合体派と尊王攘夷派のどちらの勢力からも担がれており、天皇の政治的地位、権威はいやが上にも高まっていった。

朝廷内の尊攘派

いち早く中央政局に乗り出したのは長州藩だった。藩主の命をうけた長井雅楽《ながいうた》が、「航海遠略策」を文久元年五月十五日に朝廷、さらに七月に江戸へ出て幕府にも提出した。開国論であるが、公武合体して「皇威」を海外にふるうという趣旨のため、天皇は「国の風吹き起こしても天津日をもとのひかりにかへすをそまつ」と詠んで賞した。幕府は、公武合体による開国策の推進論であったのでこれに賛意をあらわした。しかし、長州藩では尊攘派が台頭し、翌文久二年七月には藩論を尊王攘夷と決定し、尊王攘夷運動の政治的、軍事的な中心として活動してゆく。

　貿易が始まりマイナスの経済的影響が及ぶとともに、各藩や各地で尊王攘夷論が勢いを増した。文久二年一月に、和宮降嫁による公武合体を推進した幕府老中安藤《あんどう》信正《のぶまさ》が、水戸藩浪士らに襲撃され（坂下門外《さかしたもんがい》の変）、四月に土佐藩では、開国・公武合体を主張した吉田《よしだ》東洋《とうよう》が、尊攘派の武市《たけち》瑞山《ずいざん》らにより暗殺され、薩摩藩の有馬《ありま》新七《しんしち》ら尊攘派が、京都所司代襲撃を計画して京都に集結した。この状況を睨んで薩摩藩主の父島津《しまづ》久光《ひさみつ》が、同月に藩兵千余人を率いて入京し、有馬らを斬殺させ尊攘派を弾圧する（伏見《ふしみ》寺田屋《てらだや》騒動）とともに、幕政改革と尊攘派の取り締まりを説いた意見書を朝廷に提出した。朝廷は五月、非参議大原《おおはら》重徳《しげとみ》を勅使に任命し、島津久光を随行させて江戸に送り、幕政改革を求めた。幕府はこの圧力に屈し、七月に徳川慶喜を将軍後見職、前越前藩主松平《まつだいら》慶永《よしなが》を政事総裁職に就任させた。幕府が朝廷の指示により幕府重職人事を行うことは、前代未聞であった。

　尊攘派は、しきりに公家と接触して尊王攘夷を吹き込んだ。関白が、所司代の申し入れもあって公家に浪士との接触を戒めるほどだった。「公武合体して鎖国復帰」を危うくする尊攘派の暴発を恐れた朝廷では、政局に対応するため、文久二年五月、国事御用書記掛《かかり》を設け、岩倉具視ら二五名が任命された。尊攘派のなかでも過激な三条実美《さんじょうさねとみ》、沢宣嘉《さわのぶよし》ら五名も含まれ、尊攘派の朝廷政治への進出であった。この掛は、十二月に朝廷の国事審議機関として設置される国事御用掛《こくじごようかかり》のさきがけとなった。国事御用掛から、「御決意」を問われた天皇は、「関東（幕府）と一つになりて蛮夷《ばんい》を拒絶の積もり」と答え、「公武合体して鎖国復帰」という持論を強調した。しかし、天皇の考えはしだいに尊王攘夷の高声にかき消されて行く。

尊攘派の台頭

朝廷内部で、尊攘派が力を強め朝廷を動かす動力となってゆく。尊攘派は、幕府に協力する者を攻撃して排除し、安政の大獄などで幕府に弾圧された者の復権をはかった。文久二年六月、幕府が和宮降嫁に貢献した関白、両役、公家ら一七名に恩賞として加増を申し入れたのに対して、関白と和宮の外戚橋本家を除いて辞退させた。五月二十九日には、安政の大獄で落飾させられた鷹司政通《たかつかさまさみち》、鷹司輔熙《すけひろ》、近衛忠熙《ただひろ》を復飾《ふくしょく》（還俗）させ、同時に関白九条尚忠《ひさただ》に辞職を勧告し、身の危険を覚えた九条は六月に辞職した。九条は、閏八月に落飾、重慎《つつしみ》の処罰をうけ、領地の九条村に退隠せざるを得なかった。また、追放処分を受けた鷹司家家司《けいし》の三国大学《みくにだいがく》と小林良輔の赦免《しゃめん》、処刑された吉田松陰、橋本左内、頼三樹三郎の死罪赦免など、四一人の復権を幕府と交渉し、十一月に大赦令《たいしゃれい》を出させ復権させた。

それにとどまらず、京都所司代の人事にも介入し、天皇や公武合体派に信任された酒井《さかい》忠《ただ》義《あき》を罷免させ、後任の松平（本庄）宗秀《むねひで》を「奸佞《かんねい》の臣」であると忌避して牧野忠恭《ただゆき》に代えさせた。さらに和宮降嫁を推進した公武合体派への攻撃は、幕府へ媚びへつらった「不忠」「奸悪」として「四奸《かん》二嬪《ひん》」の排斥運動となった。四奸とは内大臣久我《こが》建通《たけみち》、左近衛中将岩《いわ》倉具視《くらともみ》ら四名、二嬪とは女官の掌侍《ないしのじょう》今城《いまき》重子《しげこ》と同堀河《ほりかわ》紀子《もとこ》をさす。八月には、尊攘派の公家一三人から、久我以下への厳罰を求める願書が提出された。

　天皇はこの状況を憂慮し、七月下旬の宸翰で、尊攘派の主張は「暴論」、その措置は「善悪不明白」であり、薩摩藩や長州藩に退治させたいが、彼らも同類かもしれないし、浪人に荷担している堂上公家もいて判断不能の情勢である、とくに「浪徒の権威盛んにては朝廷の威光降り、一等心配に候」と書いた。尊攘派の志士の圧力で朝廷の方針が左右されては、尊攘派の権威は高くなるが朝廷の権威は下がることを心配している。尊王の声が高まれば高まるほど天皇・朝廷の権威は高まる。しかし、現実の天皇・朝廷は尊攘派の志士に左右され、その権威は低下するという認識である。生身の孝明天皇の権威は低下しているのに、尊攘派に担がれた天皇という称号と器の権威は、天にも昇るほど高まっていった。孝明天皇の危惧は、生身の孝明天皇と称号・器の天皇とのギャップが大きくなってきたことだった。

　孝明天皇の憂慮の甲斐なく、前関白九条尚忠の家司島田《しまだ》左近《さこん》は、七月に暗殺され四条河原に首をさらされ、岩倉具視以下四名の公家は八月に蟄居・落飾を命じられ、岩倉は命からがら岩倉村に潜居《せんきょ》したほどだった。

攘夷督促の勅使

朝廷は、通商条約を破棄し攘夷の断行を幕府に督促する勅使の派遣を決めた。勅使には、尊攘派のなかの激派である権中納言三条実美と右近衛権少将姉小路公知《あねがこうじきんさと》が選ばれた。尊攘派の主導権で決まったことは明白で、勅書では、幕府は朝廷に攘夷の策と攘夷の期限を報告するように求めた。勅使は、十月二十八日に京都を出発し、十一月二十七日に江戸城に登城して将軍徳川家茂に勅書を伝達した。将軍からは、攘夷策などについて来年早々に上洛し申し上げる、という返答書を受領した。天皇の勅命を奉じて攘夷を実行する「奉勅 攘夷《ほうちょくじょうい》」の始まりである。寛永《かんえい》十一年（一六三四）の徳川家光《いえみつ》以来、二三〇年ぶりの将軍上洛が決定された。

この勅使が登城したさいの幕府側の応対は、天皇・朝廷と将軍・幕府の関係の大変化をよく示した。将軍宣下の時でも、将軍が江戸城で勅使と会う場合、将軍が上段に立ち勅使が下段に平伏するという（『幕末の宮廷』）。ところが、勅使の三条と姉小路が登城すると、将軍が出迎えみずから大広間へ案内し、将軍は中段に座り勅使は上段に座った。天皇と将軍の上下関係が、目に見える形で表された。名分論《めいぶんろん》としては、将軍は天皇より下、君臣関係にあるという理解だったが、現実はそれと異なることも多かった。しかし、文久二年には「君臣名分礼節など正さるべきこと」、すなわち君臣の名分を正すことが声高に唱えられ、あらゆる面で名分の実質化が図られた。

十一月に、京都町奉行や禁裏《きんり》付《つき》武家と公家が路上で会ったさいの礼儀を公家上位に改め、十二月には、関白・武家伝奏の人事は幕府の事前承認制だったのを、朝廷が決めて幕府に報告する事後承認制に改め、また、武家伝奏が就任にあたり幕府へ提出していた起請文を廃止した。また、日光例幣使《にっこうれいへいし》は、これまで参議の公卿が勅使を務めたが、殿上人《てんじょうびと》に格下げになった。それは、伊勢神宮と並び立っていた日光東照宮《とうしょうぐう》の格下げである。天皇と将軍との君臣・上下関係にふさわしくない制度を改め、天皇上位を明確にする儀礼へ変えられた。天皇と朝廷の権威は、名実ともにピークに達しようとした。

尊攘派の朝廷占拠

朝廷内では、公武合体派と尊王攘夷派の主導権争いが繰り広げられた。関白・両役という従来の朝政機構では、もはや対処しようがなくなった。そこで、文久二年十二月、孝明天皇の信任厚い青蓮院宮（翌年一月に還俗《げんぞく》し、中川宮朝彦《なかがわのみやあさひこ》親王）を中心に反尊攘派上層公家主体の国事御用掛が設けられた。それに対して尊攘派は、あれこれ嫌がらせや圧迫を加え、文久三年二月には長州藩の久坂玄瑞《くさかげんずい》や尊攘派の公家一四人が関白邸におしかけた。その結果、新たに国事参政《さんせい》、国事寄人《よりうど》が設けられ、尊攘派の公家が任命された。さらに、草莽の志士たちが朝廷の学習院出仕《しゅつし》という形で登用されて尊攘派の公家と結び、尊王攘夷論はますます過激化していった。国事参政・寄人、学習院出仕の尊攘激派により朝議が左右されるようになり、朝廷は尊攘派に乗っ取られてしまった。孝明天皇が言う「堂上暴論過激の説」が朝廷を席巻した。

大政委任をめぐる攻防

将軍家茂の上洛に先だって、徳川慶喜と松平慶永が文久三年二月に上京し、朝廷へ、朝廷と幕府の両方から命令が出る（「政令二途《と》より出る」）混乱の解決を求めた。慶喜は、朝廷による大政委任表明か将軍の大政奉還《たいせいほうかん》しかない、と提案した。三月五日に参内し、「これ迄《まで》もすべて将軍へ御委任の儀には候《そうら》えども、猶《なお》また御委任なし下され候儀に御座《ござ》候《そうら》わば、天下へ号令を下して、外夷《がいい》を掃除仕《つかまつ》りたく」と、大政委任の確認を天皇に迫った。孝明天皇は徹夜でねばる慶喜に「大樹《たいじゅ》すべてこれ迄《まで》通り委任これ有る」と表明したが、関白から慶喜に渡された文書には、「征夷将軍の儀、すべてこれ迄通り御委任遊ばさるべく候、攘夷の儀精々《せいぜい》忠節を尽くすべき事」と書かれていた。つまり、大政委任ではなく、「征夷将軍」すなわち攘夷の委任に過ぎなかった。実態としては大政（政務）委任だったが、制度としての大政委任は成立しなかったのである。天皇が、文久三年十二月三日に島津久光《ひさみつ》へ送った宸翰で、当時は「関東へ委任・王政復古の両説」があり、尊攘派は王政復古を唱えていた、と書いている。尊攘派優位の朝廷では、天皇の意思とは異なり大政委任が確認されなかったのである。

奉勅攘夷

上洛した将軍家茂は、三月七日に参内し大政委任の確認を要請したが、結局「征夷将軍」

の委任のみで、しかも朝廷から攘夷実行期日を迫られ、その意志もないのに五月十日と回答した。しかし、天皇の勅命を奉じて攘夷を決行する「奉勅攘夷」は決定されたのである。天皇は攘夷実行期日が決まると、三月十一日に賀茂社、四月十一日に石清水《いわしみず》八幡宮へ行幸し、攘夷祈願を行った。江戸時代の歴代天皇が熱望し、寛永三年（一六二六）の後水尾天皇の二条行幸以来絶えてなかった御所外への行幸が実現した。

徳川家茂　将軍として230年ぶりに上洛し孝明天皇から攘夷の勅命をうける。東京大学史料編纂所所蔵模写

　攘夷決行の日、五月十日に、天皇は「皇国いったん焦土になり候《そうろう》とも、開港交易は決して好まず」という過激な宸翰を出して尊攘派を鼓舞《こぶ》した。長州藩は五月十日に下関を通過したアメリカ商船、さらにフランス・オランダの軍艦へも砲撃した。七月二日、薩摩藩は、鹿児島湾に入ったイギリス軍艦と砲撃戦を行った（薩英戦争）。天皇は六月一日に、攘夷を決行した長州藩を「叡感《えいかん》斜めならず」「皇国の武威を海外に輝かす」と讃え、同月六日、諸藩へ攘夷を督励した。さらに八月十三日、天皇が神《じん》武《む》天皇陵と春日社に攘夷を祈願するため大和に行幸し、ついで親征の軍議を行うと布告した。とうとう、天皇が軍事指揮権を握って攘夷戦争を遂行する、という事態が迫ってきた。遠山茂樹氏によると、王政復古を実現しようとする尊攘派の計画だという。

八月十八日政変――天皇の逆襲

文久三年八月十八日、突如として大和行幸が中止され、尊攘派の公家と長州藩勢力が朝廷から追放された。三条実美以下七名の尊攘激派の公家は、長州に落ち延びた（七卿落《しちきょうお》ち）。尊攘派を朝廷から排除するため、天皇、中川宮、公武合体派の公家、京都守護職松平容保《まつだいらかたもり》の会津藩、そして薩摩藩が組んだ政変だった。とくに天皇の主体的、能動的な行動が引き起こしたクー・デターだった。

孝明天皇は、尊攘派に乗っ取られ天皇の意思が通りにくくなった朝廷の現状に深刻な危機感をいだき、尊攘派排除のため中川宮らと連携して薩摩藩の島津久光を動かした。五月二十九日の久光宛の宸翰では、「方今《ほうこん》天下治乱の堺」「朕《ちん》の存意《ぞんい》少しも貫徹せず」「すべて下威盛ん」と書いて、現状の打開を訴えた。同日の中川宮への宸翰では、「毛頭予《もうとうよ》（天皇）好まず候《そうら》えども、とても申し条立たざる故、この上はふんふんという外致し方これ無《な》く候」とまで書いている。望まないことでも天皇の意見は通らないのだから、ただ「ふんふん」とうなずくしかなかった、という。大和行幸も攘夷親征も、天皇の意思ではなかったが「ふんふん」とうなずいたというわけである。もはや生身の孝明天皇の意思などどうでもよく、尊攘派の主張に従う器としての天皇の意思が重要だった。孝明天皇がこの局面の打開を島津久光や松平容保らに託したのが、八月十八日政変だった。

三条実美ら「暴論過激」派と長州藩の勢力を朝廷から追放した天皇は、それまでに出された勅命の取り消しにかかった。たとえ孝明天皇の本意ではなかったとはいえ、「綸言《りんげん》汗のごとし」などと言われる勅命は、天皇の名で出されたものである。政変直後に中川宮らに宛てた宸翰では、「下より出る叡慮のみ、朕の存意貫徹せず」と、勅命は三条ら下の者が出した「叡慮」だと書き、八月二十六日に松平容保ら在京大名に見せた宸翰では、「これ迄はかれこれ真偽不分明の儀これ有り候らえども、去る十八日以降申し出で候は真実の存意」と説明した。八月十八日以前の勅命は、真偽不明でありそれ以降は真の勅命である、というのである。まことに苦しい言い訳である。当然ながら、天皇に真偽不明といわれても困る。さまざま噂になった。そこで天皇は、十二月三日に島津久光に出した宸翰で、真偽がわからない勅命については、質問して欲しいと書いている（「不審の儀も候らわば、真偽のところ一々尋ね貰いたく候」）。天皇の命令である勅書に真偽があるとなると、今後は勅命が出てもそれが真の勅命なのかどうかがいつも疑われることになり、勅命の権威、そして孝明天皇の権威は失墜する。

そして、孝明天皇の権威を頂点にまで押し上げたのは、「暴論過激」の尊攘激派によるところが大きい。その尊攘激派と長州藩を追放したことは、天皇の支持基盤の半ばを切り捨てたことになるのであるから、天皇の政治力を弱体化させた。

政変後の天皇

孝明天皇は、政変後の基本的な考え方を十二月三日の島津久光宛の宸翰で披瀝した。その基本は、攘夷策の維持と公武合体・大政委任である。「無理の戦争」の強要をやめ緩和させたが、「真実の策略にて皇国永代穢《けが》れ無く、安慮《あんりょ》の攘夷迅速これ有りたく」と攘夷策は捨てない。また、「何《いず》れにも大樹《たいじゅ》へ委任の所存に候」「どこ迄も公武手を引き和熟の治国に致したく」と、大政委任と公武合体を強調した。前者は、九月に、攘夷を督促する勅使として有栖《ありす》川宮熾仁《がわのみやたるひと》親王の派遣を決めたが、幕府が横浜鎖港（開港場横浜の閉鎖）の交渉を開始したのを理由に中止したことによく表現されている。また、文久四年一月に上洛し参内した将軍家茂へ与えた宸翰に「汝《なんじ》は朕《ちん》が赤子《せきし》、朕汝を愛すること子の如《ごと》し、汝朕を親しむこと父の如くせよ、その親睦の厚薄、天下挽回《ばんかい》の成否に関係す」と書き、父子の如き睦まじい関係が重要だと強調し、公武合体して「瓦解土崩《がかいどほう》」しようとする現状からの挽回をはかることを求めた。さらに、「無謀の征夷は実に朕が望む所に非《あら》ず」と記し、攘夷策の緩和を公言した。攘夷の大幅緩和、あまりに幕府べったりの文面だったため偽勅の噂が流れた。事実、天皇が自ら作成したものではなかったが、孝明天皇は真実の勅書と言い張った。つまり、公武合体・大政委任・攘夷緩和は、天皇の基本的姿勢だったからである。

　文久三年から元治元年にかけて、京都の政局の主導権を握っていたのは、一橋家の徳川慶喜と京都守護職の会津《あいづ》藩主松平容保、京都所司代の桑名《くわな》藩主松平定敬《さだあき》であり、その頭文字をとって一会桑《いちかいそう》政権と呼ばれる。孝明天皇は、この一会桑政権への依存度を強め、べったりという表現がふさわしい状態だった。

　八月十八日政変で京都を追われた尊攘派の最大勢力である長州藩は、失地回復のため三家老が藩兵を率いて上京し、元治元年（一八六四）七月、公家町周辺で幕府側の軍隊と闘い敗北した（禁門《きんもん》の変）。幕府は、この機会に長州藩へ打撃を与えるため、同月、朝廷から長州藩追討令を出させ、西国諸藩に出兵を命じた（第一次幕長戦争）。長州藩は戦わずして恭順の意を表し、三家老に切腹を命じて収束した。朝廷では、禁門の変直後に、有栖川宮熾仁《ありすがわのみやたかひと》・有栖川宮幟仁親王、前関白鷹司輔熙《たかつかさすけひろ》、前大納言中山忠能《なかやまただやす》ら、なお残る尊攘派や天皇の姿勢に批判的な一七人の公家らを、長州藩に内応した疑いで処罰した。

八月十八日政変と禁門の変の二度にわたり、尊攘派や公武合体に批判的な公家を処罰し排除した結果、孝明天皇、関白二条斉敬《にじょうなりゆき》、中川宮を中心とした「朝廷寡頭《かとう》支配体制」（原口清）ができあがった。孝明天皇の意思は朝廷内で通りやすく、思い通りの決定ができるようになった。しかし、朝廷外の尊王攘夷運動とも結びついた尊攘激派公家の強い力により、幕府との力関係を逆転させ、孝明天皇は強い政治的権威を身につけたが、その尊攘派を切り捨ててしまった天皇と朝廷に、もはやかつてのような政治力は失われてしまった。天皇らは、ますます幕府への依存を強めざるを得なくなった。

条約勅許と非義の勅命

慶応《けいおう》元年（一八六五）九月、イギリス、アメリカ、フランス、オランダ四ヵ国の代表団を乗せた四国連合艦隊が、兵庫沖に来航した。幕府は、欧米列強の軍事的威圧を利用して、「天子をも外夷にはかまわずなでごろしに相成り」という事態もあり得ると脅し、朝廷に条約の勅許を求めた。攘夷を緩和し、尊攘派を切り捨てて強力な支持基盤を失った孝明天皇には、もはや抵抗する力は残っていなかった。天皇は十月、「条約の儀、御許容在《あ》らせられ候《そうろう》あいだ、至当《しとう》の処置致すべき事」と条約を勅許した。「万人仰天」したが、かの頑迷ともいうべき鎖国攘夷主義者の孝明天皇が、とうとう通商条約を勅許してしまった。孝明天皇が幕末政治史のうえに持っていた積極的な存在意義、すなわちみずから鎖国攘夷を唱え、日本中を政治闘争の坩堝《るつぼ》にたたき込んだ尊王攘夷運動の象徴としての意義は、ほとんど完全に消え失せてしまった。生身の孝明天皇は、政治生命を断ち、「魂を喪失した人間のごとく、その影を薄く」（宮地正人）していった。

　幕府は、権力を回復し政治の主導権を確保するため、二度目の長州藩攻撃を行おうとした。ところが、第一次幕長戦争の時と政治情勢は変化し、薩摩藩は、内戦は列強の介入を招く危険性があると反対し、逆に長州藩と連携しようとした。にもかかわらず孝明天皇は、慶応元年九月二十一日に、長州追討の勅許を与えた（第二次幕長戦争）。この勅許に関して、薩摩藩の大久保《おおくぼ》一蔵《いちぞう》（利通《としみち》）は、同年九月二十三日付の西郷吉之助《さいごうきちのすけ》（隆盛《たかもり》）宛の手紙でつぎのように書いた（『日本思想大系56　幕末政治論集』）。

もし朝廷これを許し給《たま》い候《そうら》わば非義の勅命にて、朝廷の大事を思い、列藩一人も奉《ほう》じ候わず。至当の筋を得、天下万人御尤《ごもっと》もと存じ奉《たてまつ》り候てこそ、勅命と申すべく候えば、非義勅命は勅命にあらず候ゆえ、奉ずべからざる所以《ゆえん》に御坐《ござ》候。（中略）只今衆人の怨《うら》み幕府に帰し候ところ、すなわち朝廷に背き候よう相成り候えば、幕府の難を御買いなされ候道理に御坐候。

長州藩追討を命じる勅命は「非義の勅命」だという。道理に適《かな》い天下の万人が納得できてこそ勅命であり、そうでない勅命は「非義の勅命」であり従う必要はない、すなわち「非義の勅命は勅命にあらず」と主張する。また、人びとの幕府への怨みが、朝廷に向くことになるともいう。真偽不分明の勅書、幕府べったりの勅書という勅書の迷走、それはすなわち孝明天皇の迷走が、「非義の勅命」とまで非難され、無視される勅命を出すまでに至ったのである。孝明天皇と朝廷の権威は、落ちるところまで落ちたというべきであろう。「非義の勅命は勅命にあらず」と言い切る大久保利通に、天皇に無条件にひれ伏すことなく、それを突き放し客観的にとらえる冷徹な視線を見ることができる。著者はそこに、天皇は武家の必要から立てたもの、と見た新井白石《あらいはくせき》の冷徹な視線と重なるものを感じるのだが。

孝明天皇の死

慶応二年六月、「非義の勅命」ながら官軍の幕府軍が戦闘を開始し第二次幕長戦争が始まった。幕府軍は九州方面の戦場で敗北し、戦局が不利になるなか、七月二十日には将軍家茂《いえもち》が本営大坂城で亡くなった。広島藩主ら三人の大名からは、戦争中止と政治変革を求める意見書が朝廷へ提出された。しかし孝明天皇は停戦に反対し、家茂のあとを継いだ徳川慶喜《よしのぶ》に、「大樹《たいじゅ》同様厚く御倚頼《いらい》遊ばれ候《そうろう》あいだ、朝家の御為力をつくし、速やかに追討の功を

徳川慶喜　孝明天皇から長州追討のため剣を賜与された

奏し、精忠を励むべし、これにより御剣一腰これを賜《たま》い候事」と、慶喜への厚い信頼と長州追討への期待を表明した。慶喜は、八月十六日に、不利な戦局を打開するため停戦し、諸侯会議の召集を朝廷に願い出た。すると朝廷は、停戦を命じる勅命を出し、慶喜に諸侯会議の召集を命じた。天皇は、幕府にひたすら追随した。

政治情勢とズレ、幕府べったりの孝明天皇の姿勢に、朝廷の危機を嗅ぎ取った公家の活動が表面化してきた。前権大納言三条実愛《さんじょうさねなる》は、八月十八日政変以後に処罰された公家の赦免、復権による朝廷の再強化、幕府追随の撤回を要求し、岩倉具視《いわくらともみ》ら二二人の公家が、「天下危急のこの時」と御所に押しかけ、諸侯会議の召集は朝廷が行うこと、処罰中の公家の赦免、朝廷改革を要求した。孝明天皇はこの行動に加わった公家をまたまた処罰した。孝明天皇の朝廷内の孤立はますます深まった。「裸の王様」状態である。

諸大名から見放されつつある幕府に、公武合体・大政委任の枠組みでしがみつく孝明天皇は、江戸時代の朝幕関係、江戸時代の国政の枠組みを守ろうとしたのであり、まさに「江戸時代の天皇」だった。九月四日に、諸侯会議の召集を命じ、十二月五日には徳川慶喜の将軍宣下を済ませ、新たな政治情勢が生まれてきた。しかし、孝明天皇は、慶応二年十二月二十五日、疱瘡《ほうそう》により急死した。まだ三六歳だった。そして最後の「江戸時代の天皇」となった。十二月十日すぎに体調を崩し、その後に疱瘡と診断され、順調な経過をたどったものの二十四日に急変し、「御九穴より御脱血」「顔面の紫の斑点、吐血、脱血」ともがき苦しみながら、二十五日に亡くなった。その死に際《ぎわ》は、国家的民族的危機に直面し、もがき苦しんだ生涯を象徴するものがあった。その死は、二十九日に公表された。容態が急変した急死だったために、当時から毒殺説がまことしやかに流布し、ヒ素による毒殺説を主張する研究者もいるほどである。急死した天皇（将軍も）には孝明天皇以外にも毒殺説がつきまとうので、真相は闇のなかである。

孝明天皇山陵の造営

孝明天皇の祖父光格《こうかく》天皇は、その死により諡号《しごう》・天皇号を再興させ、孫の孝明天皇は、その死により山陵を復活させた。孝明天皇は、江戸時代の歴代天皇が眠る泉涌寺月輪陵《せんにゆうじつきのわのみささぎ》の九輪塔の下ではなく、泉涌寺域ではあるが、古制に則って築造された高塚式の山陵（後月輪東山陵《のちのつきのわのひがしのみささぎ》）に葬られた。山陵の再興であった。泉涌寺の裏手に、柵で仕切られて中に入ることはできないが、前に鳥居が立ち、その後方に円墳のような形の陵が見える。それが孝明天皇陵である。

陵とは、現在の皇室典範によると天皇、皇后、皇太后、太皇太后、墓とはその他の皇族を葬るところをさす。江戸幕府は、元禄期に神武天皇陵以下六六陵を治定して修補を行い、そ

孝明天皇陵　後月輪東山陵（泉涌寺内）。宮内庁書陵部提供

の後も享保《きょうほう》、文化《ぶんか》期にも修補を行って保護を加えた。幕末に、宇都宮藩の建言《けんげん》により、文久二年（一八六二）閏八月から、宇都宮藩家老戸田《とだ》忠至《ただゆき》が中心になって文久の山陵修補事業を始め、慶応元年（一八六五）五月までに陵墓など一〇九ヵ所の修補が行われた。砂利を敷き詰めた拝所、正面に鳥居、内側に一対の燈籠という陵の形式が整えられた。現在、私たちが見る大正天皇陵、昭和天皇陵（東京都八王子市）は、それらとほぼ同じ形式である。

　文久の山陵修補でもっとも力を入れたのは、神武天皇陵だった。七世紀に、律令制国家の形成とともに初代天皇としての神武天皇陵が指定された。伝承に近いものであったが、文久三年二月、孝明天皇は高市郡ミサンザイ、畝傍《うねび》山《やま》（奈良県橿原市）の近くに神武天皇陵を決定した。幕府は、この神武天皇陵に一万五〇〇〇両余をかけて修造した。朝廷は各地に勅使を派遣し、神武天皇以下の天皇陵前で奉幣《ほうへい》を行った。

　陵墓の指定と修補は、皇国の皇国たるゆえんである、始祖の神武天皇から現天皇に至るまで万世一系の天皇の存在、それを象徴させ目に見える形にする意味があった。だから始祖神武天皇陵の指定と立派な修補が必要だったのである。このような修補事業完了の延長上に、それまでの江戸時代の天皇とはまったく異なり、荼毘《だび》式（火葬式）を廃止し、僧侶による葬儀の色彩を極力薄くし、さらに山陵造営が行われたのである。葬法や陵という点で、もはや近代の天皇であった。

明治天皇の践祚から明治維新へ

慶応三年（一八六七）一月九日、睦仁《むつひと》親王が践祚《せんそ》し新天皇となった。一六歳だった。後の明治天皇である。明治天皇は、嘉永《かえい》五年（一八五二）、孝明天皇の第二皇子として誕生し、幼名は祐宮《さちのみや》、母は権大納言中山忠能《なかやまただやす》の娘である。安政三年（一八五六）以降は禁裏御所で養育され、万延《まんえん》元年（一八六〇）に儲君《ちよくん》に定まり、親王宣下《せんげ》があり睦仁親王となった。践祚までの出来事では、元治《げんじ》元年（一八六四）七月に、御所周辺で長州藩兵と幕府側軍隊が戦った禁門の変のさい、あまりの騒動に恐怖し、紫宸殿《ししんでん》で卒倒したことが伝えられる。

江戸幕府は、新将軍徳川慶喜のもとで政治改革と軍政改革を進め、第二次幕長戦争敗北の痛手から急速に権力を回復しつつあった。他方、長州藩や薩摩藩、土佐藩などは有志たちを軸に連携を強め、薩長盟約、薩土盟約などを結び、反幕府、あるいは幕府に抵抗する勢力を結集していった。孝明天皇の時に召集が命じられた諸侯会議も不調に終わり、幕藩体制に代わる新たな政体構想が模索された。そのなかで諸侯会議を軸とする公儀《こうぎ》政体論が浮上し、他方で幕府を武力で倒す倒幕論も勢いを増した。倒幕派は、朝廷内の勢力、岩倉具視ら公家と結んで、天皇を頂点とする政治体制の創出をめざす王政復古へ急速に進んでいった。そのなかで、慶応三年十月十三日には、ひそかに「倒幕の密勅」が島津久光、忠義父子に出され、倒幕への動きが具体化した。徳川慶喜は、倒幕派の機先を制して、十月十四日に大政奉還《たいせいほうかん》を願い出て、翌日許可された。後に開かれるであろう公儀政体論による諸侯会議において主導権を握ることを意図した。

しかし、倒幕派は徳川家の主導権の存続を否定するため、倒幕を実行に移した。そして、朝廷は、十二月九日に王政復古を宣言し、将軍も関白制度も廃止し、神武創業の原点に復古することを掲げた。孝明天皇の末期に権威を落としたとはいえ、なお高い権威をもつ天皇という器に一六歳の明治天皇を容れ、それを推戴《すいたい》して明治政府が樹立する。

学術文庫版あとがき

江戸時代の天皇は、かつてたいした話題にもならない存在であり、一九七〇年代あたりからやっと緒についた研究分野であった。しかしその後の研究の発展は目覚ましく、『天皇の歴史06　江戸時代の天皇』が刊行されて約七年になるが、この七年の間だけでも、近世の天皇・朝廷を対象にした研究書が何冊も出版され、個別の研究論文も毎年数多く公表されている。近世天皇・朝廷研究は、近世史研究の一分野としての市民権を確実に獲得し、もっとも活発に研究が進められている分野になっている。他の時代の天皇・朝廷研究と比べても、もっとも研究が盛んだと言えるかもしれない。

しかし、研究が微に入り細を穿つような内容になるとともに、近世天皇・朝廷研究全体、あるいは近世史研究全体との関わりが分かりにくくなる傾向が出てきている。本書はやや無謀な試みではあったが、一応江戸時代の天皇・朝廷の通史であり、近世政治史との関わりを念頭において全体像を描こうとしたものである。多くの近世天皇・朝廷研究者が、同じ試みをされることを期待したい。

一九八八年から翌年にかけての昭和天皇の重態と死の頃ほどではないものの、二〇一六年夏から天皇そのものが再び大きな話題をよんでいる。それは現天皇の退位問題である。宮内庁から二〇一六年八月八日の明仁天皇の一一分間にわたるビデオメッセージ、「象徴としてのお務めについての天皇陛下のおことば」が公表され、そのなかで、天皇が退位の願いをにじませたからである。しかしそれは、天皇の生前退位（譲位）を認めない現行の皇室典範に抵触していた。生前退位を強く否定する識者もいたが、世論調査などでは国民の圧倒的多数が退位を支持した。また、政府が設けた「天皇の公務の負担軽減等に関する有識者会議」は、現天皇の退位を特例法により実現することを促す論点整理を発表した。さらに、衆参正副議長の「議論のとりまとめ」により、皇室典範附則に「退位」の文言を明記する案が打ち出された。二〇一七年六月九日に成立した「天皇の退位等に関する皇室典範特例法」により、現天皇に限り退位が可能になった。そして、二〇一九年四月三〇日の退位が決定された。

現天皇が二〇一〇年秋頃、宮内庁に光格天皇についての調査を求めたことが新聞記者らの間で話題になった。また、歴史をたどると、生前退位が二〇〇年前の光格天皇の譲位以来であることが知られるようになり、新聞記事にも枕言葉のように光格天皇以来と書かれることとなった。光格天皇は、図らずもにわかに脚光を浴びた。これまで光格天皇は、歴史上最後の上皇や院政と書かれたので、後世の歴史書や年表に、二〇一九年は光格天皇以来約二〇〇年ぶりの上皇の再興・復活と記されることだろう。

明治・大正・昭和三代の天皇が、皇室典範の規定により生涯天皇であり続けた結果、それが天皇の「伝統」「常識」であるかのように思われてきた。ところが、長い天皇の歴史からすると、生前退位こそが「伝統」であり、死ぬまで在位したここ三代の天皇こそ異例であることも明らかになってきた。

天皇は、長い歴史のなかでその姿を変えつつ続いてきたのであって、「万世一系」であったとしても「万世不変」ではない。天皇退位問題は、現在の天皇を理解するうえでも、また天皇の将来を展望するうえでも、長い天皇の歴史を顧みることの重要性を示している。その意味でも、『天皇の歴史』全一〇巻の重要性は高まっているといえよう。江戸時代を対象とした本書が、そのような役割の一端を果たすことができれば幸いである。

二〇一八年四月

藤田　覚

参考文献

全体にわたる概説書・研究書など

石井良助『天皇―天皇の生成および不親政の伝統』（山川出版社、一九八二年）
奥野高廣『皇室御経済史の研究（後篇）』（中央公論社、一九四四年）
下橋敬長『幕末の宮廷』（平凡社東洋文庫、一九七九年）
高埜利彦『江戸幕府と朝廷』（山川出版社日本史リブレット、二〇〇一年）
辻善之助『日本文化史』第5・6巻（春秋社、一九五一年）
辻　達也編『日本の近世2　天皇と将軍』（中央公論社、一九九一年）
深谷克己『近世の国家・社会と天皇』（校倉書房、一九九一年）
三上参次『尊皇論発達史』（冨山房、一九四一年）
水林　彪『天皇制史論―本質・起源・展開』（岩波書店、二〇〇六年）
宮地正人『天皇制の政治史的研究』（校倉書房、一九八一年）
吉田　孝『歴史のなかの天皇』（岩波新書、二〇〇六年）
歴史科学協議会編『天皇・天皇制をよむ』（東京大学出版会、二〇〇八年）
宮内庁書陵部編纂『天皇皇族実録』（藤井譲治・吉岡眞之監修によりゆまに書房より刊行、二〇〇五～二〇一〇年）
朝幕研究会編『近世朝幕関係法令史料集』（学習院大学人文科学研究所、二〇一〇年）
帝国学士院編『宸翰英華』（一九四四年）

著者の関係著書・論文

藤田　覚『幕末の天皇』（講談社選書メチエ、一九九四年）

同「国政に対する朝廷の存在」『日本の近世2　天皇と将軍』（中央公論社、一九九一年。のち『近世天皇論』清文堂、二〇一一年に収録）

同「近世武家官位の叙任手続きについて―諸大夫成の場合」『日本歴史』五八六、一九九七年（前出『近世天皇論』に収録）

同『近世政治史と天皇』（吉川弘文館、一九九九年）

同「天保期の朝廷と幕府」『日本歴史』六一六、一九九九年（前出『近世天皇論』に収録）

同「江戸幕府の天皇観」岩波講座『天皇と王権を考える10　王を巡る視線』（岩波書店、二〇〇二年。前出『近世天皇論』に収録）

同「幕藩体制の危機と天皇・朝廷」『歴史科学』（大阪歴史科学協議会）一七四、二〇〇三年。前出『近世天皇論』に収録

同「宣命」『歴史をよむ』（東京大学出版会、二〇〇四年。前出『近世天皇論』に収録）

同「学者のまえに武人だったひと」中公クラシックス『新井白石　折りたく柴の記』（中央公論新社、二〇〇四年）

同「江戸期女性天皇に見る皇位継承の論理」『中央公論』一四五一、二〇〇五年（前出『近世天皇論』に収録）

同「近世王権論と天皇」『王権を考える―前近代日本の天皇と権力』（山川出版社、二〇〇六年。前出『近世天皇論』に収録）

第一章

朝尾直弘『朝尾直弘著作集第三巻　将軍権力の創出』（岩波書店、二〇〇四年）
池田　温『東アジアの文化交流史』（吉川弘文館、二〇〇二年）
小倉真紀子「近世禁裏における六国史の書写とその伝来」『禁裏・公家文庫研究』第三輯（思文閣出版、二〇〇九年）
上川通夫『日本中世仏教形成史論』（校倉書房、二〇〇七年）
河内祥輔「学芸と天皇」『講座　前近代の天皇4　統治的諸機能と天皇観』（青木書店、一九九五年）
久保貴子『徳川和子』（吉川弘文館人物叢書、二〇〇八年）
同『後水尾天皇』（ミネルヴァ書房日本評伝選、二〇〇八年）
熊倉功夫『後水尾院』（朝日新聞社、一九八二年）
同『寛永文化の研究』（吉川弘文館、一九八八年）
小高道子「御所伝授の成立と展開」『近世堂上和歌論集』（明治書院、一九八九年）
斎藤夏来『禅宗官寺制度の研究』（吉川弘文館、二〇〇三年）
佐藤進一『日本の中世国家』（岩波書店、一九八三年）
佐藤雄介「十八世紀の京都所司代と朝廷―取替金を中心に」『論集きんせい』二九、二〇〇七年（のち『近世の朝廷財政と江戸幕府』東京大学出版会、二〇一六年に収録）
同「京都町奉行・京都代官と朝廷財政」『史学雑誌』一一八―三、二〇〇九年（同前）
島原泰雄「後水尾院とその周辺」『近世堂上和歌論集』（明治書院、一九八九年）
杉本まゆ子「御所伝授考―書陵部蔵古今伝授関係資料をめぐって」『書陵部紀要』五八、二〇〇六年

曾根原理『徳川家康神格化への道―中世天台思想の展開』（吉川弘文館、一九九六年）
杣田善雄「禁中並公家中諸法度〈座次規定〉と朝幕関係」『日本史研究』五四二、二〇〇七年
高木昭作『将軍権力と天皇』（青木書店、二〇〇三年）
高木博志『近代天皇制と古都』（岩波書店、二〇〇六年）
高埜利彦『近世日本の国家権力と宗教』（東京大学出版会、一九八九年）
高埜利彦編『身分的周縁と近世社会8　朝廷をとりまく人びと』（吉川弘文館、二〇〇七年）
田靡久美子「近世勅問衆と朝廷政務機構について」『古文書研究』五六、二〇〇二年
中川　学『近世の死と政治文化』（吉川弘文館、二〇〇九年）
中野三敏編『日本の近世12　文学と美術の成熟』（中央公論社、一九九三年）
野村　玄『日本近世国家の確立と天皇』（清文堂出版、二〇〇六年）
同「江戸時代における天皇の葬法」『明治聖徳記念学会紀要』復刊四四、二〇〇七年
橋本政宣『近世公家社会の研究』（吉川弘文館、二〇〇二年）
平井誠二「武家伝奏の補任について」『日本歴史』四二二、一九八三年
藤井讓治『徳川家光』（吉川弘文館人物叢書、一九九七年）
同「江戸幕府の成立と天皇」『講座　前近代の天皇2　天皇権力の構造と展開　その2』（青木書店、一九九三年）
同「八月二日付徳川秀忠仮名消息をめぐって」『史料が語る日本の近世』（吉川弘文館、二〇〇二年）
本田慧子「後水尾天皇の禁中御学問講」『書陵部紀要』二九、一九七七年
同「近世の禁裏小番について」『書陵部紀要』四一、一九八九年
松澤克行「後光明天皇期における禁裏文庫」『禁裏・公家文庫研究』第三輯（思文閣出版、二〇〇九年）

水林　彪「幕藩体制における公儀と朝廷」『日本の社会史』第三巻（岩波書店、一九八七年）
村　和明「近世初期の朝廷機構と江戸幕府」『論集きんせい』三一、二〇〇九年（のち『近世の朝廷制度と朝幕関係』東京大学出版会、二〇一三年に収録）
同　「十八世紀の朝廷と職制―皇嗣付三卿を中心に」『十八世紀日本の政治と外交』（山川出版社、二〇一〇年。同前）
母利美和「禁裏小番内々衆の再編」『日本史研究』二七七、一九八五年
山口和夫「近世の家職」『岩波講座日本通史14　近世4』（岩波書店、一九九五年。のち『近世日本政治史と朝廷』吉川弘文館、二〇一七年に収録）
同　「朝廷と公家社会」『日本史講座6　近世社会論』（東京大学出版会、二〇〇五年。同前）
吉田洋子「江戸時代における朝廷の存在形態と役割―『禁中幷公家中諸法度』の規定から」『日本史研究』四九五、二〇〇三年
同　「江戸幕府の成立と地下官人」『ヒストリア』二〇三、二〇〇七年

第二章

石田　俊「元禄期の朝幕関係と綱吉政権」『日本歴史』七二五、二〇〇八年
市野千鶴子「三条西実教の蟄居をめぐって」『書陵部紀要』四六、一九九四年
大谷節子「近世禁裏仙洞能一見」『藝能史研究』一一四、一九九一年
加藤友康「朝儀の構造とその特質―平安期を中心として」『講座　前近代の天皇5　世界史のなかの天皇』（青木書店、一九九五年）
久保貴子『近世の朝廷運営―朝幕関係の展開』（岩田書院、一九九八年）

鈴木健一「霊元院とその周辺」『近世堂上和歌論集』（明治書院、一九八九年）
高木昭作『将軍権力と天皇』（青木書店、二〇〇三年）
武部敏夫「貞享度大嘗会の再興について」『大嘗祭と新嘗』（学生社、一九七九年）
同「元文度大嘗会の再興について」『大正大学大学院研究論集』一〇、一九八六年
田中暁龍「江戸時代議奏制の成立について」『史海』三四、一九八七年（のち『近世前期朝幕関係の研究』吉川弘文館、二〇一一年に収録）
同「近世朝廷の法制と秩序」『新しい歴史学のために』二五四、二〇〇四年（のち同前）
同「寛文三年「禁裏御所御定目」について」『東京学芸大学附属高等学校大泉校舎研究紀要』一四、一九八九年（のち同前）
同「貞享期の朝幕関係―京都所司代土屋政直を中心に」『桜美林論考　人文研究』創刊号、二〇一〇年（のち同前）
並木昌史「延宝七年石清水放生会の再興」『國學院雑誌』九六、一九九五年
尾藤正英『日本の歴史19　元禄時代』（小学館、一九七五年）
平井誠二「確立期の議奏について」『中央大学文学部紀要　史学科』三三、一九八八年
松澤克行「近衛基熙と音楽」『遊芸文化と伝統』（吉川弘文館、二〇〇三年）
村　和明「近世仙洞御所機構の成立過程について」『史学雑誌』一一七―三、二〇〇八年（前出『近世の朝廷制度と朝幕関係』に収録）
同「近世院政の組織と制度―光格上皇の「院政」を事例に」『論集きんせい』二四（二〇〇二年。同前）
山口和夫「天皇・院と公家集団」『歴史学研究』七一六、一九九八年（前出『日本近世政治史と朝廷』に収録）
同「霊元院政について」『中近世の宗教と国家』（岩田書院、一九九八年。同前）

同　　「近世の朝廷・幕府体制と天皇・院・摂家」『王権を考える―前近代の天皇と権力』（山川出版社、二〇〇六年。同前）
米田雄介「朝儀の再興」『日本の近世2　天皇と将軍』（中央公論社、一九九一年）

第三章

磯前順一・小倉慈司編『近世朝廷と垂加神道』（ぺりかん社、二〇〇五年）
久保貴子『近世の朝廷運営―朝幕関係の展開』（岩田書院、一九九八年）
佐藤雄介「近世後期の朝廷財政と京都代官」『歴史学研究』八七五、二〇一一年（前出『近世の朝廷財政と江戸幕府』に収録）
同　　「十八世紀の朝廷財政と朝幕関係―江戸幕府の財政政策・遠国支配政策と関連して」『十八世紀日本の政治と外交』（山川出版社、二〇一〇年。同前）
平　重道「近世の神道思想」『日本思想大系39　近世神道論・前期国学』（岩波書店、一九七二年）
高埜利彦『近世日本の国家権力と宗教』（東京大学出版会、一九八九年）
徳富猪一郎『近世日本国民史　宝暦明和篇』（民友社、一九二六年）
野村　玄「女帝後桜町天皇の践祚とその目的」『日本歴史』七〇一、二〇〇六年
同　　「江戸時代における天皇の葬法」『明治聖徳記念学会紀要』復刊四四、二〇〇七年
宮地正人「天皇制イデオロギーにおける大嘗祭の機能」『歴史評論』四九二、一九九一年
村　和明「十八世紀の朝廷運営と上皇―桜町上皇の時代を例に」『東京大学日本史学研究室紀要別冊　近世政治史論叢』二〇一〇年（前出『近世の朝廷制度と朝幕関係』に収録）
渡邊雄俊「青綺門院と宝暦事件―江戸時代における女院研究に寄せて」『書陵部紀要』四九、一九九七年

第四章

荒野泰典「二人の皇帝—欧米人の見た天皇と将軍」『前近代の日本と東アジア』（吉川弘文館、一九九五年）

岸　泰子「近世禁裏御所と都市社会」『年報都市史研究』一五、二〇〇七年

久保貴子『近世の朝廷運営—朝幕関係の展開』（岩田書院、一九九八年）

黒田日出男『王の身体　王の肖像』（平凡社、一九九三年）

櫻井　秀『風俗史の研究』（寶文館、一九二九年）

笹本正治「近世の鋳物師と真継家」『歴史学研究』五三四、一九八四年

所　功『年号の歴史　増補版』（雄山閣出版、一九八九年）

河　宇鳳『朝鮮実学者の見た近世日本』（ぺりかん社、二〇〇一年）

橋本政宣編『近世武家官位の研究』（続群書類従完成会、一九九九年）

堀　新「近世武家官位試論」『歴史学研究』七〇三、一九九七年

間瀬久美子「近世の民衆と天皇—職人受領と偽文書・由緒書」『岡山の歴史と文化』（福武書店、一九八三年）

森田登代子「近世民衆、天皇即位の礼拝見」『公家と武家Ⅲ—王権と儀礼の比較文明史的考察』（思文閣出版、二〇〇六年）

安田富貴子「近世受領考—浄瑠璃太夫の受領を中心にして」『古浄瑠璃正本集　第六』（角川書店、一九六七年）

山口和夫「職人受領の近世的展開」『日本歴史』五〇五、一九九〇年（前出『日本近世政治史と朝廷』に収録）

吉岡　拓「近世後期における京都町人と朝廷」『日本歴史』七〇三、二〇〇六年

第五章

桂島宣弘『思想史の十九世紀―「他者」としての徳川日本』（ぺりかん社、一九九九年）

加藤友康「朝儀の構造とその特質―平安期を中心として」『講座　前近代の天皇5　世界史のなかの天皇』（青木書店、一九九五年）

衣笠安喜『近世日本の儒教と文化』（思文閣出版、一九九〇年）

京都市編『京都の歴史6　伝統の定着』（学芸書林、一九七三年）

佐藤雄介「近世の朝廷財政と実務役人―寛政年間以降を中心に」『東京大学日本史学研究室紀要別冊　近世政治史論叢』二〇一〇年（前出『近世の朝廷財政と江戸幕府』に収録）

澁澤榮一『楽翁公傳』（岩波書店、一九三七年）

高埜利彦「後期幕藩制と天皇」『講座　前近代の天皇2　天皇権力の構造と展開　その2』（青木書店、一九九三年）

詫間直樹編『京都御所造営録―造内裏御指図御用記（一）（二）』（中央公論美術出版、二〇一〇年、二〇一一年）

徳富猪一郎『近世日本国民史　松平定信時代』（民友社、一九二七年）

尾藤正英「水戸学の特質」『日本思想大系53　水戸学』（岩波書店、一九七三年）

同「尊王攘夷思想」『岩波講座日本歴史13　近世5』（岩波書店、一九七七年）

藤岡通夫『京都御所〔新訂〕』（中央公論美術出版、一九八七年）

松尾芳樹「藤原貞幹書簡抄『蒙斎手簡』上・下」『京都市立芸術大学美術学部研究紀要』三七、一九九三年

松本三之介「幕末国学の思想史的意義」『日本思想大系51　国学運動の思想』（岩波書店、一九七一年）

三ツ松誠「「みよさし」論の再検討」『十八世紀日本の政治と外交』（山川出版社、二〇一〇年）

宮沢誠一「幕末における天皇をめぐる思想動向」『歴史学研究』一九七五年別冊
村　和明「近世院政の組織と制度―光格上皇の「院政」を事例に」『論集きんせい』二四、二〇〇二年（前出『近世の朝廷制度と朝幕関係』に収録）
盛田帝子「享和期京都歌壇の一側面―大愚歌合一件を通して」『近世文芸』六二、一九九五年（のち『近世雅文壇の研究』汲古書院、二〇一三年に収録）
同「光格天皇論―その文化的側面」『大航海』四五、二〇〇三年（のち同前）
安国良一「京都天明大火研究序説」『日本史研究』四一二、一九九六年
渡辺　浩『東アジアの王権と思想』（東京大学出版会、一九九七年）

第六章

家近良樹「孝明天皇と幕末・維新」『大航海』四五、二〇〇三年
石井　孝『日本開国史』（吉川弘文館、一九七二年）
井上　勲『王政復古』（中公新書、一九九一年）
井上勝生『日本の歴史18　開国と幕末変革』（講談社、二〇〇二年）
小野　将「近世後期の林家と朝幕関係」『史学雑誌』一〇二―六、一九九三年
宮内省先帝御事蹟取調掛編『孝明天皇紀』第一～五（平安神宮、一九六七～一九六八年）
杉立義一「孝明天皇の死因について―毒殺か病死か」『公家と武家Ⅲ―王権と儀礼の比較文明史的考察』（思文閣出版、二〇〇六年）
武田秀章『維新期天皇祭祀の研究』（大明堂、一九九六年）
外池　昇『幕末・明治期の陵墓』（吉川弘文館、一九九七年）

遠山茂樹『岩波セミナーブックス34　明治維新と天皇』（岩波書店、一九九一年）

富田正弘「近世東大寺の国家祈禱と院宣・綸旨」『東大寺所蔵聖教文書の調査研究』（科学研究費補助金　基盤研究（A）（1）　研究成果報告書）二〇〇五年

沼倉延幸「関白鷹司政通とペリー来航予告情報」『青山史学』一三、一九九二年

ねずまさし「孝明天皇は病死か毒殺か」『歴史学研究』一七三、一九五四年

羽賀祥二「開国前後における朝幕関係」『日本史研究』二〇七、一九七九年

箱石　大「公武合体による朝幕関係の再編」『新しい近世史1　国家と秩序』（新人物往来社、一九九六年）

原口　清『幕末中央政局の動向』原口清著作集1（岩田書院、二〇〇七年）

同　『王政復古への道』原口清著作集2（岩田書院、二〇〇七年）

福地重孝『孝明天皇』（秋田書店、一九七四年）

藤田　覚『近世後期政治史と対外関係』（東京大学出版会、二〇〇五年）

三谷　博『ペリー来航』（吉川弘文館、二〇〇三年）

宮地正人『幕末維新期の社会的政治史研究』（岩波書店、一九九九年）

安丸良夫『近代天皇像の形成』（岩波書店、一九九二年）

年表

○印の数字は閏月を示す

西暦	年号	天皇	将軍	国内事項	世界の事項
一六〇三	慶長八	後陽成	家康	2家康、征夷大将軍となり、江戸に幕府を開く。	
一六〇五	一〇		秀忠	4家康、征夷大将軍を辞職し秀忠に譲る。	
一六一一	一六	後水尾		3後陽成天皇譲位、後水尾天皇受禅。	
一六一三	一八			6公家衆法度・勅許紫衣法度を定める。	ロマノフ朝成立（露）。
一六一五	元和元			2禁中御学問講はじまる。5大坂夏の陣により豊臣氏滅亡。7禁中並公家中諸法度・武家諸法度を定める。操り浄瑠璃流行する。	
一六一六	二			4家康没（七五歳）。	ヌルハチ、後金建国。
一六一七	三			2家康、東照大権現の神号をうける。8後陽成上皇没（四七歳）。9秀忠、公家衆に知行宛行状を発給する。	
一六二〇	六			6秀忠の娘和子、入内する。この夏、桂離宮の造営はじまる。	
一六二三	九		家光	1後七日御修法再興。7秀忠、将軍職を家光に譲る。8幕府、禁裏御料一万石献上（計二万石）。11和子、女一宮（明正天皇）を生む。	オランダ、台湾占領。
一六二四	寛永元			2改元し、甲子革令改元の再興。11和子、中宮となる。	
一六二五	二			12後水尾天皇、八条宮智仁親王から古今伝授。	
一六二六	三			8家光上洛。9後水尾天皇、二条城へ行幸。	後金、ホンタイジ即位。
一六二九	六	明正		7沢庵ら配流（紫衣事件）。10春日局、天皇に拝謁。11後水尾天皇譲位、明正天皇受禅。	後金軍、北京包囲。
一六三一	八			2後水尾上皇、若公家法度を出す。11幕府、公家諸家法度を出す。	

西暦	年号	天皇	将軍	国内事項	世界の事項
一六三二	九			1秀忠没（五四歳）。7沢庵ら赦免。10駿河大納言忠長、改易。	タージ・マハル廟建設開始（印）。
一六三四	一一			7家光上洛。家光、太政大臣就任要請を辞退。⑦仙洞御料七千石増献（計一万石）。後水尾上皇の院政はじまる。	
一六三五	一二			5日本人の海外渡航と帰国を禁止。	
一六三六	一三			4日光東照社の大造営、完成する。6寛永通宝の鋳造開始。	後金、国号を清とする。
一六三七	一四			10天草・島原一揆おこる。翌年二月終息。	朝鮮、清軍に降伏。
一六三九	一六			7ポルトガル船の来航禁止（いわゆる鎖国）。	
一六四二	一九			5参勤交代制の確立。昨年以来大飢饉。	
一六四三	二〇	後光明		9禁裏付・仙洞付設置。10明正天皇譲位、後光明天皇受禅。	朝鮮、日本に通信使派遣。
一六四四	正保元				北京陥落し明滅ぶ。
一六四五	二			11日光東照社、東照宮となる。	
一六四六	三			4日光例幣使はじまり、伊勢例幣使再興される。	鄭成功、抗清の挙兵。
一六五一	慶安四		家綱	2後光明天皇、仙洞御所へ朝覲行幸。4家光没（四八歳）。家綱、跡を継ぐ。5後水尾上皇落飾し法皇。7慶安事件おこる。	第一次航海条例制定（英）。
一六五二	承応元				第一次蘭英戦争はじまる。
一六五三	二			6禁裏御所焼失。	
一六五四	三	後西		9後光明天皇没（二二歳）。後西天皇践祚。	
一六五五	明暦元			2かぶき者、取り締まる。この年、修学院離宮の造営はじまる。	
一六五七	三			1明暦の大火。2徳川光圀、『大日本史』編纂に着手。	

一六六一	寛文元			1京都大火により禁裏御所焼失。	清、遷海令を出す。
一六六二	二			5京畿大地震。方広寺大仏、壊れる。	鄭成功没。
一六六三	三	霊元		1後西天皇譲位、霊元天皇受禅。御側衆（議奏）条目（禁裏御所御定目）の制定。近習番の設置。	第二次航海条例制定（英）。
一六六四	四			4諸大名らに領知判物・朱印状（寛文印知）。後水尾法皇、後西上皇らに古今伝授。6禁中並公家中諸法度写本できる。	
一六六五	五			11幕府、公家らに領知判物・朱印状を発給。	第二次蘭英戦争。
一六六八	八			3公家以下諸職人官位につき「官位申条目」を定める。幕府、朝廷へ倹約令を出す。7京都町奉行置かれる。10禁裏御所に「禁闕騒動」「女中騒動」の噂。	
一六七一	一一			3霊元天皇、近習衆と花見で沈酔事件をおこす。7朝廷、五人衆・近習衆条目を出す。	朝鮮、大飢饉。
一六七三	延宝元			5京都大火により禁裏御所焼失。9禁裏焼失により改元し延宝。	三藩の乱はじまる（清）。
一六七六	四			12仙洞・女院御所焼ける。	
一六七八	六			6東福門院徳川和子没（七二歳）。	釜山の倭館移転（朝）。
一六七九	七			8石清水八幡宮放生会再興。	
一六八〇	八		綱吉	5家綱没（四〇歳）。綱吉が継ぐ。8後水尾法皇没（八五歳）。	
一六八一	天和元			9改元し天和となる。辛酉革命改元の再興。10小倉実起らを佐渡に配流（小倉事件）。	三藩の乱終わる（清）。
一六八三	三			2皇太子冊立の儀、再興。4霊元天皇、後西上皇から古今伝授をうける。	台湾の鄭氏勢力降伏（清）。
一六八四	貞享元			2幕府、服忌令を定める。10貞享暦に改め、翌年から使	海禁令を解く（清）。

西暦	年号	天皇	将軍	国内事項	世界の事項
				用。	
一六八六	三			11霊元天皇、議奏から誓詞血判をとる。12議奏の職名定まる。	
一六八七	四	東山		1生類憐みの令本格化。3霊元天皇譲位、東山天皇受禅。禁裏小番壁書、出る。11大嘗祭、再興される。	
一六八八	元禄元			1霊元上皇、四方拝を挙行。	イギリス名誉革命はじまる。
一六八九	二				清・ロシア、ネルチンスク条約。
一六九一	四			4霊元上皇、関白・武家伝奏・議奏から誓詞血判をとる。	
一六九四	七			4賀茂祭（葵祭）、再興される。	鬱陵島への立ち入りを禁止（朝）。
一六九六	九			11明正上皇没（七四歳）。	
一六九七	一〇			6幕府、諸大名に重罪人の自分仕置を命じる。	
一六九九	一二			4幕府、歴代天皇の陵を定め修復する。	清、英へ広東貿易許可。
一七〇一	一四			3勅使接待役赤穂藩主浅野長矩、江戸城中で高家吉良義央に斬りつけ、切腹・改易。翌年一二月、赤穂浪士、吉良を討つ。	スペイン継承戦争開始。
一七〇三	一六			11幕府、御能御覧料として一〇〇石を献上。	ペテルブルク建設開始（露）。
一七〇五	宝永二			1幕府、禁裏御料一万石献上（計三万石）。この年、伊勢おかげまいり流行。	
一七〇七	四			3幕府、内侍所料として一五〇石増進。10宝永地震。11富士山噴火、宝永山できる。	

一七〇八	五			3京都大火により禁裏御所焼失。	
一七〇九	六	中御門	家宣	1綱吉没（六四歳）。家宣が継ぐ。6東山天皇譲位、中御門天皇受禅。12東山上皇没（三五歳）。	
一七一〇	七			8閑院宮家創設がきまる。	
一七一一	正徳元			4将軍の対外的称号を「日本国王」に改める。	オランダ東インド会社、奴隷狩り。
一七一二	二		家継	10家宣没（五一歳）。家継が継ぐ。	モスクワからペテルブルクへ首都を移す（露）。
一七一四	四			5正徳金銀の鋳造。7幕府、三宝院の醍醐寺支配を認める。	
一七一六	享保元		吉宗	4家継没（八歳）。吉宗が継ぎ、享保の改革に着手。この年、新井白石『折たく柴の記』執筆を開始。	『康熙字典』完成（清）。
一七二三	八				清、キリスト教を禁止。
一七二八	一三			6コーチ国より象輸入。ついで中御門天皇、象を観る。	
一七三二	一七			8霊元法皇没（七九歳）。この秋、西日本各地蝗害のため大飢饉。	
一七三五	二〇	桜町		3中御門天皇譲位、桜町天皇受禅。幕府、仙洞御料を一万石とする。11即位礼見物の切手札が発行される。	『明史』完成（清）。
一七三七	元文二			4中御門上皇没（三七歳）。	メディチ家断絶（墺）。
一七三八	三			11大嘗祭再興。	
一七三九	四			12幕府、荷田在満『大嘗会便蒙』を発禁処分にする。	
一七四〇	五			11新嘗祭再興。	フリードリヒ二世即位（普）。
一七四四	延享元			5七社奉幣使再興。9宇佐宮・香椎宮奉幣使再興。この年、勘定奉行神尾春央ら年貢増徴のため畿内・中国筋幕領	インドなどでも英仏間の戦争。

西暦	年号	天皇	将軍	国内事項	世界の事項
				巡見。	
一七四五	二		家重	4摂津・河内の農民、年貢増徴に反対して堂上公家に訴願。9吉宗、将軍職を家重へ譲る。	
一七四七	四	桃園		5桜町天皇譲位、桃園天皇受禅。	
一七五〇	寛延三			4桜町上皇没（三一歳）。9「官位御定」出る。	
一七五四	宝暦四			10貞享暦を廃して宝暦暦を採用。翌年施行。	
一七五六	六			4関白一条道香、徳大寺公城らに武芸稽古の禁止を申し渡す。	イギリス、フランスに宣戦。植民地戦争。
一七五七	七			6桃園天皇、徳大寺公城らから『日本書紀』の講義をうける。関白らの申し入れにより八月に中止。	プラッシーの戦い（印）。ヨーロッパ船来航を広州に限定（清）。
一七五八	八			3桃園天皇、『日本書紀』御進講を再開（六月中止）。6所司代竹内式部を召喚し取り調べ。7朝廷、正親町三条公積ら一七人の公家を罷免・処罰（宝暦事件）。	朝鮮でキリスト教広まる。
一七五九	九			5幕府、竹内式部を追放に処す。	
一七六〇	一〇		家治	4家重、将軍職を家治へ譲る。	
一七六二	一二	後桜町		7桃園天皇没（二二歳）。後桜町天皇践祚。	イギリス軍、マニラ占領。
一七六六	明和三			11職人の継目受領の遵守とそれ以外の受領名使用を禁止。	
一七六七	四			8幕府、山県大弐・藤井右門を死罪、竹内式部を八丈島流罪に処す（明和事件）。	第一次マイソール戦争（印）。
一七七〇	七	後桃園		11後桜町天皇譲位、後桃園天皇受禅。	
一七七三	安永二			8幕府、禁裏口向き役人約四〇人を不正経理の理由で処罰。	
一七七六	五				アメリカ独立宣言。

一七七八	七			この年、幕府、禁裏財政に定高制を導入。	インドで英仏抗争激化。
一七七九	八	光格		10後桃園天皇没（二二歳）。光格天皇践祚。	
一七八一	天明元			この年、伊勢貞丈、「幼学問答」で政務委任論を書く。天明の凶作・飢饉はじまり七年まで続く。	カント『純粋理性批判』刊（独）。
一七八六	六			8家治没（五〇歳）。家斉が継ぐ。田沼意次失脚。11朔旦冬至旬、再興される。この年、本居宣長『玉くしげ』を書き大政委任論を展開。林子平『海国兵談』できる。	朝鮮、漢訳洋書購入の禁止。
一七八七	七		家斉	5江戸その他の都市で打ちこわし頻発。6大規模な御所千度参り行われる。朝廷、幕府へ窮民救済を申し入れる。幕府、寛政の改革はじめる。11復古的大嘗祭の挙行。	ロシア・トルコ戦争再発。ベトナム、ダナンなどを仏に割譲。
一七八八	八			1京都大火により禁裏御所など焼失。5老中松平定信上京し、関白と新御所造営を協議。8定信、「将軍家御心得十五ヵ条」を書き、家斉に提出。	合衆国憲法発効。清軍ベトナム侵攻。
一七八九	寛政元			8朝廷、幕府へ天皇実父閑院宮典仁親王への尊号宣下の許可を求める。幕府拒否。この年、中井竹山、『草茅危言』を書き、一世一元・大政委任・天皇号を論じる。	フランス市民革命はじまる。ワシントン初代大統領就任（米）。
一七九〇	二			11復古的新御所の造営竣工。12新宮旬、再興される。藤氏長者印の再興。	第三次マイソール戦争開始（印）。
一七九一	三			2童殿上の再興。11神嘉殿で新嘗祭を親祭する。12尊号宣下の可否を四一人の公家に勅問。	朝鮮でキリスト教禁止。
一七九二	四			9ロシア使節ラクスマン、来日する。11幕府の反対により尊号宣下を中止。	第一回対仏同盟戦争。
一七九三	五			3幕府、尊号一件に関わり武家伝奏・議奏らを処罰。6高山彦九郎、久留米で自害（四七歳）。	ルイ一六世・マリー＝アントワネット処刑（仏）。
一七九六	八			8朝廷、不行跡を理由に公家九人を処罰。10朝廷、不行跡	ナポレオン、イタリア遠

西暦	年号	天皇	将軍	国内事項	世界の事項
				を理由に公家五〇人を処罰。公家衆の不法遊興を戒める条目出る。	征。
一七九八	一〇			この年、宝暦暦を廃し寛政暦を使用。	ナポレオン、エジプト遠征。
一八〇〇	一二			8光格天皇、石清水八幡宮・賀茂社臨時祭再興のため幕府との交渉を命じる。	首都ワシントンに決定(米)。
一八〇一	享和元			3復古的形式の伊勢公卿勅使派遣。	朝鮮でキリスト教大弾圧。
一八〇四	文化元			9ロシア使節レザノフ、長崎へ来航。	ナポレオン法典公布(仏)。
一八〇六	三			9ロシア軍艦、カラフトの日本側施設を攻撃。	ナポレオン、大陸封鎖開始。
一八〇七	四			4ロシア軍艦、カラフト・エトロフを攻撃。6幕府、ロシアとの紛争状況を朝廷へ報告。	プロイセン改革はじまる。
一八〇八	五			5太政官印(外印)の再興。8フェートン号事件おこる。	奴隷貿易禁止法発効(米)。
一八一一	八			6幕府役人、ロシア艦長ゴロヴニンをクナシリで捕らえる。	イギリス軍、ジャワ上陸。
一八一三	一〇			3石清水八幡宮臨時祭の再興(隔年挙行)。	ナポレオン敗北。
一八一四	一一			11賀茂社臨時祭の再興(隔年挙行)。	ウィーン会議はじまる。
一八一七	一四	仁孝		3光格天皇譲位、仁孝天皇受禅。	
一八二四	文政七			9光格上皇、修学院へ御幸(以後、恒例となる)。	イギリス、マラッカ領有。
一八二五	八			8一橋家の徳川治済、准大臣に昇進。	デカブリストの反乱(露)。
一八二七	一〇			3将軍家斉、太政大臣に昇進。⑥幕府、天皇に二〇〇〇両(一年限り)、上皇に銀一〇〇貫(毎年)を進上。	ベートーヴェン没(墺)。
一八三三	天保四			天保の凶作・飢饉はじまり、一八三七年春まで続く。	イギリスで工場法。
一八三七	八		家慶	1禁裏で『日本書紀』の読書会はじまる。2大塩平八郎の	広東アメリカ商社、モリソ

一八四〇	一一			乱。4朝廷、幕府へ窮民救済の状況を質す。7朝覲行幸の再興決定。	ン号を日本へ派遣。
一八四一	一二			7アヘン戦争情報伝わる。11光格上皇没（七〇歳）。①諡号・天皇号の再興。5幕府天保の改革はじまる。	アヘン戦争本格化。イギリス軍、寧波・定海など占領。
一八四二	一三				中英間で南京条約締結。
一八四四	弘化元			この年から天保暦を使用。	望厦条約・黄埔条約（清）。
一八四六	三	孝明		1仁孝天皇没（四七歳）。孝明天皇践祚。⑤ビッドル（米）浦賀来航。6セシーユ（仏）、長崎来航。8朝廷、勅書を出し海防強化を幕府に命じる。10幕府、要請に応え朝廷へ対外情勢を報告。	アメリカ・メキシコ戦争。イギリス、穀物法廃止。フランス軍艦、朝鮮来航。
一八四七	四			3朝廷で学習所（院）開講式。4石清水臨時祭を挙行し、異国船撃攘を祈願する。	大西洋横断定期蒸気船就航決定（米）。
一八四九	嘉永二			3アメリカ軍艦プレブル号、長崎来航。④イギリス軍艦マリナー号、浦賀・下田来航。12幕府、諸大名らに海防強化を命じる。	この年、カリフォルニアでゴールドラッシュ（米）。
一八五〇	三			4朝廷、七社七寺へ外患除去の祈禱を命じる。11朝廷、上京した老中へ海防強化を申し入れる。	洪秀全挙兵、太平天国を名乗る（清）。
一八五二	五			8オランダ商館長、明年アメリカ使節の来日を伝える。	太平軍、湖南に入る（清）。
一八五三	六		家定	6ペリー（米）、浦賀来航。幕府、ペリー来航を朝廷へ報告。家慶没（六一歳）。家定が継ぐ。7幕府、諸大名へアメリカ大統領国書を示し、意見を問う。朝廷へ大統領国書を伝達。プチャーチン（露）、長崎来航。12朝廷、公家・地下官人らにアメリカの要求と幕府の対応を説明。	太平軍、南京占領。クリミア戦争勃発。
一八五四	安政元			2朝廷、伊勢神宮らに外患除去を祈禱させる。3日米和親	英仏、ロシアに宣戦布告。

西暦	年号	天皇	将軍	国内事項	世界の事項
				条約を締結。4京都大火により禁裏御所焼失。幕府、条約締結を朝廷に報告。8日英和親約定を締結。9プチャーチン乗艦ディアナ号、大坂湾天保山沖へ渡来。12日露通好条約締結。	
一八五五	二			11禁裏御所竣工。	英タイ友好通商条約締結。
一八五六	三			7アメリカ総領事ハリス、下田に着任。	アロー戦争勃発（清）。
一八五七	四			10ハリス、江戸城に登城。11幕府、諸大名に通商条約への意見を求める。12幕府、通商条約締結を決め、林大学頭復斎らを上京させ方針を朝廷に説明。	インド人傭兵の反乱、インド大反乱はじまる。英仏連合軍、広州占領。
一八五八	五		家茂	1条約について公卿の意見を求める。2条約勅許を求め、老中堀田正睦上京。3勅許反対の公家八八人、御所へ押しかける。天皇、条約勅許の拒否を堀田へ伝達。6幕府、日米修好通商条約に調印。将軍継嗣に慶福（後の家茂）決定。7家定没（三五歳）。家茂が継ぐ。8「戊午の密勅」出る。9安政の大獄はじまる。12天皇、条約締結の事情を了解。	イギリスによるインド支配確定。清、英米仏露と天津条約締結。
一八五九	六			2天皇、青蓮院宮らに謹慎を命じる。4天皇、鷹司政通らに落飾を命じる。6横浜・箱館・長崎を開港し、自由貿易を開始。10幕府、吉田松陰を処刑。	アフリカでスエズ運河建設工事開始。ダーウィン『種の起源』刊。
一八六〇	万延元			1勝海舟ら咸臨丸でアメリカに向かう。3桜田門外の変。8皇女和宮の家茂への降嫁決定。	英仏連合軍、北京占領。英仏露と北京条約締結。
一八六一	文久元			2ロシア軍艦対馬占拠事件おこる。5長州藩士長井雅楽、「航海遠略策」を朝廷へ提出。10和宮、京都を出発。	南北戦争勃発（米）。西太后のクーデター（清）。
一八六二	二			1坂下門外の変。4伏見寺田屋騒動。7徳川慶喜将軍後見	英仏軍、上海で太平軍を破

				職、前越前藩主松平慶永政事総裁職となる。⑧山陵修補事業開始。11勅使を派遣し、攘夷を督促。12朝廷に国事御用掛設置。関白・武家伝奏人事を事後承認制へ変更。武家伝奏の起請文廃止。	る。朝鮮で民乱拡大。
一八六三	三			3徳川慶喜、大政委任の確認に失敗。将軍家茂、上洛し参内。攘夷実行期日を五月一〇日と回答。天皇、賀茂社へ行幸。4石清水八幡宮へ行幸。5長州藩、下関で米船らに砲撃。7薩英戦争。8攘夷祈願の大和行幸と攘夷親征を布告。八月十八日の政変。大和行幸中止、三条実美ら七卿、長州へ逃走。	アメリカで奴隷解放宣言。上海に英米の共同租界成立。
一八六四	元治元			1将軍家茂、上洛。4条件付き政務委任の勅書。7長州藩兵、公家町周辺で幕府軍に敗北（禁門の変）。幕府、長州追討の勅命をうける（第一次幕長戦争）。8四国連合艦隊、下関攻撃。10長州藩、恭順の意を表し降伏。	太平天国崩壊（清）。第一インターナショナル（国際労働者協会）の創立決定。
一八六五	慶応元			2長州藩、藩論を幕府へ対抗に変更。9幕府、長州再征の勅命をうける。英米仏蘭四国艦隊、兵庫沖へ渡来。10天皇、通商条約を勅許。	アメリカ南北戦争終結。清で洋務運動はじまる。
一八六六	二		慶喜	1薩長同盟の密約。6第二次幕長戦争開始。武州世直し一揆。信達一揆。7将軍家茂没（二一歳）。徳川慶喜、将軍家家督を相続。8長州戦争の停戦を命じる勅命出る。12慶喜、将軍宣下。孝明天皇没（三六歳）。	プロイセン・オーストリア戦争開始。英艦、平壌、仏艦、江華島を攻撃。
一八六七	三	明治		1明治天皇践祚。6薩土盟約成立。8「ええじゃないか」はじまる。10土佐藩、大政奉還を幕府に建言。「討幕の密勅」出る。慶喜、大政奉還を願い出、翌日勅許される。12朝廷、王政復古を宣言。将軍・関白制度を廃止。	パリ万国博。アメリカ、ロシアからアラスカを買収。

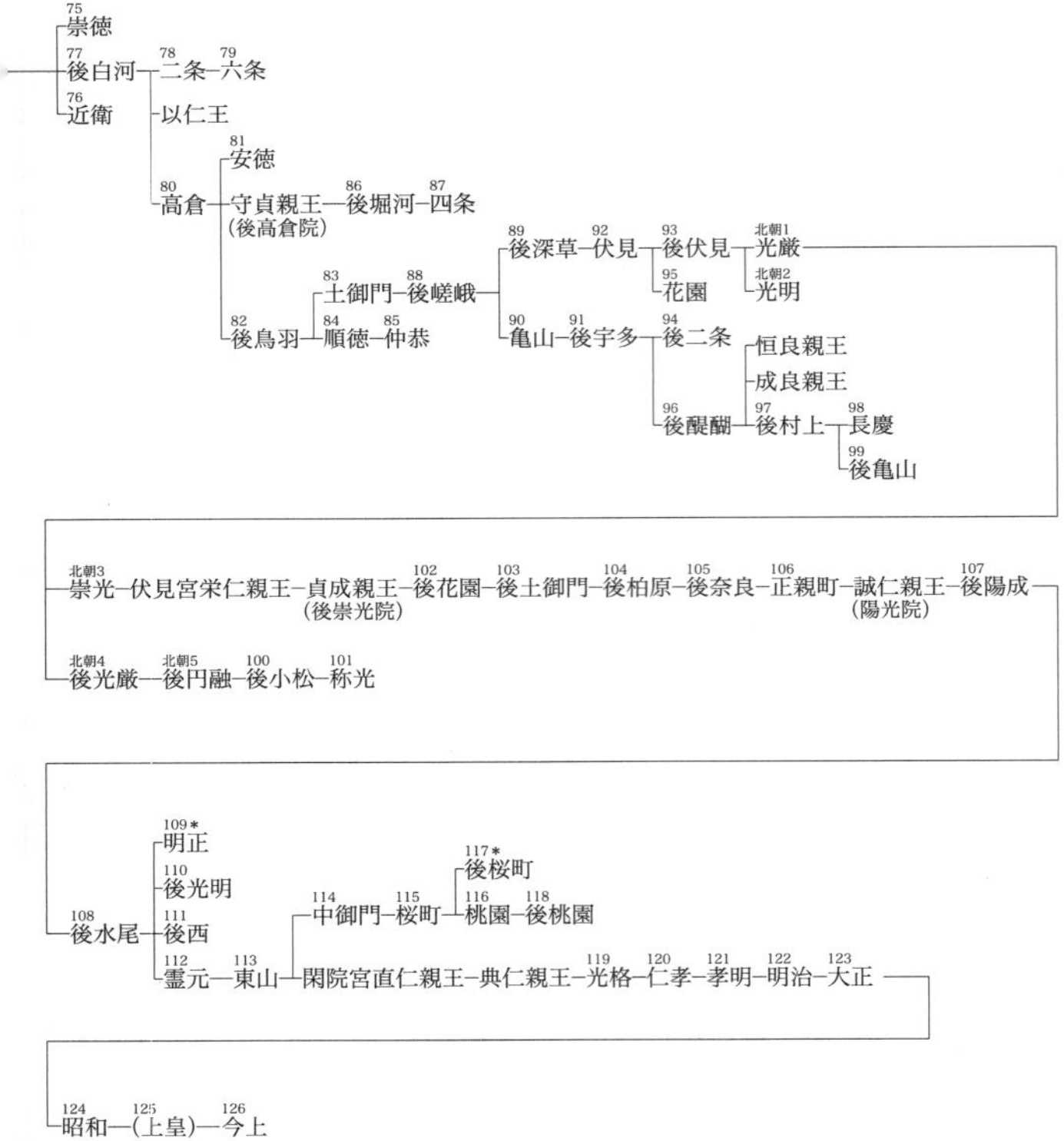

数字は『皇統譜』による代数。

＊は女帝を示す。なお、皇極・斉明、孝謙・称徳は重祚。

天皇系図

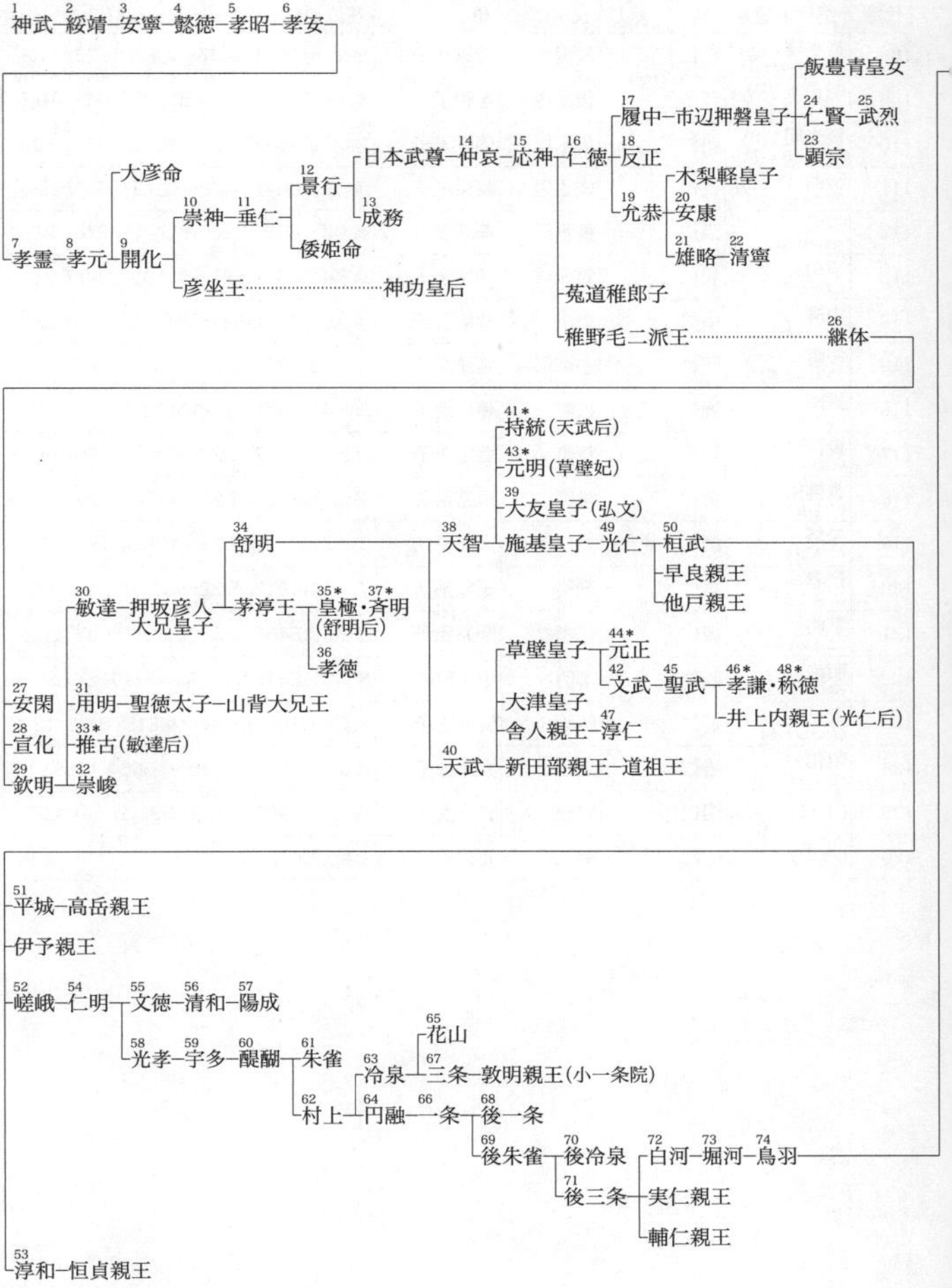
1 神武
2 綏靖
3 安寧
4 懿徳
5 孝昭
6 孝安
7 孝霊
8 孝元
9 開化
大彦命
10 崇神
11 垂仁
12 景行
13 成務
倭姫命
彦坐王
神功皇后
日本武尊
14 仲哀
15 応神
16 仁徳
17 履中
市辺押磐皇子
飯豊青皇女
24 仁賢
25 武烈
23 顕宗
18 反正
木梨軽皇子
19 允恭
20 安康
21 雄略
22 清寧
菟道稚郎子
稚野毛二派王
26 継体
27 安閑
28 宣化
29 欽明
30 敏達
押坂彦人大兄皇子
31 用明
聖徳太子
山背大兄王
33＊ 推古(敏達后)
32 崇峻
34 舒明
茅渟王
35＊ 皇極・37＊ 斉明(舒明后)
36 孝徳
38 天智
41＊ 持統(天武后)
43＊ 元明(草壁妃)
39 大友皇子(弘文)
施基皇子
49 光仁
50 桓武
早良親王
他戸親王
40 天武
草壁皇子
44＊ 元正
42 文武
45 聖武
46＊ 孝謙・48＊ 称徳
井上内親王(光仁后)
大津皇子
舎人親王
47 淳仁
新田部親王
道祖王
51 平城
高岳親王
伊予親王
52 嵯峨
54 仁明
55 文徳
56 清和
57 陽成
58 光孝
59 宇多
60 醍醐
61 朱雀
62 村上
63 冷泉
65 花山
67 三条
敦明親王(小一条院)
64 円融
66 一条
68 後一条
69 後朱雀
70 後冷泉
71 後三条
72 白河
73 堀河
74 鳥羽
実仁親王
輔仁親王
53 淳和
恒貞親王

代数	諡号・追号	名	父	母	在位期間
108	**後水尾**(ごみずのお)	政仁	後陽成	藤原前子	慶長16(1611) 3.27〜寛永6(1629) 11.8
109	**明正＊**(めいしょう)	興子	後水尾	源和子	寛永6(1629) 11.8〜寛永20(1643) 10.3
110	**後光明**(ごこうみょう)	紹仁	後水尾	藤原光子	寛永20(1643) 10.3〜承応3(1654) 9.20
111	**後西**(ごさい)	良仁	後水尾	藤原隆子	承応3(1654) 11.28〜寛文3(1663) 1.26
112	**霊元**(れいげん)	識仁	後水尾	藤原国子	寛文3(1663) 1.26〜貞享4(1687) 3.21
113	**東山**(ひがしやま)	朝仁	霊元	藤原宗子	貞享4(1687) 3.21〜宝永6(1709) 6.21
114	**中御門**(なかみかど)	慶仁	東山	藤原賀子	宝永6(1709) 6.21〜享保20(1735) 3.21
115	**桜町**(さくらまち)	昭仁	中御門	藤原尚子	享保20(1735) 3.21〜延享4(1747) 5.2
116	**桃園**(ももぞの)	遐仁	桜町	藤原定子	延享4(1747) 5.2〜宝暦12(1762) 7.12
117	**後桜町＊**(ごさくらまち)	智子	桜町	藤原舎子	宝暦12(1762) 7.27〜明和7(1770) 11.24
118	**後桃園**(ごももぞの)	英仁	桃園	藤原富子	明和7(1770) 11.24〜安永8(1779) 10.29
119	**光格**(こうかく)	師仁・兼仁	典仁親王	大江磐代	安永8(1779) 11.25〜文化14(1817) 3.22
120	**仁孝**(にんこう)	恵仁	光格	藤原婧子	文化14(1817) 3.22〜弘化3(1846) 1.26
121	**孝明**(こうめい)	統仁	仁孝	藤原雅子	弘化3(1846) 2.13〜慶応2(1866) 12.25
122	**明治**(めいじ)	睦仁	孝明	中山慶子	慶応3(1867) 1.9〜明治45(1912) 7.30
123	**大正**(たいしょう)	嘉仁	明治	柳原愛子	明治45(1912) 7.30〜大正15(1926) 12.25
124	**昭和**(しょうわ)	裕仁	大正	九条節子	大正15(1926) 12.25〜昭和64(1989) 1.7
125	**(上皇)**	明仁	昭和	良子女王	昭和64(1989) 1.7〜平成31(2019) 4.30
126	**(今上)**	徳仁	明仁	正田美智子	令和1(2019) 5.1〜

代数	諡号・追号	名	父	母	在位期間
85	仲恭（ちゅうきょう）	懐成	順徳	藤原立子	承久3(1221) 4.20～承久3(1221) 7.9
86	後堀河（ごほりかわ）	茂仁	守貞親王	藤原陳子	承久3(1221) 7.9～貞永1(1232) 10.4
87	四条（しじょう）	秀仁	後堀河	藤原竴子	貞永1(1232) 10.4～仁治3(1242) 1.9
88	後嵯峨（ごさが）	邦仁	土御門	源通子	仁治3(1242) 1.20～寛元4(1246) 1.29
89	後深草（ごふかくさ）	久仁	後嵯峨	藤原姞子	寛元4(1246) 1.29～正元1(1259) 11.26
90	亀山（かめやま）	恒仁	後嵯峨	藤原姞子	正元1(1259) 11.26～文永11(1274) 1.26
91	後宇多（ごうだ）	世仁	亀山	藤原佶子	文永11(1274) 1.26～弘安10(1287) 10.21
92	伏見（ふしみ）	熙仁	後深草	藤原愔子	弘安10(1287) 10.21～永仁6(1298) 7.22
93	後伏見（ごふしみ）	胤仁	伏見	藤原経子	永仁6(1298) 7.22～正安3(1301) 1.21
94	後二条（ごにじょう）	邦治	後宇多	源基子	正安3(1301) 1.21～徳治3(1308) 8.25
95	花園（はなぞの）	富仁	伏見	藤原季子	徳治3(1308) 8.26～文保2(1318) 2.26
96	後醍醐（ごだいご）	尊治	後宇多	藤原忠子	文保2(1318) 2.26～延元4(1339) 8.15
97	後村上（ごむらかみ）	憲良・義良	後醍醐	藤原廉子	延元4(1339) 8.15～正平23(1368) 3.11
98	長慶（ちょうけい）	寛成	後村上	藤原氏	正平23(1368) 3～弘和3(1383) 10以後
99	後亀山（ごかめやま）	熙成	後村上	藤原氏	弘和3(1383) 10.27以後～元中9(1392) 閏10.5
北朝	光厳（こうごん）	量仁	後伏見	藤原寧子	元弘1(1331) 9.20～正慶2(1333) 5.25
	光明（こうみょう）	豊仁	後伏見	藤原寧子	建武3(1336) 8.15～貞和4(1348) 10.27
	崇光（すこう）	益仁・興仁	光厳	藤原秀子	貞和4(1348) 10.27～観応2(1351) 11.7
	後光厳（ごこうごん）	弥仁	光厳	藤原秀子	観応3(1352) 8.17～応安4(1371) 3.23
	後円融（ごえんゆう）	緒仁	後光厳	紀仲子	応安4(1371) 3.23～永徳2(1382) 4.11
100	後小松（ごこまつ）	幹仁	後円融	藤原厳子	永徳2(1382) 4.11～応永19(1412) 8.29
101	称光（しょうこう）	躬仁・実仁	後小松	藤原資子	応永19(1412) 8.29～正長1(1428) 7.20
102	後花園（ごはなぞの）	彦仁	貞成親王	源幸子	正長1(1428) 7.28～寛正5(1464) 7.19
103	後土御門（ごつちみかど）	成仁	後花園	藤原信子	寛正5(1464) 7.19～明応9(1500) 9.28
104	後柏原（ごかしわばら）	勝仁	後土御門	源朝子	明応9(1500) 10.25～大永6(1526) 4.7
105	後奈良（ごなら）	知仁	後柏原	藤原藤子	大永6(1526) 4.29～弘治3(1557) 9.5
106	正親町（おおぎまち）	方仁	後奈良	藤原栄子	弘治3(1557) 10.27～天正14(1586) 11.7
107	後陽成（ごようぜい）	和仁・周仁	誠仁親王	藤原晴子	天正14(1586) 11.7～慶長16(1611) 3.27

代数	諡号・追号	名	父	母	在位期間
57	陽成(ようぜい)	貞明	清和	藤原高子	貞観18(876) 11.29〜元慶8(884) 2.4
58	光孝(こうこう)	時康	仁明	藤原沢子	元慶8(884) 2.4〜仁和3(887) 8.26
59	宇多(うだ)	定省	光孝	班子女王	仁和3(887) 8.26〜寛平9(897) 7.3
60	醍醐(だいご)	維城・敦仁	宇多	藤原胤子	寛平9(897) 7.3〜延長8(930) 9.22
61	朱雀(すざく)	寛明	醍醐	藤原穏子	延長8(930) 9.22〜天慶9(946) 4.20
62	村上(むらかみ)	成明	醍醐	藤原穏子	天慶9(946) 4.20〜康保4(967) 5.25
63	冷泉(れいぜい)	憲平	村上	藤原安子	康保4(967) 5.25〜安和2(969) 8.13
64	円融(えんゆう)	守平	村上	藤原安子	安和2(969) 8.13〜永観2(984) 8.27
65	花山(かざん)	師貞	冷泉	藤原懐子	永観2(984) 8.27〜寛和2(986) 6.23
66	一条(いちじょう)	懐仁	円融	藤原詮子	寛和2(986) 6.23〜寛弘8(1011) 6.13
67	三条(さんじょう)	居貞	冷泉	藤原超子	寛弘8(1011) 6.13〜長和5(1016) 1.29
68	後一条(ごいちじょう)	敦成	一条	藤原彰子	長和5(1016) 1.29〜長元9(1036) 4.17
69	後朱雀(ごすざく)	敦良	一条	藤原彰子	長元9(1036) 4.17〜寛徳2(1045) 1.16
70	後冷泉(ごれいぜい)	親仁	後朱雀	藤原嬉子	寛徳2(1045) 1.16〜治暦4(1068) 4.19
71	後三条(ごさんじょう)	尊仁	後朱雀	禎子内親王	治暦4(1068) 4.19〜延久4(1072) 12.8
72	白河(しらかわ)	貞仁	後三条	藤原茂子	延久4(1072) 12.8〜応徳3(1086) 11.26
73	堀河(ほりかわ)	善仁	白河	藤原賢子	応徳3(1086) 11.26〜嘉承2(1107) 7.19
74	鳥羽(とば)	宗仁	堀河	藤原苡子	嘉承2(1107) 7.19〜保安4(1123) 1.28
75	崇徳(すとく)	顕仁	鳥羽	藤原璋子	保安4(1123) 1.28〜永治1(1141) 12.7
76	近衛(このえ)	体仁	鳥羽	藤原得子	永治1(1141) 12.7〜久寿2(1155) 7.23
77	後白河(ごしらかわ)	雅仁	鳥羽	藤原璋子	久寿2(1155) 7.24〜保元3(1158) 8.11
78	二条(にじょう)	守仁	後白河	藤原懿子	保元3(1158) 8.11〜永万1(1165) 6.25
79	六条(ろくじょう)	順仁	二条	伊岐氏	永万1(1165) 6.25〜仁安3(1168) 2.19
80	高倉(たかくら)	憲仁	後白河	平滋子	仁安3(1168) 2.19〜治承4(1180) 2.21
81	安徳(あんとく)	言仁	高倉	平徳子	治承4(1180) 2.21〜寿永4(1185) 3.24
82	後鳥羽(ごとば)	尊成	高倉	藤原殖子	寿永2(1183) 8.20〜建久9(1198) 1.11
83	土御門(つちみかど)	為仁	後鳥羽	源在子	建久9(1198) 1.11〜承元4(1210) 11.25
84	順徳(じゅんとく)	守成	後鳥羽	藤原重子	承元4(1210) 11.25〜承久3(1221) 4.20

歴代天皇表② 在位欄は文武、桓武〜昭和は践祚の年月日を起点とする　＊=女帝

代数	諡号・追号	名	父	母	在位期間
29	欽明(きんめい)	(天国排開広庭)	継体	手白香皇女	宣化4(539) 12.5〜欽明32(571) 4.15
30	敏達(びだつ)	(渟中倉太珠敷)	欽明	石姫皇女	敏達1(572) 4.3〜敏達14(585) 8.15
31	用明(ようめい)	(橘豊日)	欽明	蘇我堅塩媛	敏達14(585) 9.5〜用明2(587) 4.9
32	崇峻(すしゅん)	泊瀬部	欽明	蘇我小姉君	用明2(587) 8.2〜崇峻5(592) 11.3
33	推古＊(すいこ)	額田部	欽明	蘇我堅塩媛	崇峻5(592) 12.8〜推古36(628) 3.7
34	舒明(じょめい)	田村	押坂彦人大兄皇子	糠手姫皇女	舒明1(629) 1.4〜舒明13(641) 10.9
35	皇極＊(こうぎょく)	宝	茅渟王	吉備姫王	皇極1(642) 1.15〜皇極4(645) 6.14
36	孝徳(こうとく)	軽	茅渟王	吉備姫王	皇極4(645) 6.14〜白雉5(654) 10.10
37	斉明＊(さいめい)	(皇極重祚)			斉明1(655) 1.3〜斉明7(661) 7.24
38	天智(てんじ)	葛城・中大兄	舒明	宝皇女(皇極)	天智7(668) 1.3〜天智10(671) 12.3
39	弘文(こうぶん)	伊賀・大友	天智	伊賀采女宅子娘	天智10(671) 12.5〜天武1(672) 7.23
40	天武(てんむ)	大海人	舒明	宝皇女(皇極)	天武2(673) 2.27〜朱鳥1(686) 9.9
41	持統＊(じとう)	鸕野讃良	天智	蘇我遠智娘	持統4(690) 1.1〜持統11(697) 8.1
42	文武(もんむ)	珂瑠	草壁皇子	阿閇皇女(元明)	文武1(697) 8.1〜慶雲4(707) 6.15
43	元明＊(げんめい)	阿閇	天智	蘇我姪娘	慶雲4(707) 7.17〜和銅8(715) 9.2
44	元正＊(げんしょう)	氷高・新家	草壁皇子	阿閇皇女(元明)	霊亀1(715) 9.2〜養老8(724) 2.4
45	聖武(しょうむ)	首	文武	藤原宮子	神亀1(724) 2.4〜天平勝宝1(749) 7.2
46	孝謙＊(こうけん)	阿倍	聖武	藤原安宿媛	天平勝宝1(749) 7.2〜天平宝字2(758) 8.1
47	淳仁(じゅんにん)	大炊	舎人親王	当麻山背	天平宝字2(758) 8.1〜天平宝字8(764) 10.9
48	称徳＊(しょうとく)	(孝謙重祚)			天平宝字8(764) 10.9〜神護景雲4(770) 8.4
49	光仁(こうにん)	白壁	施基親王	紀橡姫	宝亀1(770) 10.1〜天応1(781) 4.3
50	桓武(かんむ)	山部	光仁	高野新笠	天応1(781) 4.3〜延暦25(806) 3.17
51	平城(へいぜい)	小殿・安殿	桓武	藤原乙牟漏	延暦25(806) 3.17〜大同4(809) 4.1
52	嵯峨(さが)	神野	桓武	藤原乙牟漏	大同4(809) 4.1〜弘仁14(823) 4.16
53	淳和(じゅんな)	大伴	桓武	藤原旅子	弘仁14(823) 4.16〜天長10(833) 2.28
54	仁明(にんみょう)	正良	嵯峨	橘嘉智子	天長10(833) 2.28〜嘉祥3(850) 3.21
55	文徳(もんとく)	道康	仁明	藤原順子	嘉祥3(850) 3.21〜天安2(858) 8.27
56	清和(せいわ)	惟仁	文徳	藤原明子	天安2(858) 8.27〜貞観18(876) 11.29

歴代天皇表①

代数	漢風諡号	日本書紀	古事記	父	母
1	神武（じんむ）	神日本磐余彦（カムヤマトイハレヒコ）	神倭伊波礼毗古	鸕鷀草葺不合尊	玉依姫命
2	綏靖（すいぜい）	神渟名川耳（カムヌナカハミミ）	神沼河耳	神武	媛蹈鞴五十鈴媛命
3	安寧（あんねい）	磯城津彦玉手看（シキツヒコタマテミ）	師木津日子玉手見	綏靖	五十鈴依媛命
4	懿徳（いとく）	大日本彦耜友（オホヤマトヒコスキトモ）	大倭日子鉏友	安寧	渟名底仲媛命
5	孝昭（こうしょう）	観松彦香殖稲（ミマツヒコカエシネ）	御真津日子訶恵志泥	懿徳	天豊津媛命
6	孝安（こうあん）	日本足彦国押人（ヤマトタラシヒコクニオシヒト）	大倭帯日子国押人	孝昭	世襲足媛
7	孝霊（こうれい）	大日本根子彦太瓊（オホヤマトネコヒコフトニ）	大倭根子日子賦斗邇	孝安	押媛
8	孝元（こうげん）	大日本根子彦国牽（オホヤマトネコヒコクニクル）	大倭根子日子国玖琉	孝霊	細媛命
9	開化（かいか）	稚日本根子彦大日日（ワカヤマトネコヒコオホヒヒ）	若倭根子日子大毗毗	孝元	鬱色謎命
10	崇神（すじん）	御間城入彦五十瓊殖（ミマキイリヒコイニヱ）	御真木入日子印恵	開化	伊香色謎命
11	垂仁（すいにん）	活目入彦五十狭茅（イクメイリヒコイサチ）	伊久米伊理毗古伊佐知	崇神	御間城姫
12	景行（けいこう）	大足彦忍代別（オホタラシヒコオシロワケ）	大帯日子淤斯呂和気	垂仁	日葉洲媛命
13	成務（せいむ）	稚足彦（ワカタラシヒコ）	若帯日子	景行	八坂入姫命
14	仲哀（ちゅうあい）	足仲彦（タラシナカツヒコ）	帯中日子	日本武尊	両道入姫命
15	応神（おうじん）	誉田（ホムタ）	品陀和気	仲哀	気長足姫尊
16	仁徳（にんとく）	大鷦鷯（オホサザキ）	大雀	応神	仲姫命
17	履中（りちゅう）	去来穂別（イザホワケ）	伊耶本和気	仁徳	磐之媛命
18	反正（はんぜい）	瑞歯別（ミツハワケ）	水歯別	仁徳	磐之媛命
19	允恭（いんぎょう）	雄朝津間稚子宿禰（チアサヅマワクゴノスクネ）	男浅津間若子宿禰	仁徳	磐之媛命
20	安康（あんこう）	穴穂（アナホ）	穴穂	允恭	忍坂大中姫命
21	雄略（ゆうりゃく）	大泊瀬幼武（オホハツセノワカタケル）	大長谷若建	允恭	忍坂大中姫命
22	清寧（せいねい）	白髪武広国押稚日本根子（シラカノタケヒロクニオシワカヤマトネコ）	白髪大倭根子	雄略	葛城韓媛
23	顕宗（けんぞう）	弘計（チケ）	袁祁之石巣別	市辺押磐皇子	荑媛
24	仁賢（にんけん）	億計（オケ）	意祁	市辺押磐皇子	荑媛
25	武烈（ぶれつ）	小泊瀬稚鷦鷯（チハツセノワカサザキ）	小長谷若雀	仁賢	春日大娘皇女
26	継体（けいたい）	男大迹（チホド）	袁本杼	彦主人王	振媛
27	安閑（あんかん）	広国押武金日（ヒロクニオシタケカナヒ）	広国押建金日	継体	目子媛
28	宣化（せんか）	武小広国押盾（タケヲヒロクニオシタテ）	建小広国押楯	継体	目子媛

わ行

や行

ら行

ま行

は行

な行

た行

さ行

か行

索引

あ行

KODANSHA

本書の原本は、二〇一一年六月、小社より刊行されました。

藤田　覚（ふじた　さとる）

1946年、長野県生まれ。東北大学大学院博士課程修了。東京大学史料編纂所教授、東京大学文学部教授を経て、東京大学名誉教授。専攻は日本近世史。主な著書に『天保の改革』『松平定信』『近世の三大改革』『近世後期政治史と対外関係』『幕末から維新へ』など。講談社学術文庫に『幕末の天皇』『〈各奉行〉の力量』がある。

講談社学術文庫

定価はカバーに表示してあります。

天皇の歴史6

江戸時代《えどじだい》の天皇《てんのう》

藤田《ふじた》　覚《さとる》

2018年5月10日　第1刷発行
2022年7月4日　第3刷発行

発行者　鈴木章一
発行所　株式会社講談社
　東京都文京区音羽 2-12-21 〒112-8001
　電話　編集（03）5395-3512
　　　　販売（03）5395-4415
　　　　業務（03）5395-3615

装　幀　蟹江征治
印　刷　株式会社新藤慶昌堂
製　本　株式会社国宝社

ISBN978-4-06-511640-1

「講談社学術文庫」の刊行に当たって

これは、学術をポケットに入れることをモットーとして生まれた文庫である。学術は少年の心を養い、成年の心を満たす。その学術がポケットにはいる形で、万人のものになることは、生涯教育をうたう現代の理想である。

こうした考え方は、学術を巨大な城のように見る世間の常識に反するかもしれない。また、一部の人たちからは、学術の権威をおとすものと非難されるかもしれない。しかし、それはいずれも学術の新しい在り方を解しないものといわざるをえない。

学術は、まず魔術への挑戦から始まった。やがて、いわゆる常識をつぎつぎに改めていった。学術の権威は、幾百年、幾千年にわたる、苦しい戦いの成果である。こうしてきずきあげられた城が、一見して近づきがたいものにうつるのは、そのためである。しかし、学術の権威を、その形の上だけで判断してはならない。その生成のあとをかえりみれば、その根は常に人々の生活の中にあった。学術が大きな力たりうるのはそのためであって、生活をはなれた学術は、どこにもない。

開かれた社会といわれる現代にとって、これはまったく自明である。生活と学術との間に、もし距離があるとすれば、何をおいてもこれを埋めねばならない。もしこの距離が形の上の迷信からきているとすれば、その迷信をうち破らねばならぬ。

学術文庫は、内外の迷信を打破し、学術のために新しい天地をひらく意図をもって生まれた。文庫という小さい形と、学術という壮大な城とが、完全に両立するためには、なおいくらかの時を必要とするであろう。しかし、学術をポケットにした社会が、人間の生活にとってより豊かな社会であることは、たしかである。そうした社会の実現のために、文庫の世界に新しいジャンルを加えることができれば幸いである。

一九七六年六月　　野間省一

足利健亮著
地図から読む歴史
地図に記された過去の残片から、かつての景観と人々の営みを大胆に推理する〈歴史地理学〉の楽しみ。信長の城地選定基準、江戸建設と富士山の関係など、通常の歴史学ではアプローチできない日本史の側面。

2108

慈円著／大隅和雄訳
愚管抄 全現代語訳
天皇の歴代、宮廷の動静、源平の盛衰……。摂関家に生まれ、仏教界の中心にあって、政治の世界を対象化する眼を持った慈円だからこそ書きえた稀有な歴史書を、読みやすい訳文と、文中の丁寧な訳注で読む！

2113

加藤祐三著
幕末外交と開国
日米双方の資料から、黒船に揺れた一年間を検証し、無能な幕府が「軍事的圧力」に屈して不平等条約を強いられたという「日本史の常識」を覆す。日米和親条約は、戦争によらない平和的な交渉の成果だった！

2133

横井 清訳（解説・藤田 覚）
新井白石「読史余論」 現代語訳
「正徳の治」で名高い大儒学者による歴史研究の代表作。古代天皇制から、武家の発展を経て江戸幕府成立にいたる過程を実証的に描き、徳川政権の正当性を主張。先駆的な独自の歴史観を読みやすい訳文で。

2140

石井寛治著
日本の産業革命 日清・日露戦争から考える
日本の近代化を支えたものは戦争と侵略だったのか？外貨排除のもとでの民業育成、帝国の利権争い、アジア侵略への道程を解析し、明治の国家目標「殖産興業」が「強兵」へと転換する過程を探る、劃期的な経済史。

2147

関 幸彦著
武士の誕生
古代の蝦夷との戦争が坂東の地に蒔いた「武の遺伝子」は、平将門、源義家、頼朝らによって育まれ、開花した。地方の「在地領主」か、都の「軍事貴族」か。「武士」とはそもそも何か。起源と成長をめぐる新視点。

2150

藤田　覚著
幕末の天皇

天皇の権威の強化を図った光格天皇、その志を継ぎカリスマにまで昇りつめた孝明天皇。幕末政治の表舞台に躍り出た両天皇の八十年間にわたる〃闘い〃に「江戸時代の天皇の枠組み」と近代天皇制の本質を追う。

2157

小菅桂子著
カレーライスの誕生

日本の「国民食」はどのようにして生まれたのか。近代黎明期、西洋料理としてわが国に紹介されたカレーの受容と、独自の発展を遂げる過程に秘められた人々の知恵と苦闘のドラマを活写する、異色の食文化史。

2159

内藤　昌著
江戸と江戸城

徳川家三代が急ピッチで作り上げた世界最大の都市・江戸は、「渦巻き構造」をもった稀有な都市である。古代〜江戸への地理的・歴史的な成立過程を詳述し、その実態を物的証拠により解明した江戸論の基本図書。

2160

山室恭子著
中世のなかに生まれた近世

判物（サイン）から印判状（はんこ）へ。人格的支配から官僚制的支配へ。武田氏、今川氏、上杉氏、毛利氏など、戦国大名の発給した文書を解析し、東国と西国の違いを明らかにし、天下統一の内実に迫った力作。

2170

宇田川武久著
鉄炮伝来　兵器が語る近世の誕生

鉄炮を伝えたのはポルトガル人ではなかった！　戦国大名の贈答品から、合戦の主役へ、さらに砲術武芸の成立まで。歴史の流れを加速させた新兵器はいかに普及し、戦場を一変させたのか？　戦国史の常識を覆す。

2173

岡谷繁実著／北小路　健・中澤惠子訳
名将言行録　現代語訳

幕末の館林藩士・岡谷繁実によって編まれた、武将たちの逸話集。千二百をこえる膨大な諸書を渉猟して編纂された大著から戦国期の名将二十二人を抜粋、戦乱の世の雄たちの姿を、平易な現代語で読み解いてゆく。

2177

坂本太郎著（解説・五味文彦）
日本の修史と史学　歴史書の歴史

『古事記』、『日本書紀』から明治政府の編纂事業に至るまで、歴史書の特色を明快に紹介しつつ、一三〇〇年の歴史叙述変遷の軌跡を描き出す。戦後日本史学の礎を築いた著者による、第一級の史学入門！

2623

臼井勝美著
満州事変　戦争と外交と

「満州国」成立直前——流血の大地で何が起こっていたのか。排華暴動、日本商品ボイコットなど緊迫する大陸の様相を丹念に追い、泥沼の十五年戦争の端緒を克明に描き出す。日中外交史の古典的名著。

2626

堀越正雄著
江戸・東京水道史

膨張を続ける街は常に水不足と闘っていた。家康入城から淀橋浄水場が役目を終える昭和まで、治水を通して技術の進化と市民生活の変貌を描く。東京都水道局で実務に携わった著者渾身の「水道の文化史」。

2629

原　武史著（解説・鹿島　茂）
「民都」大阪対「帝都」東京　思想としての関西私鉄

小林一三は、「政治中心」の東京に対して、大阪を「民衆の大都会」と呼んだ。帝都を凌駕する「民衆の都」はいかにして創出されたか？　関西私鉄を媒介として日本近代思想史を見事に描ききった著者代表作。

2631

榎本　渉著
僧侶と海商たちの東シナ海

利を求め危険を顧みずに海を闊歩する海商たち、その助力を得て最新知見を求めて大陸へ渡った僧侶たち。列島を「外」と繋いだ彼らの足跡から海域交流の実相に迫り、歴史世界としての東シナ海を描き出す！

2632

藤田　覚著
〈名奉行〉の力量　江戸世相史話

与力が語った意外な「名奉行」の力量とは？　将軍吉宗の肉声から年利一二〇〇％の超高利金融の実態まで、第一人者が知られざる江戸のリアルを描く。読めばもっと江戸が好きになる珠玉の掌編の数々！

2643

天皇と日本史を問い直す、新視点の画期的シリーズ

学術文庫版

天皇の歴史 全10巻

【編集委員】 大津透 河内祥輔 藤井讓治 藤田覚

① **神話から歴史へ**
大津 透

② **聖武天皇と仏都平城京**
吉川真司

③ **天皇と摂政・関白**
佐々木恵介

④ **天皇と中世の武家**
河内祥輔・新田一郎

⑤ **天皇と天下人**
藤井讓治

⑥ **江戸時代の天皇**
藤田 覚

⑦ **明治天皇の大日本帝国**
西川 誠

⑧ **昭和天皇と戦争の世紀**
加藤陽子

⑨ **天皇と宗教**
小倉慈司・山口輝臣

⑩ **天皇と芸能**
渡部泰明・阿部泰郎・鈴木健一・松澤克行